西方传统 经典与解释

Classici et commentarii

HERMES

U0330180

HERMES

在古希腊神话中，赫耳墨斯是宙斯和迈亚的儿子，奥林波斯神们的信使，道路与边界之神，睡眠与梦想之神，亡灵的引导者，演说者、商人、小偷、旅者和牧人的保护神……

西方传统 经典与解释

Classici et commentarii

HERMES

廊下派集

徐 健 ● 主编

法、理性与宇宙城邦

——早期廊下派的政治哲学

Law, Reason, and the Cosmic City:

Political Philosophy in the Early Stoa

[美] 沃格特 (Katja Maria Vogt) ● 著

朱连增 ● 译

华东师范大学出版社

·上海·

华东师范大学出版社六点分社　策划

古典教育基金·"蒲衣子"资助项目

"廊下派集"出版说明

距亚历山大大帝逝世二十余年即约公元前 300 年前后,基提翁的芝诺开始在雅典集市西北角的一个画廊($στοά$ $ποικίλη$)里讲学论道。起初那些听众被称为芝诺主义者,后来被唤作廊下派(Stoics,旧译斯多亚派或斯多葛派)。在亚里士多德以后的希腊化时期,廊下派成为三大主流学派之一,但其历史影响则比伊壁鸠鲁派和怀疑派重要得多。自芝诺到罗马皇帝奥勒留,廊下派共历时五百年左右,经早中晚三个发展时期,对塑造希腊化文明和古罗马文明起到了关键作用,并对后世思想保持经久不息的影响力:廊下派的自然法思想形塑了罗马法包括万民法的理论,廊下派的人神亲缘关系说及其隐忍博爱伦理则为基督教伦理提供了土壤……近代哲学(如斯宾诺莎等)中的泛神论,近代科学中的宇宙论,乃至从格劳秀斯到康德的世界公民观念等等,都有廊下派留下的深刻烙印。

廊下派将哲学分为物理学、伦理学和逻辑学,以伦理学为核心和目的,将三个部分内在地融贯成有机整体。为了创建自己的体系,黑格尔责难廊下派仅仅应用了片面而有限的原则,缺乏真正的思辨思维,没有什么独创性可言;新康德主义派哲学史家文德尔班也持类似的看法——德国唯心论的哲学史叙述对廊下派的贬低,在很长一段时间里主导着人们对廊下派的认识。二十世纪后半期以降，学者们逐渐抛弃德国唯心论的哲学史叙述，重新认识廊下派，从文本笺释到各类研究都取得了显著进展。

　　廊下派在西方古今文明变迁中起着承前启后的重要历史作用，我们有必要开拓廊下派研究。"廊下派集"以迻译廊下派著作为主，亦注重选译西方学界相关研究佳作，为我们研究廊下派奠定必要的文献基础。

古典文明研究工作坊

西方典籍编译部亥组

2012 年 10 月

目　录

中译者序

　　哥伦比亚大学教授，卡佳-玛丽亚·沃格特（Katja Maria Vogt），在《法、理性与宇宙城邦》中对早期廊下派政治哲学进行了十分出色的重建。之所以早期廊下派政治哲学需要重建并且只能是重建性的，是因为，正如沃格特教授所说，"没有一本早期廊下派者的论著被保存下来，并且对他们著作的研究充满了众所周知的困难"。① 我们对早期廊下派哲人思想的了解很大程度上只是通过后人，甚至是与廊下派思想有重大分歧的人对早期廊下派哲人思想的零散记录获得的。因此，对早期廊下派哲学尤其是廊下派政治哲学的理解，只能透过这些记录，以思想体系的完整性和逻辑上的自洽性为原则来建构早期廊下派的政治哲学思想。也就是说，重构工作只能是根据有限的思想史料，进行可能的"理论输出"。对于诸多可能的理论输出，除了能够对有限的思想史料作出合理的解释之外，它本身的逻辑自洽性和体系上的完整性将成为衡量这种重构工作的重要标准。

　　下面，笔者将按照沃格特教授在本书中所讨论的主题的顺序，

---

① 沃格特（Katja Maria Vogt），《法、理性与宇宙城邦》（*Law*, *Reason*, *and the Cosmic City*, Oxford University Press, 2008），第 17 页。

对全书的思想内容向读者做一番展示，其中也会渗透一点个人的初步思考和零星的点评。当然，这一工作的目的仅仅是为了读者能够更好地进入这部著作，从中发现自己感兴趣的思想成分。

一、烦乱论题

所谓烦乱论题是指，在记述早期廊下派政治哲学的一些著名文本中所谈到的乱伦、食人以及其他听起来耸人听闻的论题。表面上看，廊下派思想家似乎赞同这些实践；而且这些记述还显示，廊下派无视法院、传统教育、婚姻制度、葬礼、神庙等制度的重要性。这些论题的最重要特点是，它们听起来与当时以及现代的习俗、常识极不相符。这些论题主要保留在第欧根尼·拉尔修和塞克斯都·恩披里柯的记述中。对于这些烦乱论题，后期廊下派思想家倾向于将它们从廊下派文本中排除，或认为这只是芝诺青年时期受犬儒主义影响下的不成熟的、愚蠢的观点。廊下派哲学的诠释者也倾向于忽视这些论题在廊下派思想中的地位。沃格特教授的观点是：第一，这些关于廊下派烦乱论题的记述是可信的；第二，这些烦乱论题并非芝诺早年的前廊下派时期的愚蠢观点；第三，通过对廊下派政治哲学的阐释，这些烦乱论题能够在这一思想体系中被容纳。

这些烦乱论题可以分为三类：一类是对通常认为必不可少的机构、制度的否弃。例如，廊下派思想家认为诸如体育场、教育机构、法院、神庙等是无用的。第二类是关于公民、亲属、朋友、自由人之身份的惊世骇俗的主张。他们认为只有圣贤（sage）才是公民、亲属、朋友和自由人，而那些没有智慧的人则是敌人、陌生人和奴隶。第三类涉及一些不耻的行为，如食人和乱伦等。在芝诺和克律西珀斯的《政制》中，这些在常识看起来十分羞耻和丑恶的行为似乎被赞许。

沃格特对这些烦乱论题在廊下派政治哲学中的地位作出了说明。烦乱论题通常由怀疑主义者搜集，并且按照他们自己的论证目的而被描述。在怀疑主义者的描述中，烦乱论题似乎体现了廊下派所设想的某种理想的行为规则或制度设计。由于这些行为规则和制度设计与作为现象的常识相矛盾、与提出者自己的实践相矛盾，因此，这些规则、制度缺乏有效性。但沃格特认为，怀疑主义者出于他们自己特定的理论目的而对廊下派烦乱论题的描述有着很大的误导性。实际上，廊下派思想家所主张的烦乱论题并非廊下派政治哲学中的基本主张，而仅仅是作为某些更为抽象的理论的例子和例证出现。只是就这种例子或例证所具有的轰动效应而言，早期廊下派思想家与犬儒主义者有相通之处，在后者那里，他们是通过自己惊世骇俗的行为来进行"例证"。

对于第一类烦乱论题，即鄙弃某些通常认为必不可少的机构、制度这类论题，沃格特阐释说，这些论题实际上涉及廊下派思想家对于"法"、"智慧"等抽象概念的重新定义。为什么这些抽象的讨论以一种表面上看"要求取消我们生活于其中的城邦中那些重要机构"的形式而被流传？沃格特解释说，设想某个怀疑主义者阅读廊下派关于法的著作或有关廊下派法观念的记录，只需要几步，他就能够使"只有贯穿于宇宙中的法才是真正的法"这一观点转变为"廊下派思想家主张取消法院"这样一种观点。同样的思路可以容易地用来说明有关神庙和教育机构的主张。

对于第二类烦乱论题，即关于公民、亲属、朋友、自由人身份的不同寻常的断定。沃格特认为，早期廊下派只不过是通过这些论题来表明一种对智慧的理解。他们实际上是借助"智慧"的概念或"完善理性"的概念重新定义了城邦、公民、亲属、朋友和自由人。

第三类烦乱论题，即有关羞耻、丑恶行为的论题，沃格特把这类论题和廊下派的"恰当行为理论"联系起来，认为早期廊下派思想家想要表明的是，"我们不应该由于传统的观念而使某种理性指令的行为受到阻止"。① 也就是说,在特定情况下,理性指令的行为是可以不受任何习俗、法律等规则限制的,尽管这些行为在传统习俗看来是极端丑恶因而被强力禁止的。

二、宇宙城邦与人类共同体

沃格特讲到,廊下派的宇宙城邦不是一个应该建成的理想城邦,而是现实存在的宇宙。之所以宇宙被廊下派思想家视为城邦,是因为:第一,它由"法"所调整和管理;第二,它由理性的生命居于其中;第三,它由具有完善理性的生命作为其充分的公民所维系。关于到底谁可以算作宇宙城邦的公民,对原始资料的考察可以发现有四种不同的可选项:1. 圣贤(S);2. 圣贤和诸神(SG);3. 全人类(H);4. 全人类与诸神(HG)。沃格特认为,这四个不同的论题完全可以在一个被建构起来的廊下派政治哲学理论中统一起来。其基本观点是:人类由于具有理性而联系在一起,但是,理性有一般的理性和完善理性的区分,圣贤和诸神具有完善理性,而其他人类则只具有一般的理性。因此,对于宇宙城邦中的公民,似乎有着较强意义和较弱意义上的公民之分。较强意义上的公民由完善理性的纽带所联结,较弱意义上的公民由一般的理性所联结。通过这种一般理性和完善理性、弱意义上的公民和强意义上的公民的区分,(S)、(SG)、(H)、(HG)这几个论题就是相容的了。

第二章的另一个重要主题是对廊下派的"连属理论"的阐释。沃格特通过理性这一概念把关于连属理论的证据和阐释整合起来。廊下学派的连属理论主要涉及人类成员间的亲缘关系。通常的阐释主要从两个方面展开,即或者是从部分连属于整体的角度来理解人类

---

① 沃格特,《法、理性与宇宙城邦》(*Law, Reason, and the Cosmic City*, Oxford University Press, 2008),第 62 页。

之间的亲缘性,因为全人类连属于宇宙这一总体,所以他们具有亲缘性;或者是通过人类分有"共同法"的意义上来理解人类间的亲缘性。沃格特通过理性概念使得这两种理解统一起来:1.理性即法。因为合法的行为即是人的理性表明为恰当的行为。共同法就是人类完善理性所规定的法,它对于每一人类主体都是适用的,人类因分有共同法而构成一个共同体;2.理性不是抽象的原则和单纯能力,它作为人的灵魂,本身具有一种物质性的形态,即"精气"或精气。这种灵魂精气从属于宇宙灵魂,由宇宙灵魂所统一和贯穿。人类作为部分从属于宇宙,就是人类的理性灵魂作为一种物质性的精气从属于宇宙"精气"。因此,"理解一个人何以是宇宙的一部分也就是理解一个人自己的理性和宇宙理性相协调"。① 以此方式,沃格特通过对理性概念的阐释使得连属理论中所包含的两个维度统一起来。

三、圣贤与诸神

第三章的标题是圣贤与诸神。本章主要是对廊下派的如下两个主题进行了阐释:第一,廊下派思想家持有这样一种著名的看法,即"圣贤无所不知";第二,廊下派的神是物理性的神。这两个主题对于近代思想传统来说都是十分令人费解的。

对于第一个主题,沃格特把"圣贤无所不知"中的"知"理解为一种判断力或认可(assent)的能力,根据这种判断能力,圣贤可以在认知和行为方面不会陷入错误或失当之中,以此消除此论题的反常识性。沃格特指出,如果我们仔细阅读原始资料,就会发现,廊下派思想家并没有把圣贤描绘为一种不合情理的无所不知的人。廊下派所主张的是,只有圣贤才具有知识,他并不拥有意见。② 但这里

---

① 沃格特,《法、理性与宇宙城邦》(*Law, Reason, and the Cosmic City*, Oxford University Press, 2008),第108页。
② 同上书,第120页。

的知识主要是指一种灵魂的状态和性质：能够对正确知识的印象（impressions）、恰当行为的印象作出认可，对错误的印象、不恰当行为的印象作出否认。因而，说圣贤无所不知就是说，圣贤具有这样一种正确的判断力，无论他在何种特定的处境中，获得怎样的印象（认知性的或行为性的），他都能作出正确的判断。因此，圣贤对每一个认知性印象的认可，都会形成一条正确的知识；对每一行为性的印象的认可，都会形成一套恰当的行为。这也就是说，圣贤并非在所有事情上无所不知，圣贤对于他从来没有任何印象的事物方面，既没有知识也谈不上无知，知与无知都建立在已有一定印象的基础之上。因此，正如沃格特所说：

> 严格地说，圣贤并非知道每一事物，而是说，圣贤的每一认可都构成一种知识。在关于行动的方面也完全如此，智慧的人并不做每件事，毋宁说，无论他所做的是什么，总是正确的。他并不在每一技艺方面都是行家里手——只有在那些他所从事的技艺方面他才是能手。正如说某人能够做每一件事情（完成每一种可能的行动，从事任何可能的技艺）是荒谬的一样，在廊下派的理论中，说某人知道每一事情——这意味着他能够对每一可能的印象作出认可——同样是荒谬的。①

问题是，圣贤根据什么来进行判断或认可？这涉及圣贤本身所具有的那些关键性的知识，根据此种知识，圣贤才能对于他所遭遇的、自然发生的印象作出判断。廊下派思想家认为，圣贤所具有的这些关键性的知识就是那种一般性的哲学知识，包括三个方面，即物理学、伦理学和逻辑学。它们之间有着内在的统一性，构成一

---

① 沃格特，《法、理性与宇宙城邦》(*Law, Reason, and the Cosmic City*, Oxford University Press, 2008)，第126页。

个知识系统,形成主体灵魂的一种稳定状态,圣贤的任何认可或判断都从这种稳定状态开始。它将任何新的正确的认知性的知识和行为性的知识容纳、整合进这个已经存在的核心性知识体系当中。

这里还涉及一个问题,即圣贤的核心性知识是如何获得的,它们的内容到底是什么?看来这一问题还必须追溯到圣贤本身。廊下派思想家无意提出某种普遍性的原则(这种原则构成圣贤的核心知识),而是强调圣贤本身的独特性和关键性。圣贤与其核心知识是不可分割的,因为在一定环境中出现的圣贤规定了在此环境中什么是正确的和恰当的,在这个与此处境密切相关的独特圣贤那里,包含着与知识和行为相关的标准。那么,到底谁是圣贤?这个问题廊下派并没有明确回答。在廊下派思想家那里,无论苏格拉底还是廊下派思想家本人,都不能算作圣贤。沃尔特说,尽管如此,廊下派的圣贤也不能仅仅是一个理论实体,“有可能实际存在一个圣贤这一点对我们关于圣贤的概念来说十分重要”。[①]

廊下派思想家不是从观念的维度来深入探讨圣贤具有的知识和行为的标准,而是进入到一个物理性的维度来说明圣贤作为准绳的根源。这涉及沃格特对第三章第二个主题,即圣贤和诸神的物理性根据的阐释。

廊下派思想家理解宇宙万物的方式是:宇宙是一有生机的整体,这一有生命的总体从根本上说是物理性的,包含着各个部分,无生命的物质元素和有生命的动物、人和诸神。使得宇宙具有统一性和活动力的是宇宙灵魂,一种物质精气或精气,它贯穿、渗透在万事万物之中。也就是说,在物质宇宙中,至少存在两种基本的物质事物,一类是缺少活动能力的惰性的物质质料,另一种是具有活动能力的物质精气,这也就是廊下派物理学设定的两个本原。

---

① 沃格特,《法、理性与宇宙城邦》(*Law, Reason, and the Cosmic City*, Oxford University Press, 2008),第 84 页。

但是，对于物质精气或宇宙灵魂这一总体而言，其内部同样有着分化或有着不同的品级。其中，在宇宙灵魂之总体之中，存在着一种具有支配性和主导性的部分，在廊下派的语境中，它就是作为宙斯的唯一神或至上神。它统摄着所有其他精气，这些其他精气在动物和人之中构成他们的灵魂。但是，在这些作为部分的精气当中，也有不同密度（density）水平上的划分：圣贤和诸神的灵魂和宇宙灵魂的支配性部分处于同一密度水平或品级之中，而其他精气的部分则处于这一水平之下。如果人的灵魂处于智慧或拥有上述核心知识的状态时，它就处于和宇宙灵魂相同的品级之中。这就是说，和宇宙灵魂处于相同的状态的人类灵魂，是圣贤可以成为标准的物理性根据。

具有此种灵魂状态的不仅包括人类圣贤，还包括诸神，它们是宇宙灵魂在不同领域内的延伸。它们在各自的位置上，呼应着宇宙灵魂，和宇宙的支配性部分相沟通，建构着宇宙的基本秩序。圣贤和诸神的灵魂"被认为是宙斯意志的沟通者和维护者或者是与宙斯意志相一致的神圣精神"。①

如此看来，圣贤所具有的尺度性，来自圣贤灵魂的"纯净性"，这种纯净性能够和宇宙的支配性部分更直接地沟通，从而能够获得相应的作为尺度的核心性知识；另一方面，圣贤的存在是有位置性的，正如不同的行星一样，他们也在不同的处境中生存，获得与此处境相应的标准，因而，具有完善理性的存在所具有的知识是与其所处位置相适应的准绳而并非普适性的标准。

上述阐释中廊下派理论的构思方式让人很容易联想到中国北宋哲学家张载的学说。实际上，廊下派的连属理论和张载《西铭》中的思想也有许多相通之处。在张载那里，构成宇宙本原的气有清浊

---

① 沃格特，《法、理性与宇宙城邦》，（*Law, Reason, and the Cosmic City*, Oxford University Press, 2008），第147页。

之分,至清之气为太虚,太虚凝结构成可见的物质性事物,物质事物消散后又成为太虚。太虚贯穿、渗透在万事万物之中,统摄着整个宇宙。张载的太虚可以相比于廊下派的宇宙灵魂。并且,在张载那里,知识、道德的有效性标准就来自这种渗透在人之中的太虚之气,它成为人的"天地之性"的物理学依据,正如廊下派思想家把圣贤作为知识、行为尺度的根据与宇宙灵魂的支配性部分建立起直接联系一样。但是二者之间又有着明显的差别:在张载那里,理想人格,即圣人之所以作为标准,其物理依据是,他所禀受的形气清澈,从而不会遮蔽太虚之气,而在廊下派那里,理想人格的圣贤之所以可以作为标准,是因为他所具有的灵魂精气和宇宙灵魂的水平相当。不过,我们认为,无论哪种情况,从物质本体过渡到知识、道德、法的有效性,都必然面临一个逻辑上需要跨越的巨大鸿沟。

四、理性、法与恰当行为

按照沃格特的阐释,廊下派所讲到的人所具有的理性包含两层含义:第一,人在认识或行为活动中,相关于"理性的印象"。所谓理性印象即这种印象可以表达、反映在语言当中。说人是理性的,即是说人在其活动中不仅直接面对各种印象,而且,可以把各种印象转变为语言,通过面对语言而面对各种印象。第二,理性还意味着,具有理性的主体并不只是根据其所接受的印象而活动,而是根据对印象的认可(assent)来从事其活动。通过这种认可或判断,拒绝一些,接受另一些,以此引导自己的活动。"因此,理性的动物被定义为不仅仅受其印象引导的动物,人类根据其对印象的接受与否来行动。"①

---

① 沃格特,《法、理性与宇宙城邦》,(*Law, Reason, and the Cosmic City*, Oxford University Press, 2008),第168页。

印象有两类,一类是认知性的印象,例如某种知觉性印象:桌子上放着一个苹果。对这一印象的认可即形成了一种事物如何存在的知识。或者,对这一印象并不加以认可,因为审慎的理性可能告知我们实际上桌子上放的是别的东西。另一类是"驱动印象"(hormetic impressions),这类印象的特点是,在其中,呈现出一套需要完成的行动。对它的认可,意味着做出一套相应的行为。例如,我可能形成这样一种印象:天正在下雨,我出门应该带上雨伞。对这一印象的认可,即意味着我出门前带上雨伞这种行为。显然,在廊下派对于人的理性活动方式的理解中,人的理性活动总是建立在一个被给予的基础之上,这一基础就是印象。那么,印象由何而来? 通过沃格特的阐释,我们知道,印象是自然形成的。人们自然地形成感觉、知觉,自然地形成有关什么是有益和有害事物的领会,甚至慢慢领会正当与不正当这类观念。当然,这些印象最初是以前概念的方式呈现出来,通过一个理性发展的自然过程,人们逐渐在这些最初的印象中发展出"概念"这种更高级别的印象。

沃格特着重讨论了有益与有害这类价值性的"前概念"印象,并结合连属理论来对这类印象加以解释。按照连属理论,人一出生就处于和自己、他人、宇宙的连属关系之中。他对他所连属或属于他的东西有着一种天然的熟悉性和亲近性,这种熟悉、亲近产生一种喜爱。例如,人一出生,就自然地倾向于对属于自己的身体、自己身体的功能、自己的亲人具有熟悉性和亲近性,从而产生喜爱之感。同样,对于那些有利于自己身体及身体功能之发挥的事物、对于有利于自己亲人身体及其身体功能之发挥等的事物,也会产生同样的感觉。反之,对那些可能危害自己身体及身体功能的事物产生排斥。正是在这一背景下,婴儿和儿童逐渐形成了有益的事物和有害的事物的印象,进而发展出关于有益和有害的价值性概念。自然使我们逐渐意识到,健康、强壮、财富、生命等事物是有价值的,疾病、赢弱、贫穷等是无价值的,前者值得追求,后者应该避免。人的驱动印象,通常正是由与健康、生命、财富等价值物相关的印象构成。因此,健康、疾病、强壮、羸弱、富裕、贫穷等价值性事物构成了人们行为的相关因素。人的恰当行为在于,能够根据其理性,在价值物之间进行权衡、选择,形成驱动印象,并对之加以认可从而采取相应行为。值得一提的是,作为行为考虑因素的健康、生命、财产、力量等不仅仅是我们自己的健康、生命、财产、力量,还包括那些与我们相关的、属于我们的他人,即我们的亲人、朋友、公民同伴以至最一般的陌生人的健康、生命、财产等。廊下派的意思不是说我们在行动中应该对一切人一视同仁地加以关切,重要的是,我们不仅是世界的一部分,人类的一分子,而且还是世界中特定的一部分,特定人群中的一分子,恰当行为更为关键地"涉及我们在生活中担当的特定身份以及与此特定身份相关的人们"。① 所以,廊下派所讲的恰当行为总是依赖于特定行为者的特定身份和特殊处境。

在此,我们不得不试探性地提出自己的困惑。按照沃格特的阐释,廊下派的理性一方面包括自然形成的"理性印象":首先,这种理性印象具有语言的对应项;第二,这种印象不仅仅是某种感觉、知觉、前概念,还可能发展为概念性的包含着特定知识、价值观念的印象。另外一方面,理性还在于对印象的认可,这种对印象认可的标准即是圣贤所具有的核心性知识。圣贤的恰当行为是对驱动印象的认可形成的,而按照沃格特的阐释,圣贤只对那些实际应该做的驱动印象加以认可。② 问题在于,沃格特所阐释的廊下派思想家并没有告诉我们,那些恰当的驱动印象是如何形成的。如果在一种处境中,某种驱动印象自然地形成,圣贤的理性并没有对之加以认可或者说圣贤否弃了这种印象,但是,在这种处境中,圣贤肯定还要做出恰当行动,这肯定需要对某种恰当的驱动印象加

---

① 沃格特,《法、理性与宇宙城邦》,(*Law, Reason, and the Cosmic City*, Oxford University Press, 2008),第 202 页。

② 同上书,第 172 页。

以认可才能实现。恰当的驱动印象又是如何呈现在主体面前，为完善理性的主体所认可呢？我认为，廊下派的理性概念不仅应该包括自然形成的理性印象和对印象的判断、认可，还应该包括一种构造可能真实、恰当的印象的能力。理性能力构造出可能恰当的驱动印象，也可能构造出不恰当的印象，然后再接受理性的认可或判断，通过对恰当印象的认可，引发恰当行动。

廊下派的共同法在沃格特看来，就是深思熟虑的主体（圣贤或诸神）在其行为中，根据其完善理性对自身所发布的指令，"这样一些命令具有共同法的地位"。① 可见，共同法并非某种普遍性的规则或律令，规定了某种人们必须遵从的行为模式，而是完善的主体根据其自己的深思熟虑而对自己所做的指令。因此，对廊下派共同法的阐释必须同把共同法作为某种行为规则的阐释区别开来。后者就是沃格特所称的"规则阐释"。沃格特通过多方面的论证表明，廊下派的共同法并没有为人们提供任何意义上具有普遍性的行为规则。共同法奠基于具有完善理性的主体当中，而这个完善主体总是在特定处境中采取某种行为，在某种特定的处境中，完善理性所进行的某种深思熟虑可能突破任何既定的规则。也就是说，这种深思熟虑的理性并不把确立规则作为自己的首要目的，也不把服从规则作为自己的首要原则。

那么，是否这样一种"无视规则"的深思熟虑的主体没有任何原则可言？显然并非如此。综合地来看，按照沃格特的阐释，至少可以有三方面的因素构成深思熟虑的主体的限制性原则：第一，就是前面所谈到的宇宙灵魂。但是，这种限制性原则并非是在观念的层面上发生的，而是由于一种在灵魂的物质性水平上的直接相通性而对于宙斯意志的响应。由于这样一种沟通方式是在一个隔

---

① 沃格特，《法、理性与宇宙城邦》，（*Law, Reason, and the Cosmic City*, Oxford University Press, 2008），第 4 页。

绝了观念维度的物质性途径中发生的，因此，这种沟通就是一种无法在观念上公开审视、讨论的神秘过程。因此，似乎这种从宇宙意志中获得其规范性原则的根源总有一个无法公开审度从而只能由圣贤本人体认的层面。

在《论语·阳货》中，作为老师的孔子面对学生的发问，用"予欲无言"来回答。在子贡的追问下，孔子的解释是，"天何言哉？四时行焉，百物生焉，天何言哉？"①《论语》里，孔子从天道背景中讲到自己的无言，在此，他是否和廊下派笔下的圣贤体验着某种相同的神秘经验，或者，是否这种神秘来自灵魂物质水平上与更高实在的沟通和响应，是一个值得想象的有趣问题。

第二个方面的限制性原则要更好理解一些。沃格特讲到圣贤的慎思熟虑时说，这种考虑有其标准，"标准则是，我服从于一种'自然的生活'或在某一特定境遇中，作为特殊的个人，其作为人的功能能够得到良好的发挥"。② 结合廊下派的连属理论，这里的特殊个人，就不应该仅仅指作为个人的自己，还指所有人类成员。也就是说，圣贤所要考虑的是，在特定的处境中，如何能够使得包括自己、家人在内的所有人的能力能够得到最好的发挥和发展。第三个原则涉及"关于事实的认定"。③ 也就是说，圣贤要能够做出恰当行为，必须建立在对处境中相关因素的正确认知的基础之上。只有在正确认识的基础之上，才能形成某种展示着恰当行为的驱动印象，从而做出恰当行为。圣贤必须能够在某种处境中，分辨、了解什么是有价值的、什么是无价值的，什么事物妨碍有价值之物、什么事物推进有价值之物等，这就需要对事物的性质、规律等有着正确的知识。当然，这些知识都是通过圣贤对于印象的认可所确立的。

---

① 　见《论语·阳货》。

② 　沃格特，《法、理性与宇宙城邦》，(*Law, Reason, and the Cosmic City*, Oxford University Press, 2008)，第 205 页。

③ 　同上书，第 205 页。

　　共同法就是人类行为的法，一方面，根据共同法而活动或生存的主体，建构着人类生活以至宇宙的基本秩序，从而维持着人类的共同体以及宇宙的统一性；共同法的共同性还在于，根据共同法的生活（或合法的生活）是每一个理性存在者善的生活之典范，为所有人成就善的生活和善的人性提供了一种理想的生活方式；另外，根据这种法而生活，还意味着我们应该在行动中考虑到所有和我们共同生活在这个世界上的他人的关切。在上述意义上，共同法在人类之间形成了一个共同体。而圣贤和诸神的生活即是这种"合法的"生活方式之典范。

　　沃格特教授的《法、理性与宇宙城邦：早期廊下学派的政治哲学》观点新颖、论证充分、资料翔实。诚如美国约翰霍普金斯大学贝特（Richard Bett）教授对这部著作的评价：

　　　　该书对廊下派有关政治和伦理观念中的大量疑难提供了一种富有原创性和令人信服的解读；是把廊下派政治观念整合入更一般的伦理学语境的极佳尝试；更值得称道的是，它使得廊下派的政治理论在廊下派的整个理论背景中看起来更为合理，而非初看起来那样不近人情。该书同样也使得廊下派思想家何以给出这样一种作为政治的理论变得可以理解。①

　　总之，这本书至少对于研究西方古代哲学的中国学者来说，是值得一读的。

朱连增
2016 年 11 月于咸阳

---

① http://katjavogt.com/law-reason-and-the-cosmic-city.

致　　谢

　　首先感谢哥伦比亚大学的同事在此项目上给予我的鼓励与支持。我要给予曼恩(Wolfgang Mann)特殊的谢意:在过去的几年中,我从他的关于古代哲学的建议与多次对话中所受到的助益像我从他对几部初稿所做的视域宽广的点评中所受到的助益一样巨大。牛津大学出版社的读者们为此提出了十分有价值的评论,他们的评论广泛而充满善意,让人出乎意料,非常感谢他们所做的评注,这些评注使我可以通过读者可能对本书采取的诸多视角来对之加以更为全面的思考。库珀(John Cooper)、塞得利(David Sed-ley)和斯特赖克(Gisela Striker)不惜花费时间对我的观点加以讨论,使我更准确地理解我希望陈说的观点,他们的讨论都对本书有所推进。我同样要感谢梅恩(Stephen Menn),他以极具建设性的方式对第二章进行了评论。比尔德曼(Stephanie Beardman)细致地阅读了第四章并给出了颇具真知灼见的点评。感谢沙芬伯格(Elisabeth Scharffenberger)慷慨地帮助我翻译菲洛德谟斯著作中一些特别难解的段落。

　　我要感谢哥伦比亚大学 2006 年的张伯伦研究基金,它使我可以全身心投入到完成本书的工作中。2004 年哥伦比亚大学的夏季研究基金使我能够在罗马大学提交前两章的早期版本,并就其与阿莱西（Francesca Alesse）、约波洛（Anna Maria Ioppolo）和斯皮内利（Emidio Spinelli）展开讨论。他们的反馈意见对我极有价值。我曾在德国波恩以及纽约新学院大学（New School）的学术会议上提出了第一章某些部分的先期形式，我要感谢听众们的提问和反馈。有关怀疑主义者在传播廊下派政治哲学中的地位，我曾以不同的方式提出过一种较早的看法，发表于 2005 年《哲学研究杂志》（*Zeitschrift für philosophische Forschung*）。关于廊下派世界主义的一条核心证据的文章，在 2006 年的《理解古代哲学》（*Antike Philosophie Verstehen*）中刊出；这些较早的文章在讨论该问题的某些特殊方面与本书相关部分的讲法略有不同。

我对廊下派伦理学的兴趣可以追溯到 1992 年参加弗雷德（Michael Frede）和西尔（Gerhard Seel）的讨论班。在讨论班上我学到了很多，尤其要感谢弗雷德，他从事古代哲学研究的方式一直鼓舞着我。同样感谢我在慕尼黑的老师里肯（Friedo Ricken），他对我早期研究项目的不倦与准确的反馈以及他作为学者对学术的态度都对我的工作有着深深的影响。在柏林的洪堡大学期间，拉普（Christof Rapp）为我提供了一次共同开办研究生讨论班的机会，在讨论班上，我曾提出过关于廊下派伦理学的一些自己的见解。我对他的邀请以及他多年对我工作的支持表示感谢。在本书手稿即将完成之际，博尔特（Michael Bordt）友好地邀请我在慕尼黑的一个关于廊下派伦理学的研究生讨论班上授课。他本人的兴趣以及参加讨论的有着很好准备的学生们使得该讨论班对我而言成为一次精彩的也是非常有意义的事件，在其中，我的某些观点在这些充满活力的听众面前经受了考验。

格劳提亚（Patrick Glauthier）、哈尔（Andrew Hall）、梅尔策（Erica Meltzer）、奥尔费特（Christiana Olfert）、里奇（Jonathan Rick）帮助我准备手稿的出版；我对他们愿意承担并执行此项工作

表示感谢。

　　最后,我要把自己最深的感谢送给哈斯(Jens Haas),因其对我的每一篇文字提出的严格而坚定的批评意见。

导　　论

[3]早期廊下派政治哲学以采纳一种世界主义者（cosmopolitan）的视角而著称。廊下派思想家并没有把他们的讨论局限于某个特殊国家的政体方面，相反，他们的思想集中于整个人类共同体。早期廊下派哲学还与后来逐渐发展起来的自然法传统之根源有着一定的关系。廊下派思想家设想了一种适应于每个人的法，这种法从根本上不同于那些在特殊的政治国家中规范人们生活的各种法律。这样，廊下派思想家似乎发展了两个观念：世界主义（cosmopolitanism）的概念和共同法（common law）的概念，这两个观念在政治思想史上一直是极为重要的。

但是，如果试图表明廊下派思想家是世界主义者和自然法理论的支持者，那就是在冒"错置年代地过度诠释文本"的危险。当廊下派思想家谈到在作为我们"城邦"（city, polis）的世界中的生活时，难道他们不是更明显地给出了一种与自然相一致的道德生活理想，而不是提出了一种在任何意义上可以识别的世界主义者的理论？难道廊下派思想家不是把他们所说的法等同于宙斯？尤其是当我们发现廊下派的法和世界城邦所包含的"物理性的一面"（physical side）时，我们最好更加谨慎并强调，早期廊下派政治思想的理路和后来的政治哲学传统有着明显的差别。但是同时，我们绝不应该忽视廊下派理论的某些方面对后来政治哲学发展的重要意义,廊下派理论的这些方面在涉及那些我们今天仍视为十分重要的问题上,为政治哲学领域作出了最初的贡献。

早期廊下派思想家也许可以被公正地看作是自然法理论的鼻祖。廊下派所讲的法和后来的自然法思想之间最基本的关联性在于,对[4]廊下派思想家来说,共同法适用于所有的人,并且处在一个和所有已有城邦那些特殊的、历史性的法律相区别的层面上。如果我们把这作为自然法理论的基本直觉,那么,我们应该指出,廊下派思想家就是这一立场重要的早期支持者。但是,廊下派思想家还把共同法等同于宙斯,一种物理性的神,这一观念在自然法理论传统里显然是没有的。另外,自然法理论涉及对法规体系(a body of laws)的讨论,但是,正如我们后面将要指出的,廊下派思想家那里并没有这些内容。对于廊下派思想家来说,共同法类似于一种自然的力量,它具有规范性,但并不是一套"行为规则"意义上的规范。共同法对我们行为所作的规范就是宙斯对我们的指令。但是,根据廊下派物理学,宙斯即宇宙中的完善理性(perfect reason)。遵照法*的行动就是按照完善理性所指令的方式去行动,成就美德这一目标就是获得完善理性这一目标。因此,我们对于行动的决定就是对于发布给我们自己的合法(lawfully)指令之服从。共同法的规范性并不在于它由某个权威所制定并要求我们去遵守,不在于它是一种通常法律所规定的准则,也不在于它是某一特定的行为规范。某个深思熟虑的施动者(agent)——不管它是神还是圣贤(sage)——当他决定做某事时为自己发布指令,这样一些指令具有法的地位。

---

* [译按]原文中用 law 表示"共同法"的地方,译者通常将之翻译为"法",以区别于由权威部门中的组织或个人制定的法律和规则。前者是圣贤(以及诸神)的完善理性在特定处境中指令自己如何行动而体现出的"规范性",这和由权威部门颁布适用于一般情况的法律对行为者具有的规范性存在着实质性差异。

　　类似的考虑同样适用于廊下派的世界主义。廊下派思想家发展了一些极有哲学趣味的观念，这些观念以不同的方式和后来的观念相关，但是，他们根本并没有提供一个我们通过后来的传统才熟悉的理论的早期版本。廊下派思想家是世界主义者，但他们并不是那种号召建立一个世界范围内的国家或世界范围内的政治组织意义上的世界主义者。对廊下派思想家来说，所有人类居于其中的城邦并不是被创造出来的，而就是这个世界，这个宇宙城邦不是理想，而是事实。正如廊下派关于共同法的思想一样，廊下派的世界主义在某种程度上也是一个物理学和神学意义上的理论。宇宙由包括诸神在内的所有生活于其中的理性存在者所寓居。但是，廊下派和晚近的一些思想的确有着相关性，在这个意义上仍然可以说廊下派思想家是世界主义者。他们论证说，所有人由于同属于世界城邦而被紧密联结在一起，这样，他们认为在一种非常现实的意义上存在着所有人的共同体。这个共同体的观念不同于认为"所有人就其作为人类而言，具有[5]同一种善的生活方式"这一观念，也不同于亚里士多德的见解，亚里士多德认为，即使我们遇到一个完全的陌生人，我们仍然感到和他有一种关联，这个关联仅仅在于"他同样是人"这一事实。

　　在政治哲学中有一个广为人知的观点，即城邦的边界划定了这样一些人，我们对这些人拥有某种特别的关切甚至所有关切。在某种意义上，廊下派思想家的思想就建立在这一观点之上。对他们来说，我们必须理解，我们已经和其他所有人类成员共同生活在一个城邦之中；他们倡导，我们应该在我们的行动中考虑到所有和我们共同生活在这个世界上的他人的关切。每一人类个体都是这一宇宙的不同部分。通常意义上的家族和国家的边界由我们偶然出生的地方所限定，这一界限对我们来说也规定着在某一时刻什么是恰当的行为；但是，这种意义上的边界并不是需要审慎思考的边界。恰当的行为是一种把所有人类成员的关切作为相关考虑因素的行为。拥有德性的人采取一种世界性的眼光，同时，在特定的处境中，她又能够把她在生活中的特定角色和地位作为其行动的相关因素加以考虑。

廊下派的世界主义既不是"中立主义者"（impartialist）也不是"偏向主义者"（partialist）的理论。像其他古代哲学家一样，廊下派思想家思考的是一种和他人的连属关系（affiliation with others）。只有通过一种情感（affective）上的和理智上的品质我们才能够做我们应该做的，并且，培养德性即是获得这种情感和理智上的品质。正如柏拉图一样，廊下派思想家也指出一条扩张我们连属的道路。但是，在廊下派思想家那里，这个连属的领域并不是某一个特殊的城邦国家，而是宇宙城邦或世界国家。廊下派思想家关于情感的思考对于"人们是否能够感到和所有其他人的连属关系"这一令人苦恼的问题有着重要的启发性。众所周知，在廊下派思想家看来，情绪（emotions）并非理想生活的一部分。我们需要克服普通连属关系中所伴随着的那些诸如痛苦、骄傲、欲望等所有情绪。与他人相连属的理想被设想为一种情感上的品质，但却是一种完善理性的情感，它被理解为圣贤的善的情感形式。廊下派思想家让我们抛弃那种偏向性的、"情绪性"的连属关系，这种连属关系在很大程度上塑造着我们的政治生活。但是，他们的理想并非是，我们应对每个人采取一种非连属性的"中立"立场。它要求像连属于我们的亲属、公民同胞一样，与遥远的米闪人（Mysian）（正如古代批评者所说的那样）相连属，但这样做完全建立在理性的方式上。

[6]廊下派的世界主义和共同法概念与后来使用类似术语的理论之间存在着显著的差异。对一些学者来说，廊下派的概念和后来的政治思想不仅有一些不同，而且根本不属于政治哲学的范畴。如果廊下派的世界主义涉及的只是一个巨大的有机体，即那个我们只是其一部分的宇宙，如果共同法只是一种物理性的力量，它贯穿在宇宙之中，那么，这样一种观念对政治哲学能够提供什么资源？是

否廊下派思想家只是给出了一种物理学的理论？也许，我们可以侧重于其伦理学的方面对此问题重新发问：如果廊下派思想家的世界主义是关于努力发挥自己的理性，从而成为这个世界中完善部分的理想，那么，这样一种观念难道不是可以合理地理解为"成就完善主体"这一伦理理想？无论哪种情况，我们都很难从早期廊下派理论关于法律、城邦的理论中发现现代政治哲学的特征。

在此，我们有必要暂时停下来追问什么可以被合理地视为政治哲学。在关于廊下派哲学的学术性讨论中，我们似乎只有两个选择：或者我们能够在廊下派思想家的思想中，揭示出一种理想的国家建制，最好的法律和正义的国家；或者我们同意这样一种观点，即，廊下派世界公民的理想最终只是一种伦理上的理想，这一理想关涉个体主体的善的生活。但是，为什么只有关于最好（理想或正义）的国家建制、法律的理论才应该被称为政治哲学？如果这就是我们对于政治哲学的预设，那么，我们将表明，早期廊下派思想家的确并没有从事政治哲学。但是，对我来说，我们似乎并不应该把这种观点作为判定政治哲学的标准。

早期廊下派思想家所涉及的概念尽管与我们所熟悉的政治哲学在许多重要的方式上有所不同，却提出了一些政治哲学领域中的核心问题。这些问题涉及我们政治思考的范围以及法律的本性。我将为如下见解提供一种阐释，即早期廊下派关于宇宙城邦的思想和共同法思想为政治哲学作出了真正的贡献。当然，[7]如果预设早期廊下派政治哲学是独立且轮廓清晰的领域，那这一阐释显然不合理。在对古代哲学的阐释中，指出伦理学和政治哲学的深层次联系是很平常的看法。正如柏拉图和亚里士多德一样，廊下派思想家在讨论政治观念的时候，实际上并没有在伦理学和政治哲学之间作出一个截然的区分。更重要的是，廊下派思想家还以其所提出的诸理论以一种根本的方式相互关联而闻名，其所有观点都建立在一套核心概念如理性、自然、智慧之上。事实上，廊下派政治思想的关键性概念——法、理性、自然、宇宙、上帝——与廊下派哲学的整个体系紧密相关。我将对廊下派的政治思想与廊下派哲学其他领域的深刻联系加以阐释。我将论证,廊下派的政治哲学将会有助于我们更好地理解廊下派思想家所说的"智慧"的概念、神学与伦理学的关系,也有助于我们更好地理解廊下派关于"恰当行为"以及"何以我们要把他人视为属于(belonging to, oikeion to)我们"的理论。

本书的一个主要目的就是对早期廊下派政治哲学作出重新定位——使之由我们所认为的廊下派哲学的边缘位置向中心位移。一旦我们看到有关廊下派政治哲学的证词与廊下派关于智慧、恰当行为、与他人的连属性、神、理性等核心概念的细密关联,这些证词便开始显示出重要的意义,并且将会表明有着相当多的思想意味。而且,如果我们不把廊下派政治哲学视为廊下派哲学的旁枝,好像它与廊下派思想的其他思想相分离,而是认为它们与廊下派的核心概念如自然、宇宙、智慧和理性等构成一个有机的整体,那么,早期廊下派政治哲学的核心概念——共同法的概念和宇宙城邦的概念——将会得到更为合理的诠释。

但是,为什么人们总是首先倾向于回避早期廊下派政治哲学的讨论? 因为,当我们考察关于早期廊下派政治哲学的文献时会发现,似乎廊下派思想家对于乱伦、食人等问题和城邦、法律的问题有着同等的兴趣。他们似乎提出了大量对于他的同时代人来说是令人震惊和羞耻的观点,而[8]廊下派的追随者们也试图把这些观点的记录剔除。如果我们打算根据我们所掌握的关于这类言论的大量信息,对这些存在于廊下派思想内部的烦乱论题(disturbing theses)(正如我将对其称呼的那样)的地位加以评价,那么,看起来,这些论题似乎在廊下派哲学中处于中心位置——它们似乎告诉我们,宇宙城邦的生活是什么样子。从这些论题中形成的最恶劣的印象是:廊下派思想家构想了一种理想的城邦,这种城邦最突出的特点是,允许食人肉、与自己的亲属结婚,以及其他丑陋的安排。

　　有些学者看不到廊下派所描绘的圣贤可以享用人肉宴、和自己母亲结婚、无需费神安葬自己父母这些观点中吸引人的东西，仅仅认为这些存在于《政制》（*Republic*）中的烦乱论题反映的不过是芝诺曾经作为犬儒主义者的看法或芝诺年轻时期的愚蠢。如果这种判断是公允的，我们就该把这些论题弃置一边，直接讨论廊下派思想家关于法和宇宙城邦的观点。尽管这种处理烦乱论题的策略可以追溯到古代，然而却并不见得合理。因为克律西珀斯（Chrys-ippus）同样提出过类似的论题，芝诺在《政制》之外的书中也讲到了这些观点。

　　在第一章中，我对上述烦乱论题进行了重估。它们既非刻画一个理想的城邦制度，也并非描绘一种生活于理想城邦的准则，同样不是讲述某种不重要的或中性的行为从而与重要的德性相对。尽管容易表明，关于这些论题的常规阐释之不合理性——比如，显示它们在某些方面有些夸大其词，但是，要想详尽地表明那些阐释以及与之相关的一系列观点漏掉了廊下派伦理学的基本方面也并非易事。正如我将表明的，有关早期廊下派政治哲学的资料有着一个十分吸引人但同时却又被极大扭曲了的历史。这样的历史在一定程度上要归功于像菲洛德谟斯那样的作者所采取的辩论性的策略，然而，更应归功于传播中的意外过程。不过，这个意外过程就其本身而言也是有趣的，至少当我们考虑到希腊化时期的哲学实际上在多种不同学派的相互影响、相互作用下被塑造这一实情，这一意外过程本身就显得很有意思。怀疑主义者对廊下派思想家关于"吃自己截掉的肢体或和自己亲属结婚也许无可厚非"这样的观点表示出极大的兴趣。① 这样的观点可以[9]被视为一种接近于类似独眼巨人 * 所处的无法度的生存状态。这些主张被很好

---

① 我用怀疑主义者这一术语既指皮浪派也指学园派的怀疑主义者。但是，我将更多涉及皮浪派意义上的怀疑主义者。

* [译按]希腊神话西西里岛巨人。

地用来服务于怀疑主义的论证，即为了表明这一或那一关于如何生活之观点的极度愚蠢，只需指出它们与被视为现象的"我们的常识生活"之间存在冲突，或者，它们在实践上与所有其他关于善的生活的哲学观念相冲突。怎样才能更好地适合于试图"悬置有关如何生活的判断"的怀疑论者？这些烦乱论题在怀疑主义者的论证中多次出现，被用来引出他们关于善之生活（good life）问题的"悬置判断"。造成的结果是，与我们对于早期廊下派哲学几乎各个方面的匮乏资料相比，在这些烦乱论题方面，我们有着大量的证词。

斯科菲尔德（Schofield）考证了廊下派大量烦乱论题的原始资料。① 尽管斯科菲尔德本人并没有作出这一结论，但是，我认为，他的研究开辟了评价这些烦乱论题的新方式，即这些烦乱论题属于廊下派核心理论只是一种假象。一旦我们看到这些烦乱的主题对怀疑主义者关于"悬置善的生活的判断"之教义的重要关联，我们也就理解廊下派的这些观点应该处在怎样的理论位置上。它们在怀疑主义者那里的重要性超过在廊下派哲学中的重要性。文献的历史表明，一些烦乱主题在廊下派文本中仅仅是作为例子和例证而出现的，但是，在怀疑论者眼中，它们却成了廊下派哲学讨论中不可分割的组成部分。

然而，我们无需解释为何廊下派思想家宣称"那样一套对其听者来说是骇人听闻的观点是无问题的"。但是，把此种观点视为某个理论的核心部分是一回事，而说明一个理论如何解释容纳这些观点又是另一回事。这一评价引领我们进入廊下派关于恰当行为（appropriate action；kathêkonta）的理论。正如我将要表明的，一个像"这对于 φ 是不出格的（not out of place）"主张，应该被理解

————————
① 见《廊下派的城邦观》(*The Stoic Idea of the City*, Cambridge University Press, 1991)。

为"对于 φ 来说,有一种特定的处境,在其中做某事对他来说是恰当的"。它并不意味着某种状况一般来说对 φ 是允许的,或道德上无所谓的,或必须实现的。认为烦乱论题与恰当行为理论有关的看法并不新鲜,但是,关于早期廊下派政治哲学的学术论著对此问题的看法建立在我们已经有着一个对廊下派理论确定的理解这一假定之上。[10]而我们对于早期廊下派政治哲学的诠释奠基于对廊下派思想重构的实际具体环节之中,而非奠基于对廊下派的主要观点的总体性理解之中。在第一章中,我首先对廊下派在这些问题上的观点做一简要勾画。关于"一贯恰当、明智的行为意味着什么"的细节问题将贯穿在本书其余部分而被考察。

关于烦乱论题的讨论也会促进我们对廊下派方法的反思,这将有助于为我的整体阐释中的一些猜想建立一个框架。如果说这些烦乱论题在廊下派理论中扮演着次要角色,就需要解释为什么它们如此突出和显著以至于被怀疑主义所关注。我将论证,廊下派在提出其观点的时候有一种偏好,即有意制造一种与人们直觉相对立的表现方式,而这一点是怀疑主义"妖魔化"地考察廊下派的主要原因。正如廊下派似是而非的隽语(paradoxes)一样,这些烦乱主题的目的在于突出廊下派哲学所具有的变革性。

但是,在这些烦乱主题中,有一个和其他有明显不同:芝诺说,只有圣贤(sage)是公民、朋友、亲属、自由人,而所有其他人则是个人和公众的敌人,是奴隶和外邦人。显然,这种主张的提出和吃自己大腿的主张一样,目的是彰显其观点的革新性。它使得父母、兄弟姐妹都成为敌人,并且实际上使所有人都成为奴隶。但是,这一论题的结构和关于食人或乱伦的主张是不同的:在这里,芝诺是对"智慧"这一概念加以解释。在知识论和伦理学中,圣贤的形象和智慧的概念是廊下派开展其理论的最重要的工具。通过圣贤的形象,我们认识到我们应该认可(assent to)何种印象;通过了解为什么圣贤不具有某些观点和情感,我们理解了这些观点和情感到底是什么。通过圣贤的概念,廊下派思想家解释了诸如恰当和正确的行为何以显得不同。通过主张"只有圣贤是公民、朋友、亲属、自由人",芝诺宣称,做一个公民、朋友、亲属和自由人是人理性的成就——完善一个人的理性即是成为公民、亲属、朋友和自由人。我在第二章开始考察早期廊下派政治哲学这一重要论题。

芝诺论题的第一个构成部分,即只有圣贤才是公民(S),直接引导我们进入诠释[11]芝诺《政制》以及一般而言,诠释早期廊下派政治哲学所面临的关键问题:只有圣贤才是公民这一主张是否意味着芝诺的理想城邦是一个只由圣贤组成的城邦?大多数学者认为,答案当然是肯定的。尽管在宇宙的某个地方,由些许圣贤组成一个小城邦这一想法有些奇怪,相似地,一些圣贤与世界上的其他人分离而组建他们自己的城邦也有些奇怪,但是,对于学者们来说,是(S)决定着这种回答。如果并非如此,那么,还有别的方式来理解"只有圣贤才是公民"吗?我们将论证,廊下派思想家在谈到城邦时,运用了一组复杂的有关城邦的直觉领会。在一种意义上,城邦由其公民所组成,并且,类似地,廊下派思想家所讨论的城邦是由那些具有完善理性的个体所组成。但在另外一种意义上,公民权则是在一种政治共同体中的最高地位,但在此共同体中也生活着地位较低的另外一些成员。所有那些并不智慧的人属于较低地位的成员——他们从属于这一包含在宇宙中的共同体,但是,他们并不是这一共同体的公民,他们仅仅居住在这个城邦当中并在其中处于较低的地位。

根据普鲁塔克(Plutarch)的说法,芝诺说我们应该把所有人视为我们的公民同伴(fellow-citizens)(H)。这一证言显得十分矛盾:这和芝诺所设想的圣贤城邦不相适应。又考虑到芝诺并没有确切地讲到"宇宙城邦"这一事实,上述表面的不一致使得一些学者认为,早期廊下派政治哲学经历了一个发展的过程——芝诺构想了一种圣贤城邦,而克律西珀斯想到的是宇宙城邦。但是,在对于(S)的阐释中,我们将表明(S)和(H)是一致的。只有圣贤是宇宙城邦的公民,但是,所有人都是宇宙城邦中居住的伙伴,或者较低层面意义上的公民。正如我们所表明的,没有必要认为克律西珀斯所讨论的城邦和芝诺所讨论的城邦有什么不同。当然,他们的观点在某些侧重点和细节方面也有一定的差异。在早期廊下派哲学中,似乎始终关注如何成为世界完美的一部分——这一点在(S)中被表达——以及关注于包含全人类的世界共同体——这一点在(H)中被讨论。

[12]正如我们将论证的,认识到所有人都是宇宙中的公民同伴这　观点深刻地相关于 oikeiôsis 或连属性(affliation)的问题。正是通过(H),廊下派政治理论涉及一个人应该如何看待所有其他人,以及应该如何同他们打交道。正是通过(H),我们才得以理解连属性的一个更高维度:我们不应该把他人仅仅视为属于我们,而且,应该认识到他们和我们都从属于一个由共同法所规范的唯一共同体。在共同法中生活,正如我们将看到的,就是在理性的指令下一贯的行动。理性指令恰当的行为,恰当的行为处理诸如健康、生命、财产、力量以及它们的对立面这些对于廊下派思想家来说是中性的事物(indifferrents),中性物是有价值或无价值的事物。尽管这些中性物和幸福无关,但是,它们与人的行为相关。它们为我们的慎思(deliberation)提供所要考虑的因素。一旦我们完全理解我们该如何看待他人,我们也就能够认识到,"合法"的生活不仅仅意味着关心自己的健康、疾病、财富、贫穷等,而且同样意味着关心属于我们的所有他人的健康、疾病、财富、贫穷等。在这种意义上,可以确切地说,共同法是联结自我和他人的纽带;它使他人所关心的东西关涉于我们,因为,从根本上说,他人本身就是我们所关心的。在第二章里,我讨论了廊下派所设想的世界范围内的共同体。既然人们能够在德性和智慧方面提升自己,并且能够逐渐完善其理性,那么人们也就能够以一种不同的方式成为这

一共同体中的成员。不过只有具有完善理性的存在——圣贤或神——才真正属于此城邦的公民。

因此，在第三章，我开始转向对圣贤和神的讨论。为了更好地理解(S)——只有圣贤才是公民、朋友、亲属和自由人——的意义，我认为我们必须讨论廊下派关于智慧(wisdom)概念的一些基本问题。并且，既然不仅圣贤，而且诸神也是智慧的，我们同样需要研究公民-诸神(citizen-gods)的概念。克律西珀斯说过的名言，即在德性方面，宙斯并不优于任何人类圣贤，还说，事实上，宙斯本身是智慧的。但是，尽管诸神是智慧的，但是他们并不是圣贤——他们是不同种类的存在者。由于这一事实，我们就不能在讨论公民-诸神的时候将之化归为对圣贤的讨论。因此，我们的工作就既涉及圣贤的观念也涉及公民-诸神的观念。

[13]廊下派思想家实际地提到了圣贤的每一种形式的专职——圣贤是预言家、牧师、法官、治安官、国王等。"只有圣贤是公民、朋友、亲属、自由人"的论题就是从这种关于圣贤的表述方式而来。我将论证，对于智慧概念的诠释以及与之相关的概念的重新定位和重新说明都建立在廊下派的灵魂学说中。不论廊下派思想家归于圣贤的是什么，实际指的都是圣贤心灵之完美状态的具体运用或智慧品质某个方面的具体表现。相应的，廊下派思想家对这些概念做了十分不同的阐释，不过在廊下派的全新用法和传统用法之间也保留着一定的连续性：成为一个公民，不论在希腊城邦还是在宇宙城邦，都是成为共同体充分的成员(full member)。成为一个亲属，不论是在传统中还是在廊下派的意义上，都是成为一种具有连属身份的人。只有圣贤才是亲属的主张不过意味着只有圣贤才能够充分地连属于宇宙或者说充分地连属于宇宙中最好的东西——理性。

与宇宙理性完全统一并且"充分地连属于它"，这种观点显然会遇到一些困难。不管人们做了什么，他们总是宇宙的一部分。

那么,应该如何理解廊下派所说的,成为宇宙中好的部分? 在此问题上,我们转向对公民-诸神概念的讨论。尽管一些学者并不否认廊下派把诸神视为公民的讲法,但是,在考察中,他们并没有把这一讲法视为物理学意义上的主张。我们可能认为,如果说早期廊下派政治哲学真的只是含糊不清地谈及公民-诸神这一观念,那么我们也就看不到,对这一概念的研究会给我们提供何种哲学思考上的兴趣。但是,我们将给出一种解释,为公民-诸神的概念及其物理学的具体含义提供有力证据。诸神——也即宙斯的物质性的部分——为我们提供了一个充分连属于自然的模型。廊下派的一些神就是星体。它们是自我行动的典范:它们由自己的理性所推动,并且和自然界的秩序保持着完全一致的步调。并且,在严格的意义上说,它们是贯穿在整个宇宙中完善理性的一部分。在它们之中,我们看到廊下派所讲的"合法的生活"和"生命的自由流动"(easy flow of life)的物理性典范。

现在,我们对于廊下派思想家所设想的作为城邦的宇宙已经有了一定的观念。世界是人们的处所并且这个处所由法所管理。这两点的结合使世界成为城邦。这一城邦是由所有居住于其中的有理性的存在组成的共同体,[14]即所有人和神组成的共同体。但是,它也为我们建立了一种理想:成为其中充分的公民。共同法管理着整个宇宙,使得所有人类在这一纽带下被连接起来。但是,此"法"与完善的理性同一,而并非与一般的理性相同一。一个并不智慧的人并不遵循这些法;她并不在合法的(lawful)生活之中。公民身份这一理想也就是能够合法地生活的理想。但是,合法的生活意味着什么呢?

在第四章,我转向廊下派关于共同法的概念,我认为通过确认廊下派的法和理性的同一性,这一概念能够得到最好的理解。宇宙是完善理性的,正如圣贤一样。但是,对于那些并没有获得智慧的一般人类个体来说,他们并不拥有完善的理性,尽管在一定意上可以说他们有理性，但是，相对于完善理性来说，他们所具有的理性程度是不足的。说他们是理性的，只是就他们通过自然过程获得了一些所谓的"前概念"，因而，构成了在世界中的基本态度、习惯。成为理性的，就是获得一些前概念，但这些前概念还需要做更多的提升，不过，它们也能够为我们提供对于事物基本的把握。成为理性的还意味着能够"自我推动"。人们的行动是通过对呈现出的一套恰当行为（或者说应该做的行为）的印象之认可（assent）而被引发的。人们认可或不认可这一印象，决定了人们追求或反对做某事。在他们认可呈现出的一套应该做什么的印象之前，他们考虑对中性物（indifferents）的接纳和拒斥，判断关于其所在处境的印象。向理性、德性或智慧的进展即是提高自己对于那些在自然生活中相关于行为的事物之作用的理解。掌握这种理解的圣贤只认可那些呈现出的确实是恰当行为的印象。通过对这些印象的认可，她的理性对她自己发布命令，并且作为完善理性的指令，这种指令具有法的地位。

　　第四章的大部分致力于共同法何以具有廊下派思想家所设想的指令性（priscriptive）这一问题。我的阐释包括两部分。第一，圣贤的认可，就其发自完善理性的一贯倾向而言，具有类似于法的性质。说完善理性即法，是说完善理性的存在者（具有完美理性的存在）所做的每一个决定具有法的地位。第二，法是实质性的（substantive）*，因为圣贤的认可建立在对那些和人类行为相关的自然事实的理解之上。[15]法之具有实质性的方式完全和理性之

* ［译按］"substantive law"是一法律术语，指的是具体规范社会成员如何行动的法律，包含对权利、义务、犯罪、惩罚等方面的具体规定。通常被译为"实体法"，与"程序法"相对。本书作者在这里所要强调的是，廊下派所推崇的法不仅仅意味着行为者的完善理性给自己发布的指令，还包含着，行为者在给自己发布指令的时候，总是有着实际内容方面的考虑。也就是对于与行为相关的有价值与无价值之物的权衡，在这个意义上可以说，这种法是具有实质内容的。故将"substantive"译为"实质性的"。

具有实质性的方式相应。成为理性的，就是自然地获得关于事物怎样存在的观念（前概念），而成为完善理性的则是通过具备关于这些事物的完善观念从而充分理解这些观念。在行为上成为理性的，就是自然地获得与我们行动相关的事物的观念以及在审慎的行为中我们应该关心什么的观念。成为完善理性的，就是获得上述方面的完善观念。合法的生活是与自然相一致的生活，我们对于廊下派法概念的阐释应该认识到这一理想所具有的实质性的一面。

　　通过这一阐释，我对以下两条诠释路径提出了挑战，这两条道路在刚才关于廊下派法的讨论中已经被突出地描绘出来了。第一条道路，我称之为规则阐释（rules-interpretation），说明共同法之所以具有规范性是因为它由诸法律和规则构成，因此，它是类似准则一样的东西。我将表明，这一路径并没有十分准确地切入廊下派关于恰当行为的论述：对廊下派来说，是具体的行为而不是某种类型的行为或追求是恰当的。我把另外一条路径称为指令-理性（prescriptive-reason）阐释，这一阐释认识到圣贤的理性对于特殊行为的指令性。但是，这一阐释却忽视了廊下派理论中的法具有实质性的一面。正如我们将要说明的，廊下派思想家并没有设想具体的法规和准则，至少没有把它们视为慎思的因素来看待（也不把它们作为发展者［progerssor］慎思的一部分，因为发展者应该把智慧作为自己追求的目标）。但是，他们却提供了有关我们应该如何生活的实质性的说明，这一说明由他们关于价值的理论清楚地表达出来。

　　我将论证，廊下派的共同法具有如下两种形式的规范性——做出决定方面的规范力量和涉及行为的相关考虑因素方面的指导性。在每一行动的决定中，行为者告诉自己什么是她应该做的，如果她是智慧的，由其理性所发布的这一指令就具有法的地位。但是，就引发圣贤决定的审慎思考而言，这些决定还是完善的（perfect），即圣贤在理解那些作为行为的考虑因素的每一事物方面，在"选择"和"抛弃"中性事物方面是完善的。那些有价值或无价值的事物，诸如健康、财富、生命、疾病、贫穷、死亡等等就是[16]中性事物，它们为人们的行动提供了相关的考虑对象。需要强调的是，不仅仅行动主体的健康、财富、生命、疾病、贫穷、死亡构成行动的考虑对象，而且那些属于主体的他人的健康、财富、生命、疾病、贫穷、死亡也构成这类关注对象。在这一点上，我们看到廊下派共同法的概念是如何与宇宙城邦的概念内在相关的：合法的生活以及按照与自然相一致的生活包含着把每一他人作为同属于我们自己的他人，这样，也就把他人的关切视为和自己相关的。

　　共同法就是自然形成的法。从我们出生的那一刻到我们获得什么是有害、什么是有益的观念以及什么是正当的观念，我们一直受自然的引导；这一过程也是达到过一种自然生活，从而使那些观念得以纯化的发展过程中的一部分。法即自然法，还因为它是一种自然的力量，与贯穿在宇宙中的理性相同一。但是廊下派思想家却没有选择"自然"这个词作为法的基本性质，他们所讲的是"共同法"。此法之所以是共同的，是因为对人类来说什么是有价值的、什么是无价值的，是一个关于人在宇宙中生存的事实。尽管每一主体需要在某一被给予的处境中具备一种与此特殊处境相适应的观点，但是，所有生存者在这种实质性的引导中被联结起来，它们指引着我们何种事物应该被选择或放弃。我们只有使自己变得智慧才能跟从法。尽管此法与宙斯，也就是宇宙理性相同一，但宙斯（或理性）并没有建立一套外在的法规让我们去遵守。对人来说，主要的任务不在于认识那种和我们自己的理性不同的宇宙理性并服从它，而是成为宇宙理性整体不可分割的一部分，从而在每一行动的决定中能够使自己做出合法的行动。

　　通过把法和宇宙理性视为同一的，廊下派思想家转向一个最古老的政治学问题：怎样过一种与自然相一致的生活以及与法相一致的生活？这一问题存在于古希腊的许多著作中,它被视为从事于法之价值的思考,同时也涉及对每一特殊法律之不足的讨论,这种不足来自法律的一般性以及文化、历史环境的偶然性。任何人如果像廊下派思想家那样认为生活的目的就是与自然相一致,并且[17]像廊下派思想家那样精通相关的讨论,都肯定会谈到"与自然相一致的生活何以与法相关"的问题。对廊下派来说,与自然一致的生活就是和法相一致的生活。自然的生活绝非无法则的生活,绝非作为城邦的政治共同体之外的非政治生活。并且,和自然相一致的生活是唯一真正合法的生活,它是在真正城邦中的生活。廊下派思想家认为,一个人如果认识不到其所处的特殊城邦的诸法律最终决定着恰当的行为,她也就不能倾向于选择"自然"而是倾向于选择"违背法"。并且,她认识到自然本身为我们建立起应该遵从的法,这一法对所有人类来说具有共同性。此法并不细分为具体的法律准则,但又类似法律准则,它决定着每一重要的行动,不管这一行动是恰当的还是不恰当的。

　　在开始我们的讨论之前,有必要简短地说明一下本研究所提到的廊下派的主要人物。我们关注早期廊下派最重要的人物也是廊下派的创立者芝诺,同样还包括廊下派第二和第三重要的人物克勒昂忒斯(Cleanthes)(约公元前 331/330—前 230/329)和克律西珀斯(约公元前 281—前 208 年)。有时,我会转到后期廊下派思想家,或者是因为他们似乎提出了与早期廊下派思想家至少在某些方面一致的观点,例如第欧根尼(Diogenes,约公元前 240—前 150 年)和希耶罗克勒斯(Hierocles,盛年约公元 100 年),前者是克律西珀斯的弟子;或者是由于他们的文本关涉对于早期观点的阐释,例如,公元 1 世纪罗马廊下派思想家塞涅卡的著作。没有一本早期廊下派思想家的论著被保存下来,并且对他们的著作的研究充满了众所周知的困难。谈论"早期廊下派政治哲学"显然是一种简化。芝诺、克勒昂忒斯和克律西珀斯一般被视为早期廊下派哲学的主要代表,但是,另一些廊下派思想家,如斯菲若斯(Sphaerus,公元前3世纪)可能也相当重要。还有另一些人,如芝诺的弟子阿里斯托(Aristo,约公元前320—前240年),尽管在主要观点上与早期廊下派思想家并不一致,但通过他们挑起的进一步争论,也影响着廊下派思想的发展。①

[18]克勒昂忒斯、克律西珀斯和其他廊下派思想家似乎把自己视为芝诺观点的追随者。但很难说,在某些观点上,他们是否只是以此方式提出自己的看法。某一廊下派思想家在指涉芝诺时也许做着许多事情:他也许更细致地讲出芝诺主义的教义;以某种他认为是解释的方式重述教义;发展一种新的隐喻;通过重新定义其理论对某种反对意见做出回应;提出一种他认为与芝诺已经发展的其他理论相一致的自己的原创理论等。因此,当我们谈到"传统的"廊下派观点时应格外小心,一种与芝诺哲学相一致的观点也许实际上是对芝诺哲学的增补,而且,在它把自己视为与芝诺思想相一致的时候,它也许是对早期教义的修正,这就是我认为我们应该设想早期廊下派发展的一种方式。另一需要考虑的方面是,不同的廊下派思想家似乎有着不同的哲学兴趣点,因而他们在哲学的这一或那一领域中会投入或多或少的精力,并且与此相关,我们也许还应该认为他们具有人们所称的不同的"哲学气质"(想一想克律西珀斯在逻辑方面的明显偏好,从根源上说,这与他对难题和错综复杂的技术性事物的喜好有关)。最后,像克律西珀斯这样多产

---

① 廊下派思想家似乎并不存在属于自身特征意义上的"学派"。因此,他们也没有像其他学派一样的"学派领袖"。芝诺、克勒昂忒斯、克律西珀斯并非上述意义上的学派领袖的继承者。毋宁说,他们接替作为学派思想的领袖。有关希腊化哲学学术研究中,在此问题上不同观点的详细的、批评性的讨论,见卢德伦(Ivor Ludlum),《两个由来已久的神话:中心化的传统廊下派和廊下派的领袖》(Two Long-Running Myths: A Centralized Orthodox Stoic School and Stoic Scholarchs),载 *Elenchos* 24 (2003):33—55页。

和原创性的思想家,在他们的一生中,他们很可能在某些问题上对自己曾经的认识提出挑战。如果我们拥有,例如,几本克律西珀斯的著作,我们肯定会考虑其思想的发展,正如我们对待其他重要的古代哲学家那样。因而,讨论早期廊下派哲学之所以是一种简单化,不仅是因为它假定(至少)三个有影响的创造性思想家在所有主要问题上的一致,而且还因为它假定他们中间没有谁在一些重要事情上曾改变他们的看法。这些假定是很"人为性"的,而且需要在每一步中对此铭记于心。但是我并非要强调[19]早期廊下派哲学这一人为性的概念,而是试图把它理解为一种值得完成的构造——因为它允许我们对这一哲学的主要部分进行全面的理解。一般来讲,一旦有必要,我们会随时准备从这一概念中退出,为不同版本的理论、侧重点的不同、视角的改变以及对相反论证的回应(这种回应对理论的某些特殊方面会作出修正)留出空间,如果是在这样一些前提下,我认为我们可以合理地使用"早期廊下派哲学"这一概念。

第一章　烦乱论题

[20]早期廊下派政治哲学的一些最著名文本谈到乱伦和食人。表面上看,廊下派思想家赞同这些实践,并且无视法院、传统教育、婚姻制度以及葬礼的重要性。这是廊下派诸多高度变革性主张中的一些例子,这些高度变革性的主张在关于早期廊下派政治哲学的记述中尤为突出。但是,对于任何一个能够从廊下派哲学更广阔的语境(这意味着她的研究不仅涉及与廊下派政治哲学有关的伦理学部分,而且涉及廊下派逻辑学、物理学和伦理学)看待这些研究的人来说,这些主张显然并非任何廊下派哲学领域的核心。

不管这些主题在记录它们的资料中如何突出,由于它们看起来过于特殊和具体,因此不可能是廊下派首要性的观点。就我们所知,那些抽象的概念,如自然、神、理性对于所有早期廊下派思想来说才是首要性的。廊下派思想家之所以提及这些特定的行为方式,是为了例示一种更具理论性的说明,如"对人类来说与自然相一致的生活意味着什么"这类问题的说明。

有些廊下派思想家在"恰当行为"方面的论著可能包括大量有关特殊行动方式的讨论;但即使是这些论著也建立在一些涉及理性、自然等一般性概念之上。因此,许多投注大量时间研究早期廊下派哲学的学者在处理有关乱伦、食人等这类令人反感的论题时感到犹豫，尽管这些论题表面上看是廊下派政治哲学的要点。

在廊下派哲学的任何领域关注这类具体的主张实际都远远地偏离了他们的基本思路和特点。但是，有关这些论题的证词——[21]我把它们称为烦乱论题——在我们所知的早期廊下派政治哲学中扮演着如此重要的角色，以至于人们不得不要么有意忽略这一领域，要么严肃面对它。① 正如我所表明的，这些主张十分值得我们花费时间加以研究。首先，它敞开了一条重构早期廊下派政治哲学核心学说的道路，在我们看来，这一核心学说发展了宇宙城邦和共同法的概念。② 我们关于这些烦乱论题的分析会直接影响——在某种程度上说是决定我们对廊下派法和城邦思想的阐释。第二，对于这些主张的研究有助于解释廊下派的方法——即有关为什么、以什么方式，廊下派思想家在其伦理学理论中强调了他们的变革性。第三，这一研究还会引导我们进入有关智慧和恰当行为的讨论，我们将看到，此讨论对于早期廊下派政治哲学的阐释至关重要。

这些烦乱论题最重要的部分是由怀疑主义者所提供。③ 怀疑

---

① 古利特-卡泽(Marie-Odile Goulet-Cazé)以一种富有启发的简洁形式把这些论题称为"廊下派的犬儒主义"(the Kynica of the Stoics)，见《廊下派的犬儒主义》(Les Kynica du stoïcisme)，载 *Hermes Einzelschriften*，vol. 89，Stuttgart，2003。但是，正如我将详细指出的，这种与犬儒主义哲学表面上的接近绝非这些主张的主要特点。

② 根据原始文本，芝诺并没有使用宇宙城邦这一概念，正如我将论证的，这并不能迫使我们设定在芝诺和克律西珀斯的观点间存在着一个重要的转变。

③ 其他哲学家的争论，菲洛德谟斯(Philodemus)是其中最重要的一位，使这些论题广为人知，但正是怀疑主义者而非菲洛德谟斯对这些论题作了广泛记述，并卓有成效地为早期廊下派政治哲学制造出这样一种印象，似乎廊下派的政治哲学围绕这些主张而展开。斯科菲尔德是第一个既表明这四个关键文本都可追溯到怀疑主义者，又强调这一事实之重要性的人。参见其《廊下派的城邦观》(*The Stoic Idea of the City*，The University of Chicago Press，1991)。我从斯科菲尔德的著作中受益颇丰，他论证说，所有这些资料都可追溯到皮浪派的怀疑主义。由于我将证明廊下派的这些论题在怀疑主义者的诸多讨论中被提及，而且由于我并不敢确信我们可以充分追溯这些讨论的历史，因而，正如我早先提到的，我是在一种较宽的意义上使用"怀疑主义者"一词，用它既指学园派的怀疑主义也指皮浪派的怀疑主义(尽管我将更多地涉及塞克斯都，因而更多地涉及皮浪派的怀疑主义)。

主义者本身是哲学家,即使当他们收集一长串独断性的主张(这些主张如果切断语境来看像是一些哲学观点的辑录[doxography])的时候,他们也是作为哲学家来进行收集的。正如我所提议,我们必须花时间理解怀疑主义者如何使这些烦乱论题在他们自己的哲学体系中发挥作用。这些烦乱论题为怀疑主义者悬置"到底有没有生活的艺术、有没有羞耻之事"的判断构成了关键性的证据。怀疑主义者不仅仅收集了廊下派思想家的这些听起来令人讨厌的论题,[22]从而使人们误认为,这类烦乱论题在芝诺和克律西珀斯的著作中是类似的和连续的,更为严重的是,一些怀疑主义者的论证依赖于"他们所收集的论题是廊下派关于生活技艺的说明"这种看法。一旦我们认识到,这恰恰就是怀疑主义者想要追求的效果——即从他们所能找到的大量廊下派著作中寻找出一些惊世骇俗的观点,然后从这些观点中发现一种显得十分荒谬的生活技艺——我们也许就会更为谨慎地看待这些论题给人留下的表面印象。①

对于是否应该把廊下派思想家所讲的法视为类似于法规意义上的事物(包括法律和规则),学者们并没有一致意见。如果这些烦乱论题是有关什么是允许的,什么应该做,什么事物不应该在善的生活中出现的一般性主张,那么,这些论题的确可以表明廊下派思想家为具体的生活领域提供了一些实质性的准则。② 但是,如

---

① 我在《是否存在一种生活方式? 早期廊下派和怀疑主义哲学评论》(Gibt es eine Lebenskunst? Politische Philosophie in der frühen Stoa und skeptische Kritik),载 *Zeitschrift für philosophische Forschung* 59 (2005),1—21 页中给出过一个较早的、相当简洁的有关烦乱论题的不同阐释,在其中我捍卫这样一种观点,构造这些烦乱论题条目的怀疑主义者,其论据共有的一点是,他们在理论和日常生活之间进行的对比;这一点现在对我而言似乎不再是塞克斯都论据的核心。另外,我也看不到怀疑主义者把廊下派思想家的这些主张作为善的生活的说明这一事实以会影响这些论题的表达。

② 他们也许还为"廊下派思想家设想了某种规则"这一主张提供了间接证据;他们也许设想了对于规则的例外情况。(见第四章)

果不是这样的话(这也是我将要论证的),那么,我们所面对的就不是任何这类规则的实例。① 廊下派思想家讨论特殊行为方式的语境并不多见,如果这些烦乱论题不能够成为廊下派思想家讨论行为规则的关键证词的话,那么,认为廊下派思想家所讲的法能够具体化为行为规则的主张就很难得到辩护。

正如我将表明的那样,只有把这些烦乱论题视为反映着廊下派思想家对智慧的思考并且视为对恰当与合法行为的较为抽象的讨论,我们才能够更好地对这些论题做出阐释。[23]诸如"教育是无用的"或者"没有必要建造神庙"这些论题在思考什么应该被教授,以及什么才是真正的虔诚这样的语境中来理解。那些有关乱伦、食人等的论题,对廊下派思想家来说,是为了表明何以不存在被普遍禁止的行为。芝诺和克律西珀斯指出,我们倾向于在没有必然区别的地方做出区别(即,在有关恰当行为方面没有本质区别的地方做出区别),我们不应该受传统上关于什么是可耻的观念的影响,从而阻止我们做理性要求我们去做的事情。

我将以如下步骤展开讨论。第一部分,对有关烦乱论题的学术观点做一简短的描述,然后,在第二、第三部分,我将对传播这些论题的一些重要原文做出翻译并加以评价。这推动我在第四、第五部分对构成廊下派一系列主张的论据进行近距离审视。最后,在第六部分,我将讨论这些烦乱论题何以被设计出来从而凸显出廊下派伦理学的变革性,在第七部分,我们对这些烦乱论题在整个廊下派哲学中的地位作出重新评估。

---

① 有趣的是,即使是怀疑主义者也意识到了这一点。在 PH 3. 245—249 和 M 11. 189—196 中,塞克斯都似乎论证说,廊下派的生活技艺可以通过这些烦乱论题来描述。但在别的地方他又说,对于廊下派思想家,生活的技艺是智慧,并继续解释说,对于圣贤,并不存在某种特殊类型的行为,因为圣贤和愚人所做的任何事情都很相似,区别只在于,圣贤根据智慧来行事,见 M11. 181 和 199—209。

一、烦乱论题和对廊下派政治哲学的接纳

让我首先对我所谓的烦乱论题做一个粗略概括：无需建造神庙、体育馆；货币制度也不必要；只有那些具有美德的人才是公民、朋友、亲属和自由人——其他所有人则处在相互冲突之中，他们是敌人、外邦人和奴隶；芝诺还持有一种所谓"妇女共有"（community of women）的学说；男人和女人应该穿着同样的服装；没有哪一部分身体需要完全被掩盖；如果一条被截掉的肢体可食用的话，我们完全应该吃掉它；传统的教育科目都是无用的；没必要花费精力为自己的父母（或其他人）操办葬礼；无需引入货币制度；有关圣贤如何谋生的讨论是成问题的。① 这些观念主要保存在四个条目中，其中两条存留在第欧根尼·拉尔修（Diogenes Laertius）的讨论中，另外两条在恩披里柯（Sextus Empiricus）（DL 7. 32—34，DL 7. 187—189，[24] SE PH 3. 245—249，SE M 11. 189—196）那里，还有一些资料由菲洛德谟斯（Philodemus）所提到。② 此外，还有少量类似的论题以一种辩论性的形式分散地出现在许多不同的著作中。

在这些论题当中，主张"只有有德性的人才是公民、朋友、亲

① 这一条目清单并不完全，因为我们还知道有关烦乱论题的一些不同版本（尤其是关于性方面的讨论）。

② 文本《论廊下派》（De Stoiciis）传播于两份纸草文献之中，即 PHerc. 155 和 PHerc. 339，见 T. Dorandi 所编"Filodemo. Gli Stoici (PHerc. 155 e 339)"，载 Cronache Ercolanesi 12 (1982)，91—133 页。这一版本随后有了意大利文的译文和评论。法文译本和一个关于西诺普的第欧根尼（Diogenes of Sinope）的《政制》（Republic）的讨论参见《西诺普的第欧根尼的〈政制〉及对其政治思想的一些评注》（La Politeia de Diogène de Sinope et quelques remarques sur sa pensée politique），载 Le Cynisme ancien et ses prolongements，Presses universitaires de France，1993 年，57—68 页。有关第欧根尼和芝诺的《政制》（Republic）的所有段落也在古利特-卡泽的《廊下派的犬儒主义》中以希腊语和法语对照形式出现。

属和自由人,而那些通常被认为是公民、朋友、亲属和自由人的
人则是公众和个人的敌人、外邦人、奴隶"的观点和其他主张有
着显著的不同。在这一说法中,并没有明确某个特殊的生活领域
或某一特定的行动类型。并且,这是一个典型的廊下派佯谬,表
面上看似乎是一个不合理的论题,但是却能够作为廊下派智慧概
念的一部分而得到阐释。但是,把这一论题作为整个烦乱论题之
一部分的原因也是显然的——它和其他观念一样令人反感。任
何一个古代的读者都会认为,尽管他可能并不具有德性和智慧,
但他却能够是一个公民、朋友、亲属和自由人。因而,这种把现
实生活中的公民成员说成是敌人、受奴役等等观点是对他们的极
大挑衅。

尽管一些学者(在范德瓦特[Paul Vander Waerdt]那里也许
是最明显的)在对待早期廊下派政治哲学的时候,几乎完全把思考
集中在宇宙城邦和自然法概念上,但是,这些烦乱论题还是极大地
影响我们对早期廊下派政治哲学的接受。根本上说,我们既能够
采纳这样一种观点,即把上述论题看作是廊下派思想在这一领域
内的重要组成部分,也可以试图把这些论题边缘化。这两种方式
都会遇到相应的困难。如果我们把这些烦乱论题按照其表面上被
说出的价值来看待的话,我们必须解释廊下派思想家为什么在这
一领域中会突然以一种和其他领域中极为不同的方式进行讨论:
即以一种具体的、特殊性的方式而非抽象的、一般的方式进行讨
论。我们必须进一步解释在这些十分具体的论题和那些关于法、
理性、自然和宇宙的抽象论题(那些抽象论题显然属于早期廊下派
政治哲学的核心)之间留下的断裂。另外,[25]如果我们边缘化这
些烦乱论题,我们就必须给出这样做之正当性的令人信服的理由。
通常情况下,人们为这样一种处理方式给出两种理由(或者两种看
法的混合):第一,这些论题是从芝诺早期著作中找到的,属于芝诺
的前廊下派哲学思想。第二,与第一种理由相关,我们也许可以认

为,这些主张反映的是芝诺早期犬儒主义时期的思想。①

让我们短暂地考虑一下,为什么这些看法不太可能。据说芝诺在到达雅典之前已经读过有关苏格拉底的著作,并且当他到达雅典之后,师从克拉特斯(Crates)(DL7. 31—32)。据第欧根尼记载的一件轶事,芝诺在雅典一个书店里读到色诺芬的《回忆录》,问店主在哪里可以找到像苏格拉底一样的人,店主就把他引荐给克拉特斯(DL 7. 2—3)。② 芝诺于是成为克拉特斯的学生,因此,他早期的著作很有可能受克拉特斯的影响。芝诺的《政制》看起来就是这样的早期著作,但在 DL 7. 32—34 的记述中,《政制》中所讲到的论题也许就脱离了犬儒主义的影响。不管芝诺的主张确切地意味着什么,它们总会让人想到犬儒主义哲学。③ [26]尽管每一论

---

① 关于芝诺《政制》的证据,参见 SVF 1. 259—271 和菲洛德谟斯的《论廊下派》(De Stoiciis),T. Dorandi 编订。还可参见 H. C. 鲍德里(H. C. Baldry),《芝诺的理想城邦》(Zeno's Ideal State),载 Journal of Hellenic Studies 79 (1959),3—15 页。对这些烦乱论题的相当不错的文本收集,参见古利特-卡泽,《廊下派的犬儒主义》;另参见阿莱西(Francesca Alesse),La Repubblica di Zenone di Cizio e la letteratura socratica,载 Studi italiani di Wlologia classica,3rd ser,16. 1 (1998),17—38 页。我并不打算给出我所收集的关于芝诺政治哲学或一般的早期廊下派政治哲学方面的片段,正如本书将会清楚表明的,我认为早期廊下派政治思想与廊下派哲学的基本理论有着深深的内在一致性,与廊下派伦理学和物理学也是一致的。尽管我证明廊下派思想家从事着真正的政治哲学,但我并不认为他们政治哲学的观点与他们在伦理学和物理学中的诸多观点是截然相分的。

② 这一故事还与另一件轶事相关,说芝诺过于高贵以致不能使自己适应犬儒主义的"无羞耻性"(DL7. 3)。有趣的是,这一记述与芝诺在其学术生涯早期经历了一个"犬儒主义阶段"的看法并不相容。更重要的是,它与认为芝诺的某些"不耻"的观点来自对犬儒主义思想和生活态度的短暂采纳这一假定相矛盾。

③ 曼斯菲尔德(J. Mansfeld)在一篇很有影响的文章《第欧根尼·拉尔修论廊下派哲学》(Diogenes Laertius on Stoic Philosophy,载 Elenchos 7 (1986),297—382,344,346 页)对这一主张进行了论证;芬利(M. I. Finley)也强调了其与犬儒主义反唯名主义的近似性,见《古代和现代的乌托邦》(Utopianism Ancient and Modern),载《历史的用途与滥用》(The Use and Abuse of History,London:1975) 188 页;也可参见《塞克斯都·恩披里柯:反伦理主义者》(Sextus Empiricus:Against the Ethicists,xford:Clarendon Press,2000),208 页。贝蒂(Richard Btt)翻译并附一导言;后面所有相关引文都出自这一版本。斯科菲尔德的《廊下派的城邦观》,10—13 页给出了一个对这些主张以及它们与犬儒主义学说之关系的详尽讨论。

题是否在细节上和我们各自所知的犬儒主义哲学相一致还是一个值得争论的问题,但足够清楚的是,一些人把它们作为宣扬反规范主义(废除政治制度、传统风俗、文化机构等)的一个版本来加以介绍,也就是作为类似于犬儒主义的学说来介绍。这一与犬儒主义的相似性使后来的廊下派思想家感到不安。正如阿莱西(Francesca Alesse)所表明的,我们不得不假定,廊下派思想家在关于其学派的历史以及其苏格拉底哲学的世系方面还处于争论之中。① 廊下派思想家认为自己是苏格拉底的真正继承人。也许有人由此认为后来的廊下派思想家完全有理由强调芝诺是克拉特斯的学生,但实际上,正如阿莱西清楚表明的,情况并非如此。完全相反,廊下派思想家一开始就极力低估克拉特斯对芝诺的影响,目的是强调芝诺和苏格拉底的直接联系。对他们来说,克拉特斯最多只能算得上联系廊下派思想家和苏格拉底的中介环节,克拉特斯本人并没有对芝诺的哲学思想产生多大影响。因此,可能一直存在一些廊下派思想家极力把那些显示芝诺受犬儒主义影响的痕迹加以分离和排除,而这种做法提供了后来被哲学记录(doxography)所摘记的一系列主张。②

　　菲洛德谟斯的讨论中提到了芝诺主义者和犬儒主义学说的联系。很大程度上,也正是由于菲洛德谟斯,人们形成一种传统的看法,即芝诺的《政制》只是其青年时期受犬儒主义哲学影响的一部幼稚或者说愚蠢的著作。菲洛德谟斯的著作写于公元前 1 世纪(显然早于塞克斯都和第欧根尼·拉尔修,但又明显晚于芝诺和西诺普的第欧根尼[Diogenes of Sinope]),很有可能他当时有芝诺

---

① 见阿莱西(Francesca Alesse),《廊下派的苏格拉底传统》(*La Stoa e la Tradizione Socratica*,Naples,2000)。

② 古利特-卡泽详细地给出许多但不同的针对芝诺《政制》的廊下派思想家的批判性立场。他们或者试图削弱这部著作的影响,或者怀疑其真实性(《廊下派的犬儒主义》(*Les Kynica*),15—19 页)。

《政制》和第欧根尼《政制》的抄本。① 但他所提供的这两位哲学家
的思想是被精心选择的和有争议性的。② ［27］他的著作《论廊下
派》(*On the Stoics*)在一定程度上是为了反驳廊下派思想家企图
排除芝诺的犬儒主义起点——菲洛德谟斯把芝诺和第欧根尼放置
在一起讨论,反对廊下派思想家试图切断芝诺和犬儒主义的渊源
关系。他认为,流传的芝诺和第欧根尼的《政制》确实是二者的著
作,接着,他继续讨论被他讥讽为"高贵教义"的这两位哲学家的
思想。③

　　他的证据是否告诉我们芝诺和第欧根尼分享了犬儒主义的哲
学观点? 不论芝诺《政制》中的主张和犬儒主义学说有怎样的相似
性,甚至不论在某些论题上二者之间用到了哪些相同的语句,都并
不意味着廊下派在提出这些主张的时候和犬儒主义分有着相同的
逻辑基础(比如,对于所谓"妇女共有",芝诺和柏拉图都对之有所
讨论,但绝不能说芝诺是柏拉图的追随者)。赞同曼斯菲尔德的看
法,即在这些论题上廊下派这和犬儒主义哲学有着一定的相似性

―――――――――――

① 根据斯科菲尔德,没有证据表明菲洛德谟斯自己看过第欧根尼的《政制》。斯科
菲尔德认为,很可能菲洛德谟斯只是从芝诺的《政制》中做出摘录,尽管在这两本
书中可以发现相同的资料(《廊下派的观念》,143—144 页)。参见奥宾克(Dirk
Obbink),《宇宙城邦中的廊下派圣贤》(The Stoic Sage in the Cosmic City),载
《廊下派哲学主题》(*Topics in Stoic Philosophy*,Oxford,2001),178—195 页、
183 页。古利特-卡泽论证说,菲洛德谟斯可能两本书都作出了抄录;但按她的
观点,这并不使菲洛德谟斯的资料更为可靠(《犬儒主义》,11—27 页)。她的大
量研究指出菲洛德谟斯在记述廊下派和犬儒主义时有意进行了筛选,并因此有
所歪曲。
② 见古利特-卡泽,《廊下派的犬儒主义》。
③ 菲洛德谟斯的记述在总体上对于芝诺主义与犬儒主义哲学的关系以及廊下派内
部关于芝诺的争论,这些问题有着重要的用处,为了重构这些烦乱论题,我们需要
转向其他资料。菲洛德谟斯的阐释带有一个特定的目的:证明芝诺经历过一个明
确的犬儒主义阶段。考虑到廊下派内部关于其学派历史的争论,这是一种有效的
反廊下派行为。菲洛德谟斯关于芝诺《政制》的记述是高度有选择的,菲洛德谟斯
只把这些烦乱论题的一个直接原因归之于芝诺,即(但并未细说)芝诺讨论了性活
动方面的问题(《论廊下派》[*De Stoiciis*],卷 11,100 页,Dorandi 编)。

是一回事,而认为芝诺和第欧根尼(与犬儒主义)分享着我所谓的烦乱论题的观念则是另一回事。尽管如果全面地来看,这些论题确是芝诺哲学中的一贯主题,但晚期廊下派思想家也许对任何与犬儒主义表现出的关联感到不安。廊下派思想家对于廊下派思想史的讨论和他们对于某个哲学观点的讨论是不同的。[28]对于前者的讨论并不像后者那样关心命题的真理性,而是更关注于在一系列相竞争的哲学教义中如何展示该学派。

此外,我们也不能通过认为这些论题只是来自有待发展成为我们所感兴趣的芝诺观点之前的青年芝诺的论题而加以排除。对这种看法最简单的反驳就是计他注意到,事实上,只有少量类似论题被认为出自芝诺的《政制》。而其他类似论题则出自其晚期著作,还有一些是出于克律西珀斯的系列著作当中。更值得指出的是,《政制》到底是否如菲洛德谟斯所说的只是一个不成熟的年轻人的著作,还是颇为值得怀疑的。正如阿莱西指出的,我们所看到的芝诺著作年代表很可能是由后来的廊下派思想家有意编排的,目的是尽量防止读者想到任何关于芝诺作为克拉特斯学生的时期。① 这样,我们甚至

---

① 阿莱西,《廊下派》(La Stoa),27—36 页。厄斯金(Andrew Erskine)认为,《政制》是一部非常早的著作,这一假定之基础的两部分段落(见菲洛德谟斯,《廊下派》[De Stoiciis]卷 9,1—15 页,和 DL 7.4)可以在烦乱论题的语境中被解读,并且因为不能继续作为合法的历史证词;《希腊化时期的廊下派:政治思想与行动》(The Hellenistic Stoa:Political Thought and Action,Cornell University Press,1990),9—15 页。有关厄斯金观点的批评性讨论参见范德瓦特(Paul Vander Waerdt),《廊下派的政治学与哲学》(Politics and Philosophy in Stoicism),载 Oxford Studies in Ancient Philosophy 9 (1991),185—211,193—194 页;也可参照斯科菲尔德的《廊下派的观念》,25 页。当我们思考廊下派思想家与犬儒主义者之间的关联与差异时还有一方面需要铭记于心,尽管后期廊下派思想家似乎更热衷于淡化芝诺和克拉特斯相处的时期,但廊下派的批评者们仍把廊下派和犬儒主义关联起来。这并非只造成有关廊下派证据的误导。同样可能产生一种对于犬儒主义的廊下派化的说明。对于这一现象的讨论参见 John Moles,《犬儒主义与政治》(The Cynics and Politics),载《正义与大度:希腊化社会与政治哲学研究》(Justice and Generosity:Studies in Hellenistic Social and Political Philosophy,Cambridge University Press,1995),129—158 页。

不能确定芝诺的《政制》是否为其早期作品。因此，清楚的是，我们不能简单地取消早期廊下派著作中有关乱伦、食人肉等主张。我们不得不认为，芝诺和克律西珀斯所持有的宇宙城邦学说中，至少在某些情况下，这些烦乱论题以及其他"可耻"的行为方式是被认可的。

　　斯科菲尔德指出，这些烦乱论题很有可能被怀疑主义加工过。尽管这一点并非他的明确主张，但是，正如我们将表明，[29]这种看法迫使上述烦乱论题从廊下派政治哲学理论的核心移除，使我们重新调整对于早期廊下派政治哲学的理论建构。斯科菲尔德的研究敞开了这样一种理解方式，即把这些烦乱论题的突出性归功于怀疑主义者对此类论题的极端兴趣，而不是因为它们在早期廊下派政治哲学中的实际地位及其表现。我将在这一思路上做更进一步的发挥。

二、烦乱论题的条目：第欧根尼·拉尔修

　　我们首先应该注意的是，这些烦乱论题在具体性和抽象性的程度上是不同的。芝诺关于只有有德性的人才是公民、朋友、亲属和自由人的论题，相对于其他与之共同流传下来的主张来说，更具抽象性，此论题将是我们下面一章讨论的中心。它关注什么是公民身份、朋友身份，作为亲属、自由人意味着什么这些基本性的问题。对于其他那些烦乱论题，我们试图把它们区分为有关制度性的论题和有关行为方式的论题。① 有关制度性的论题——神庙、法院、教育、体育场——可能来自对虔诚、法律、德性、知识的讨论，从根本上说也就是来自廊下派思想家关于智慧的讨论。这样，这

---

① 我有意使用十分宽泛的概念以避免使用特殊行为或行为类型这些概念。在第四章，我将详细讨论廊下派思想家是否涉及特殊行为或行为类型。

些论题就和上述只有有德性的人才是公民、朋友、亲属、自由人的主张紧密地联系起来，而且可以通过类似的方式加以解释。但是，有关行为方式的论题看起来却并不以同样的方式关涉智慧的问题。对此类论题最简单的解释是：他们主张，传统关于什么是丑恶的、什么是虔诚的标准不能够阻止我们去做出恰当的行为。

让我们看一看这些烦乱论题的条目。有两类烦乱论题的条目在第欧根尼·拉尔修的文字中流传下来（一类来自芝诺，一类来自克律西珀斯），还有两类保留在塞克斯都的记载中。第一步，我对这些记录给出译文并做一些初步的评注。①

[30]但有一些人，其中包括怀疑主义者卡希俄斯（Cassius）及其信徒在许多方面对芝诺加以攻击。首先，他们说②在《政制》的开头，芝诺就宣布通常的教育是无用的；而且还说缺少德性的人是个人和政治上的敌人、奴隶，彼此（包括父母和子女之间、兄弟和兄弟之间、亲属和亲属）之间相互疏离。他们还批评芝诺在《政制》中讲到，只有有德性的人才是公民、朋友、亲属和自由人（据此，在廊下派思想家的观点中，由于不具智慧，父母子女间也可能是敌人）；③同样是在《政制》中，芝诺持有一种女人共有的学说，在行文至200行时，他还认为，在城邦④里

---

① 在此，我将给出自己的翻译，但这些翻译很大程度上受益于希克斯（R. H. Hicks）的洛布古典丛书（LCL）译本，也受益于斯科菲尔德《廊下派的城邦观念》中的翻译及该书中的拓展注释。参见第欧根尼·拉尔修，《名哲言行录》（*Lives of the Eminent Philosophers*，vol. 2，Cambridge，1991）。

② Reiske 建议用 egousin 代替 MSS 的 legonta；像希克斯，斯科菲尔德以及其他人一样，我认可这一修正。

③ 在此我认可斯科菲尔德关于标点的解读（《廊下派的城邦观》，3页）。这一点也为鲍德里（H. C. Baldry）所提出，《芝诺的理想城邦》（*Zeno's Ideal State*），4页。

④ 注意这种复数性——芝诺并未讨论一个城邦，正如我将证明的，并非像有些学者认为的，芝诺讨论的是圣贤的城邦而克律西珀斯讨论的是宇宙城邦（见第二章）。

既没有必要建造神庙、法庭，也没有必要建体育场①。他们还批评说，在关于货币制度方面，芝诺写道："不应该因为商品交换或海外贸易的目的而引入货币制度。"他还进一步要求，男人和女人应该穿同样的服装并且没有哪一部分身体需要完全被遮掩。他们指出，《政制》是芝诺的著作这一点已被克律西珀斯的《论政制》所证实。另外，芝诺不仅在《政制》的开头讨论爱欲主题并题名为《爱的艺术》（*The art of Love*），而且，同样的主题和讨论也出现在他的《清谈录》（*Conversations*）中。这些讲法既出现在卡希俄斯的著作中，也出现在佩尔伽蒙的伊希多若斯(Isidorus of Pergamum)的著作中。后者是一位修辞家，他还补充说，那些不被后来廊下派思想家所赞许的段落被廊下派思想家阿忒诺多若斯(Athenodorus)删除了。阿忒诺多若斯曾掌管帕加马图书馆；后来，他的做法被察觉，他做了让步，这些段落被置于相反的位置上（或被替换）。② 关于其著作中被视为伪造的段落就讲这么多。(DL 7.32—34)

[31]在第欧根尼·拉尔修 7.32—34 那里，我们了解到两个关键性的观点：

（1）晚期廊下派思想家并不赞同芝诺主义者的烦乱论题。以至于阿忒诺多若斯将这类论题从芝诺主义者的原稿中删除。（2）卡希俄斯和其他怀疑主义者，这些怀疑主义者包括他的学生和与之有联系的人，则对芝诺的主张加以攻击。③ 显然，廊下派思想家和怀疑主义者的评论必须区别看待。尽管后期廊下派思想家不

---

① 见此后的阐释 3。
② 我将在后面详细讨论这一可能选项。
③ 这后一攻击与修辞家伊西多罗斯的批评有关。最后，我们听有人把这些烦乱论题视为是伪造的，可能来自像阿忒诺多若斯那样的审查行为。但这一点难有说服力。可以很好地证明，芝诺持有 DL 7.32—34 中所列出的主张或类似的主张。

赞成芝诺的观点，但是，他们所采取的是一种廊下派的视域，也就是说，他们赞同芝诺那些正面的、明确的主张和断言。对廊下派思想家阿忒诺多若斯来说，他的不赞同主要来自芝诺的论题和犬儒主义教义的表面关联。① 考虑到廊下派思想家希望自己学说的鼻祖是直接从苏格拉底那里延续下来的，这种对芝诺著作的审查完全是可能的。但是，怀疑主义者的批评不能只是理解为单纯的反对或排斥；这种批评肯定有着怀疑主义者特殊的安排。

　　第欧根尼·拉尔修在第二节谈到有关克律西珀斯的报道。看起来作者对克律西珀斯的政治哲学并不十分关心。毋宁说，作者只是把有关克律西珀斯的一些令人反感的传闻收集起来。瓦克斯穆斯（Wachsmuth）曾暗示，这一部分和《名哲言行录》第七卷32—34行有着相同的来源；曼斯菲尔德提出过相同的看法，斯科菲尔德接受了这一看法。② 两节最明显的相关之处在于第200行有关克律西珀斯伦理学著作的记述中，因为这些著作对第欧根尼·拉尔修来说是异乎寻常的。

　　　　有人贬低克律西珀斯，说他用粗俗的、难以启齿的话写了很多东西。因为他在《论古代自然哲学家》（*On the ancient natural philosophers*）第600行左右编造极令人作呕的有关天后赫拉和宙斯的故事，以至于没有人愿意玷污自己的舌头去复述这些故事。[32]他可能把这些说法作为物理学的一部分加以称道，但是，他所使用的语言更适合于娼妓而不是神——这些内容甚至不被书目提要编著者所提及。

------

① 曼斯菲尔德，《第欧根尼·拉尔修论廊下派哲学》（Diogenes Laertius on Stoic Philosophy），载 *Elenchos* 7（1986），344 和 346 页。

② C. Wachsmuth, Stichometrisches und Bibliothekarisches，载 *Rheinisches Museum* 34（1879）：38—51，39—42 页；曼斯菲尔德，《第欧根尼·拉尔修论廊下派哲学》，344—346 页；斯科菲尔德，《廊下派的城邦观》，5—7 页。

他的这些讲法在珀勒蒙（Polemo）或希皮斯克拉特斯（Hypsicrates）的著作中都无法找到，甚至在安提戈诺斯（Antigonus）那里也找不到。这些都是他自己杜撰出来的。另外，在《政制》中，他还认可和母亲、女儿和儿子发生性关系。① 他还在《论因其自身而不应选择的事物》（*On Things Not to be Chosen for Their Own Sakes*）的一开始讲到了同样的论题。在他的《论正义》（*On Justice*）第三卷 1000 行左右，他说到允许食用死尸。在《论生活与谋生》（*On Life and Making a Living*）第二卷，他说他应该考虑智慧的人是如何生活以及为了什么而生活。如果是为了生命而生活，但是生命本身是无关根本的事情；如果是为了快乐，但快乐更是无关根本的；或者是为了德性？但德性本身就是自足和幸福的；通常的谋生方式也同样荒谬：例如，如果是由国王所供养，那他就不得不恭顺于国王；若是靠朋友来扶持，他就可能把友情用作了一种交易；如果是通过自己的智慧来谋生，那么，智慧就变成了唯利是图的工具。这就是他进行反驳的理由（DL 7.187—189）

这一文本可以被分成两个部分：烦乱论题的部分和关于圣贤谋生的讨论。对于后者，我们找不到参照准绳（line reference）。此文进入到针对廊下派关于"德性"和无关根本的"中性物"（indifferents）之基本学说的实质性讨论。但这种实质性讨论在其余的记述中是没有的。而且，在关于智慧的人应该如何生活的观点中，他认为可以接受，例如，吃死尸这种行为。文本最后的部分使人想起普鲁塔克对此问题的讨论。他认为，克律西珀斯关于

① 我认可斯科菲尔德的字面翻译："他说和某人发生性关系。"希克斯翻译为"他赞许"；这一翻译给人一种误导的印象，即廊下派思想家似乎形成了一些规则以规范、赞许或禁止某类行为。

圣贤如何生活的观点和廊下派有关中性事物的理论是相冲突的。① 由此看来,DL7. 187—189 行的记述是来自两个不同的出处,它们对克律西珀斯哲学采取了不同形式的批判性审视。后半部分有关圣贤生活的讨论看来并非属于烦乱论题的领域。此讨论并未说到令人厌恶的廊下派观念;它似乎旨在指出克律西珀斯哲学中的不一致性。

[33] 塞克斯都的记述中包含了更多直接引文从而允许我们对芝诺和克律西珀斯的论题获得更好的领会。但是,我们也许应该停下来做一追问,是否这些被视为出自芝诺和克律西珀斯的烦乱论题为一个理想城邦提供了一种制度设计? 是否它们为人们的行动提供了某种规则? 至少"认为它们为人们提供了某种规则"似乎是一种很自然的假定。但是,正如我们将看到的,这里的每一论题都可以得到如下几种十分不同的阐释:

(1)芝诺坚持女性共有的学说。但这一学说意味着什么还十分不清。认为芝诺赞同柏拉图意义上的理想城邦制度是不太可能的,或者至少认为芝诺赞同柏拉图笔下的苏格拉底的论证是不太可能的。芝诺主义者有关"未婚伴侣间的性关系没有什么羞耻"的任何主张,都可以被认为芝诺赞同女性的共有(见第七章)。(2)(没有必要)在城市里修建神庙等。在对此的翻译中,我们不得不为这一被动语句增添自己的领悟。芝诺的这一主张也许可以理解为一个一般性的指令,即不要修建神庙;这样一种解读方式设定烦乱论题为理想城邦提供了一种制度和法律的设计。② 但是,这一主张同样可以被视为是在特定条件下做出来的(例如,如果人们真

① 见《论廊下派思想家的自身矛盾》(*On Stoic Self-Contradictions*)1043C—1044A 和 1047F。在 1043E 中,普鲁塔克对这三种生活之道的称呼和在 DL 那里记述的一样。

② 希克斯(Hicks)翻译为"禁止建构……"。这种形式的翻译给人以这样的印象,似乎我们面对的是一系列规则或法规。

正是虔诚的,就根本没有必要建造神庙)。或者这一主张只是表明,神庙正如我们今天所认为的,是无用的。(3)我们对克律西珀斯有关乱伦的主张给出尽量相对模糊的翻译。这样一种做法使得有关克律西珀斯是否赞许乱伦以及他是否说乱伦是恰当的这样的问题留下一个开放的解答空间。①(4)在第欧根尼·拉尔修那里只有一条有关芝诺的直接引述:据说芝诺说"我们不应该认为因为商品交换和海外贸易的目的而必须引入货币制度"。这一论题和"不应该有货币制度"的讲法是不同的。芝诺似乎只是对这样一种观点的回应,这种观点认为,出于确定的目的,[34]货币制度是必不可少的。芝诺只是主张这种观点不过是偏见。(5)据说芝诺"要求"男人和女人穿同样的衣服并且无需把身体的某一部分完全遮盖。我们需要提醒的是,这里的动词如"要求"也许只是第欧根尼·拉尔修在记述政治哲学观点时的书写习惯;没有必要把它们追溯为哲学家对相关论题的实际表述。② 也许芝诺是在建立新的规则,该规则要求男人和女人穿同样的衣服。但是,同样可能的是,他也许只是表明,没有理由论证男人和女人应该穿不同的衣服。在遮盖身体的问题上,芝诺也许在提议一条一般性的规则,该规则要求人们不要完全遮盖身体的任何部分(不管这条规则听起来多么不近情理)。但是,同样可能的是,他也许只是说,人们没有必要把身体的任何部分完全遮盖。(6)这样一种思考同样适用于克律西珀斯有关食用死尸的"要求"。这样一种主张也许在他那里是食用死尸的一般性指令,但更可能的是,它只是表明在特定的情形下,这种行为可以是恰当的。

---

① 另一个观点是,乱伦和食人是被赞许的,因为圣贤可能正当地实施这些行为。关于这一阐释的详细讨论参见本章第七节和第四章。

② 相关论点可比较古利特-卡泽的《廊下派的犬儒主义》,63—65 页。还可参见厄斯金,《希腊化时期的廊下派》,22、32 页,以及奥宾克,《宇宙城邦中的廊下派圣贤》,178—195 页。

三、烦乱论题的条目:塞克斯都·恩披里柯

让我们去看一看塞克斯都的记述中有关烦乱论题的段落。

> 另一个论证是这样的:每一种技艺都是通过由其所创造的特殊成果(erga)①而被理解的。但是,却没有生活技艺的特殊成果……

> 有这样一些人的观点,认为生活技艺是通过他们在其书中所描绘的东西而被理解的。考虑到他们讲了很多类似的东西,我将从中抽出一小部分作为例子。例如,廊下派的创立者芝诺在其《对话篇》中讲到如下对于孩子的指导,这些指导只是诸多类似话语的一部分②:[35]"和自己的男友发生性关系并不比和非男友发生性关系更好或更坏,和女人发生性关系也并不比和男人发生性关系更好或更坏,因为这些都并非有所不同而是相同的。和男友、非男友以及男人和女人发生关系是同样合适与恰当的。"在谈到对父母的孝敬时,这同一个人提到伊俄卡斯特(Jocasta)([译按]希腊神话人物俄狄浦斯之母)和俄狄浦斯(Oedipus),并说触摸自己的母亲并不是一件可怕的事情。"如果他的母亲身体遭受疼痛的折磨,通过其抚摸能够帮助母亲减轻痛苦,这根本没有什么羞耻;如果摩擦她身体能够使她快乐,停止痛苦,并生出在其母亲看来是高贵的孩子,这又有什么羞耻的?"上述讲法也为克律西珀斯所赞同。至少克律西珀斯在

---

① *Ergon* 是很难翻译的,关键之处在于,这些活动伴随于每一技艺并且这些活动是这些技艺的产品。例如:生活的技艺告诉某人应该每天早晨祈祷,那些掌握这一技艺的人每天早晨进行祈祷,因而,每天早晨祈祷就可以算作是生活的技艺的一个 Ergon。

② 贝特(Bett)在《反伦理主义者》(*Against the Ethicists*)205 页建议对 M11 中的相应段落(见后文)作此翻译。正如贝特所指出的,这是芝诺的一部著作(见DL7. 34)。

其《政制》中说道："我同样支持这样一些做法——即使现在一些地方的人还对这些做法习以为常，并且这不是什么坏事：母亲和儿子、父亲和女儿、同胞兄妹可以相互通婚并生儿育女。"在同一著作中，他还进一步说："如果被截下来的肢体可以食用的话，没必要把它处理掉，而是应该吃掉，这样，从我们身体上取下来的东西可以被用来滋养我们身体的其他部分。"在他的《论什么是恰当的》(*On What Is Appropriate*)当中，他谈到有关安葬父母的话题："当我们的父母去世，我们采取最简单的安葬形式，就像处理指甲、牙齿和头发一样，因为它们对我们没有什么意义，我们无需对它们给予任何关心和照料。如果尸体可以食用，那我们就把它们作为食品吃掉，正如吃掉我们自己被截掉的身体部位一样恰当；如果尸体不能用，那么就把它们埋掉不再管它，或把它们烧掉留下灰烬，或者把它们抛在荒郊野外不予理睬，就像扔掉指甲和头发一样。"

这些哲学家所讲的大都是这样一些东西；但是他们不敢将这些付诸实施，除非他们生活在独眼巨人或食人族(Laestrygonians)([译按]独眼巨人和食人族均为希腊神话人物)的统治之下。但是，他们根本不能照他们所讲的行事，而是在现实生活中和平常人没什么两样，没有什么特殊的结果不同于那些怀疑所谓生活技艺的人的表现。因此，[36]如果生活的技艺是通过它的特殊效果来被理解，并且没有任何可观察的效果被视为是属于所谓生活技艺的，那么，这种技艺就是无法理解的。这样，也就没有人可以确切地谈论生活技艺的真实性了(SE PH 3.243—249)。①

---

① 塞克斯都·恩披里柯所记述的两个段落的翻译，我参阅了伯利(R. G. Bury)，参考了安纳斯(Julia Annas)和巴恩斯(Jonathan Barnes)的《怀疑主义概要》(*Outlines of Scepticism*, Cambridge University Press, 1994)以及贝特的《反伦理主义者》，并从中采纳了诸多表述形式。PH3 中段落的翻译采纳了伯利的译文。MII 中的段落参考了贝特的译文。

而且,每一存在的技艺和科学都是通过其所提供的某种熟练的、科学的行动而被理解,例如医术就是通过医疗实践行动而被理解,弹奏古琴的技艺就是通过对于古琴的演奏活动而被理解,对于绘画术、雕刻术以及其他类似的技艺都是如此。①但是,正如我们所证实的,人们并不能从所谓生活的技艺产生出相应的行动;由于廊下派关于教育儿童、荣耀父母以及对逝者的虔敬讲了很多,我将从上述中的每一方面抽取一些例子并通过它们来建构我们的论述。

关于对青年的指导,廊下派的创始人芝诺在其《对话篇》中讲到如下许多观点:"和男友发生性关系并不比和非男友发生性关系更好或更坏,和女人发生性关系也并不比和男人发生性关系更好或更坏;因为,和男友、非男友、女人、男人是同样恰当的。"他还说:"你和你所深爱的人发生过性关系吗?我没有过。你渴望和他发生性关系吗?是的,确实。尽管渴望得到他,但你害怕向他提出要求吗?天呀,不!你向他提出要求了吗?是的,确实是。但是,他并没有同意?是的,他并未同意。"关于尊敬父母的论题,人们可以引用他们说过的可以和母亲发生性关系的蠢话。芝诺从未在任何意义上对伊俄卡斯特和俄狄浦斯的关系加以鄙弃,还说,触摸自己的母亲并非什么邪恶的事情。"如果当她生病的时候,通过手摩擦她的身体能够够解除她身体的病痛,就根本没什么可羞耻的;如果通过其他部位摩擦她的身体不仅能减轻痛苦,还能够使她快乐,并生出在其母亲看来是高贵的孩子,这又有什么羞耻的?"克律西珀斯在其《政制》中也逐句地讲道:"我也支持母亲和儿子、父亲和女儿、

---

① 引人注目的是,关于里拉琴演奏与雕刻的例子,在亚里士多德的《尼各马可伦理学》1.7中也有所提及。

兄弟和姐妹之间可以通婚并生儿育女，这些并非什么坏事，而且至今在许多人和地区中间有此风俗。"他们对于死者态度的例子就是，他们认可食人肉，[37]不仅赞同吃死尸，而且赞同吃掉自己身上被截取的肢体。以下是克律西珀斯在其《论正义》中所讲的："如果我们被截掉的某一部分身体是可以食用的，不要把它埋掉或抛弃掉，而应该吃掉它，这样，从我们身体上掉下来的部分就可以再重新成为另一部分。"在其《论是什么恰当的》中，克律西珀斯还讨论过对父母的安葬问题。他明确地说："当我们的父母去世，我们采取最简单的安葬形式，就像处理指甲、牙齿和头发一样，因为它们对我们没有什么意义，我们无需对它们给予任何关心和照料。如果尸体可以食用，那我们就把它们作为食品吃掉，正如吃掉我们自己被截掉的身体部位一样恰当；如果尸体不能用，那么就把它们埋掉不再管它，或把它们烧掉留下灰烬，或者把它们抛在荒郊野外不予理睬，就像扔掉指甲和头发一样。"

这就是廊下派思想家所说的；但是，我们必须在下一个论点中对此加以反对。对于他们所说的这些，他们或者持有这种想法，即年轻人将把他们所说的这些付诸实施，或者并不持有这种想法。显然他们并不持有把他们所说的那些付诸实施的想法，因为这些行为受到法律禁止，除非人们生活在独眼巨人或食人族的统治之下，因为，在它们中间"吃人肉后喝牛奶"倒是合法的。但是，如果他们并不想把他们所说的付诸实施，那么，那些所谓的生活技艺就是多余的，因为对它们的实践是不可能的。（SE M 11. 188—196，贝特译本，有改动）

除了第欧根尼·拉尔修，在此我们看到廊下派的一系列主张是如何被怀疑主义者的论述所塑形的。① 另外,这里主要关注的是行动,而不是诸如神庙或法院等制度。在转向对怀疑主义的论证分析之前,[38]我们应该进一步追问是否早期廊下派思想家构想了某种行为的规则。在塞克斯都那里,我们获得大量有关"问题行为"(problematic types of action)的直接引文,对此我们也许能够比在第欧根尼·拉尔修那里得出一些更为确定的结论。

1. 当芝诺说"和男友发生性关系并不比和非男友发生性关系更好或更差",他并不是说和某人的男友发生性关系与和非男友发生性关系一样。毋宁说,他所考虑的是这样一种观念,即和一个人发生关系并不比和另一个人发生关系更合适或不合适。他所提供的理由因而涉及在行动方面我们传统上所认为的差别,在芝诺看来,这些差别并不存在。这表明,我们应该在恰当行为理论这一背景中来研究这一论题。这同样适合于芝诺关于伊俄卡斯特和俄狄浦斯的思考。

2. 克律西珀斯说他"赞成"乱伦,但他并没有说每个人都应该实践乱伦。毋宁说,他似乎从其他文化中乱伦并非坏事这一观察中推出乱伦本身并不可鄙。

3. 关于食人肉,我们应注意的是,对于廊下派持有食人主张的诟病(这些诟病在古代著作的许多地方都有出现)也许可以追溯到廊下派这一相当限定性的主张,即如果截去的肢体可以食用的话,我们就应该吃掉它。这一主张也许可以理解为下面这一论题,即存在这样的情况,在其中截掉我们的肢体,是恰当的,并且,如果此肢体可以食用,我们吃掉它也是恰当的。这一论题

① 如果我们把第欧根尼那里有关皮浪主义的资料和塞克斯都的记录相比较,那么,看来后于塞克斯都的第欧根尼更可能没有利用塞克斯都的资料,而是依赖于某个或某些其他作者。有关塞克斯都和第欧根尼之间关系的更详细说明,参见贝特的《反伦理主义者》,xxvi—xxvii。

无需转译为一种一般性规则，它也许只是说，在一种特殊的情况下，我们截去的肢体似乎是我们能够食用的最好的东西，因此，这时我们应该吃掉它。这种类型的指导并非规定某种行为类型的规则，这只是对这样一种主张的说明，即，我们应该把那些经过完善地思忖的行为视作恰当的并加以实施，尽管这种行为可能被传统视为丑恶的。

4. 根据廊下派的前提，死尸或截去的肢体在任何情况下都没有任何价值。① 尽管人们有时可以为了[39]健康而选择食用自己截下的肢体（所以，吃掉截肢在极端情况下是恰当的），廊下派思想家从不支持宏大的葬礼，死尸对我们不应该有任何意义，我们埋葬自己的父母、埋葬的方式应该反映出这一点。另外，这一指导无需被解释为一种规则。毋宁说，克律西珀斯让我们注意到，认识到某类事物并无价值（即，不仅它们是非善的；而且，它们甚至没有价值）的后果。不管我们最终做什么，我们都不应把那些与行为完全无关的事物（例如：截掉的肢体、死尸、剪掉的头发）视为有价值的。克律西珀斯并非指令某种行为类型；他是在解释，我们容易被其牵系的事物何以实际上是无价值的，并且，它们并不能成为行为的相关考虑因素。

5. 这些廊下派论题的要点似乎是，传统上被视作是卑劣的一套行为并非是坏的、羞耻的、丑陋的。我们可以猜想，芝诺和克律西珀斯是在表达他们所认为的一种偏见——某种行为不论何种情况下都不可能是恰当的，因为它们是可耻的。在《怀疑主义概要》(*Outline Of Scepticism*)3. 207 中，塞克斯都记述了廊下派教义的

① 廊下派有关葬礼的观点相比于其他烦乱论题而言，更少与古代的合法思想相冲突。例如：在普鲁塔克的《吕库戈斯》(Lycurgus)27 中，我们读到克莱格斯制定有关葬礼的法律，这些法律被认为是对迷信和肤浅浪费的反对。西塞罗赞扬古代罗马法律对奢华葬礼的限制，因此，在财富上的差异应被消除(*De leg.* 2.22；再比较 2.61—62)。

相关条目,其中包含的一个重要短语也许可以按照相同的思路来理解。根据廊下派思想家,吃人肉并非"出格"(Out of place;ouk atopon),在本章结尾,我将会回到对这一短语的讨论。在此点上,我们应该注意,考虑到古代哲学记录(doxogruphical)的传统以及一些著者的辩论精神,从"做 φ 并非不合适"或"做 φ 并不羞耻"向"廊下派思想家说人们应该做 φ"的转变很容易发生甚或被有意促成。但它造成一种印象,即廊下派思想家倡导了一种行为类型,但这是一种误导人的印象。

我们因此获得下述看法,烦乱论题的四个条目并不需要、也并不支持这样一种阐释,根据这种阐释,芝诺和克律西珀斯通过"许可"乱伦、食人肉等而表达了一种行为的规则。廊下派关于"做某事情并不过分"或"做某事情是不坏的"这种小心表述表明廊下派论题有着一个不同的结构。怀疑主义者列的条目制造了两种误导人的印象:廊下派构造了一种行为的普遍性规则,并且,他们写下这样的论著,其中烦乱论题构成了关于生活技艺的连贯性文本。一旦我们注意到,[40]这些烦乱论题的主张来自诸多不同著作这一事实,后面这种印象的误导性就和前面的一样变得显然。

四、廊下派的"生活技艺"

塞克斯都所记录的那两个段落都出自其讨论是否存在生活技艺的章节(PH3.239—249,M11.168—215)。这一问题也是皮浪主义的核心。怀疑主义者,正如塞克斯都在《怀疑主义概要》开篇所描述的,一开始为了确定何种印象为真何种为假而开始哲学思考,目的是为了获得心灵的宁静(ataraia)。那些持有何者为善、何者为恶之观点的人处于内在烦乱的状态。如果他不能拥有他所认为的善,他便使自己遭受因缺乏此善而带来的痛苦。

如果他拥有他所认为的善，他会因害怕丧失此善而烦恼。但那些
悬置判断的人则是宁静的（PH1.26—27）。怀疑主义者的"转
变"由哲学的探究所开启和引发，在怀疑主义所考察的问题中，
关于何者为善与何者为恶的问题尤能引发混乱。知道何者为善、
何者为恶是成功地保障善和避免恶的前提条件，烦乱很大程度上
归结于保障善、避免恶并非易事这一事实。一旦我们意识到我们
对自己所追求和避免的东西并不确信，情况就变得更糟。如果我
们为拥有和缺乏善以及是否我们一开始知晓何者为善何者为恶
而忧虑，我们就处于怀疑主义者试图逃离的境地之中，这一关于
教条主义者之痛苦和怀疑主义者之宁静的图式是皮浪主义的关
键性起点。

　　理想地看，某人知道何者为善、何者为恶，成功地保障善、避免
恶，并因而获得善的生活所带来的宁静。但如果有关善恶的不同
观点有着同样的说服力或同样缺乏说服力，正如它们对怀疑主义
者表现的那样，那么，通过对这些观点加以展示而做出的悬置判断
至少能产生一种平衡。除此之外的其他做法（对于目的是宁静因
而也是善的生活来说）显得更糟：他们会因何者为善、何者为恶而
忧虑，或因不能保障善、避免恶而烦恼。但是，如果人们知道何者
为善、何者为恶，尽管有时追求善也许看起来并不吸引人（仅仅由
于人们的追求也许无所收获），但完全并不介入善恶也是一种教
条。① [41]怀疑主义的平静建立在这样一种论证上，这种论证造
成一种关于善的不同观点之间的平衡；如果这种论证能够表明何
者为善，那么，悬置判断本身就将是一种独断和一种最终是教条的
立场。怀疑主义者将不得不放弃悬置判断并追求那种被表明是善
的东西。由于这些理由，塞克斯都关于是否存在生活技艺的章节

―――――――――

① 　有关这种幸福的讨论参见斯特赖克（Gisela Striker），《安宁：作为平静的幸福》（At-
　　araxia：Happiness as Tranquillity），载 *Monist* 73（1990），97—110 页。

是皮浪主义的核心部分。①

但人们如何才能使"存在生活技艺"这一看法成为问题？塞克斯都所记述的廊下派主张中，都提出了这样一种论证，即通过追问其效果来讨论该生活技艺的存在，也就是说，追问该理论所描绘的实际生活表现。显然，几乎所有哲学家都做出一种可见的努力去追求其理论中所赞赏的事物。想一想伊壁鸠鲁，为了与他的"从事哲学是为了快乐的"这一主张相一致，他终其一生从事哲学。但塞克斯都（或其先辈）寻找这样一些关于如何生活的教义，这些教义对它们的提出者没有任何微小的后效。塞克斯都说，一种技艺的存在通过其特定的行为和其导致的结果而被理解。但是，廊下派思想家通过其烦乱论题所表达的生活技艺在那些提出这些技艺的廊下派思想家身上没有任何现实表露，而如果这种生活的技艺没有任何特定行为上的表现和由之产生的结果，那么它就不能被理解，这就是[42]《怀疑主义概要》3. 243—249 中的论证结构，其中引述了塞克斯都所记录的烦乱论题的第一个条目。

廊下派关于乱伦、父母之葬礼等的主张尤为适合怀疑主义关于这一类型的论证。不论某一哲学教义具有怎样的变革性，他们的支持者通常在实际追随它们时会付出一些努力（犬儒主义的例

① 贝特译为"关于生活的技术"（《反伦理主义者》），显然过于字面化。而且，传统译法"生活的技艺"已经根深蒂固，以至于在讨论古代哲学时，技艺（art）这一概念而非"技术（Skill）实际上看来并不会造成误解。在这一语境中，关于善与恶的知识被视为既是理论的又是实践的知识。谁具有这种知识谁就掌握了生活的技艺。见斯特赖克，《追随自然：廊下派伦理学研究》（Following Nature：A Study in Stoic Ethics），载 *Oxford Studiesin Ancient Philosophy* 9（1991）：1—73, sec. 3；以及朗（A. Long），《希腊化哲学中的苏格拉底》（Socrates in Hellenistic Philosophy），载 *Classical Quarterly* 38（1988），150—171 页。芝诺把技艺（technê）定义为在实践中统一并朝向终极目的的一套系统的知识，它有益于生活（奥林匹多鲁斯（Olympiodorus），《柏拉图的〈高尔吉亚篇〉》[*On Plato's Gorgias*] 12. 1, LS 42A）。塞克斯都记述说，廊下派思想家把何者为善、恶、不善不恶的知识定义为"*technê peri ton bion*"（M 11. 170）。

子）。前边引述的廊下派的主张看似是一引人注目的例外。我们
没有丝毫证据表明芝诺或克律西珀斯从事任何非传统的性关系、
食人肉，鄙弃传统教育（考虑一下克律西珀斯所参考的大量神话故
事，由此可以证明他对古代诗篇的研究），或任何能让我们想到那
些主张的其他行为。因此，对于通过展示一种关于善的生活的理
论并指出其根本缺少任何实际结果的怀疑主义者来说，没有比这
些烦乱论题更适合于他们的了。塞克斯都认为，廊下派的主张就
是众多这类主张的例子。但是，塞克斯都在《驳学问家们》（*Against the Mathematicians*）11. 188—196 和《怀疑主义概要》
3. 243—249 中选择了同样一些廊下派观念这一事实表明，不太可
能发现更多像乱伦、葬礼、食人肉这样的廊下派观念来适应怀疑主
义者的论证。

　　《怀疑主义概要》3. 243—249 的目的肯定不是对早期廊下派政
治哲学作出一个总结——作者似乎并不对廊下派的某一特定领域
的思想表现出关心。而且，看来显然，怀疑主义的著者只是呈示出
一套廊下派主张的汇集，这些主张的一般特点是，即使是提出这些
主张的人也不敢使它们中的任何一个被付诸实施。对于塞克斯都
的读者来说，独眼巨人和食人族是无法度的隐喻，说廊下派思想家
只有在独眼巨人和食人族的法律中才敢将之付诸实施，即是说只有
生活在无法度的环境中他们才可能对之付诸实施。独眼巨人和食
人族都是某种形式的食人者（荷马把他们表现为吃掉了奥德修斯的
同伴）。① 廊下派的主张以及其所暗示的内容过于怪异[43]以致使
我们想到神话世界中的野蛮怪物而非任何人类的共同体。

　　有意思的是，怀疑主义者并没有掉入把廊下派和犬儒主义相
联系的陷阱。看来十分可能，他们熟悉把"无羞耻性"视为廊下派

---

① 　关于独眼巨人，见 Od. 9. 112—115，215；关于食人族，见 Od. 10. 106—132。独眼
巨人和食人族不仅被表现为目无法纪与野蛮，而且表现为对诸神（9. 274—76）和
宙斯（277）的轻视。

和犬儒主义哲学(对于犬儒主义者的无羞耻性的抱怨是很平常的)的共同因素的讨论。但是,对于塞克斯都在《怀疑主义概要》3.243—249 和《驳学问家》11.188—196 的论证目的来说,这种联系会破坏一切。如果怀疑主义者的目的只是列举关于如何生活的极端的和变革性的观念,那么犬儒主义者将会提供最好的素材。但是,由于怀疑主义的论证运用了这样一种事实,即有一些关于善的生活的主张在它们支持者的现实生活中得不到任何表现,因此,犬儒主义就成了最坏的选择素材。

可以肯定,廊下派思想家关于我们应如生活有着比塞克斯都所记述的内容更多的话要说,塞克斯都对于廊下派有关善的生活建议的描绘是极为片面的,即使在塞克斯都本人所记述的内容里,我们也会发现有许多材料,这些材料可以勾画出关于廊下派的不同认识图式。通过从廊下派广泛的著作中抽取和汇编他们对特殊行为的极端性评论来表现廊下派生活技艺这一目的,是过于"鲁莽"和误导性的。

展示芝诺和克律西珀斯关于乱伦等论题是这一目的的一部分。怀疑主义者把这些论题视作芝诺和克律西珀斯提供的生活技艺并且认为这些论题必然类似于某种关于如何生活的指导。这样,怀疑主义者具有一种对于他们所发现的廊下派教义中极端"丑陋"细节进行表达的强烈兴趣,并把他们的发现视为对某类行为的一般性建议。一旦我们发现甚至这方面的证据都有可能被怀疑主义的论证目的所过滤(不仅仅通过记录传播过程中的偶然),那么,我们就应该十分谨慎地看待怀疑主义笔下的廊下派的真实性。我们已经指出,关于烦乱论题的精确原文表明,芝诺和克律西珀斯的论题中并没有"某人应该"(或"允许做什么"或"禁止做什么")这种形式,当我们认识到怀疑主义的这一兴趣,即,使廊下派关于乱伦等的论题从属于他们关于生活技艺的说明这一兴趣,那么,认为芝诺和克律西珀斯提供了这种行为规则这一看法就显得不太可能了。

[44]《怀疑主义概要》3.243—249 中的论证基于的假定是,每一技艺都伴随有一定的行为和结果。① 这一主张可以追溯到亚里士多德《尼各马可伦理学》1.7② 中著名的"功效性(function)论证,亚里士多德说,奏笛者——以及雕刻家和每一技艺家——都具有其功效(function;ergon)和他的实践活动(NE1.7,1097b24)—1098a18)。按照这一观点,每一技艺家都有其特定的功效或产品,这——至少对怀疑主义的目的来说——离说每一技艺都有其特定结果的假定只有一步之遥。考虑到功效性论据在亚里士多德伦理学中的重要性,我们也许可以设想这一主张就是一个容易为人所接受的教条性的假定。并且塞克斯都也许相信,许多独断论者都分享着这一假定的不同说法。塞克斯都给出了这一假定的希腊化时期的变体,他说每一技艺通过其特定的效果(erga)而被理解(apprehended;katalambanesthai),在这一说法中,他使用了一个通过廊下派知识理论而成为技术性术语的词语。

与《怀疑主义概要》3.243—249 中的论证有所不同,塞克斯都在《驳学问家》11.188—196 中的论证并未引出关于是否真正存在生活艺技方面的悬置判断。在《驳学问家》11 中,塞克斯都并未利用每一技术都有其结果③这一概括而结束其讨论。他以下述主张

---

① 其特点可以看作辩证的论证。被理解为怀疑主义论证的辩证论证概念由 P. Coussin 第一次提出,见 Le stoicisme de la nouvelle Académie,载 *Revue d'histoire de la Philosophie* 36 (1929):241—276 页。另见约波洛(A. M. Ioppolo),*Opinione e Scienza:Il dibattito tra Stoizi e Accademici nel III e nel II a. C*,Naples:Bibliopolis,1986,57 页;以及 K. Vogt, *Skepsis und Lebenspraxis:Das pyrrhonische Leben ohne Meinungen*,Freiburg:Alber Verlag,1998,36 页。

② 标准的英语翻译把 ergon 译为"功能"(function),因而这一论证作为功能论证而开始为人所知。尽管功能概念抓住亚里士多德的诸多要点,但看来不能忽视 ergon 的字面含义:工作,当亚里士多德进入其讨论,他把 ergon 和实践相并列(1097b26)。我们从每一艺术家都有其工作这一观念出发;其所制造的事物对于其技艺来说是特殊的。不清楚"每一艺术家有其功能"这一说法能否充分把握上述含义。吹笛子并非吹笛者的功能,而是他的一种特殊行为。

③ 参见贝特,《反伦理主义者》,206—208 页。

来进行总结：那些不能诉诸实践的技艺是多余的。[45]为了当下的目的，我们无需对比两种论证的效力并对它们的重要性加以讨论。① 重要的是注意到，在塞克斯都的著作中存在有关是否存在生活技术这一问题的两种不同论证，这两种论证都利用了廊下派的烦乱论题。而且，这些论证不仅仅在侧重点和细节上有所不同，它们似乎来自怀疑主义者的不同视角（或塞克斯都思想的不同阶段）：《驳学问家》11 中的论证比《怀疑主义概要》3 中的论证更多考虑避免形成某种似乎要人采纳的确定结论（这种确定结论会与怀疑主义的悬置判断相冲突）。

五、怀疑主义论证的不同形式

首次强调第欧根尼·拉尔修 7. 32—34，7. 187—189、《怀疑主义概要》3. 243—249 以及《驳学问家》11. 188—196 来自皮浪主义文本这一事实是斯科菲尔德研究的优点。但我们不应该如斯科菲尔德所做的那样，认为它们都可以追溯到同一个关于廊下派主张的皮浪主义汇编之中。② 塞克斯都的两种论证运用着不同的论证方式（或出自塞克斯都思想不同阶段）表明，在烦乱论题四条目的背后并不存在同一文本，并且，尽管第欧根尼·拉尔修的记述可追溯到塞

---

① 雅纳切克(Karl Janacek)详尽地研究了塞克斯都的著作年表，见《塞克斯都序言》(*Prolegomena to Sextus Empiricus*, Olomouc：N. p.，1948)，以及 Skeptische Zweitropenlehre und Sextus Empiricus，载 *Eirene* 8 (1970)：47—55 页。雅纳切克的哲学资料支持把《驳学问家》(*Adversus Mathematicos*)视为较晚的著作。Emidio Spinelli 以大量资料论证我们不应被诱导颠覆这一著作年表；见 Sesto Empirico：Contro gli Etici，Naples：Bibliopolis，1995 年。贝特在介绍其关于 MII 的翻译和评论时对塞克斯的著作年表也作了详细的讨论。与传统的观点相反，他主张 M7—11 的年代要早于 PH1—3（《反伦理主义者》，26 页）。

② 斯科菲尔德，《廊下派的城邦观》，14—18 页；见范德瓦特，《芝诺的〈政制〉与自然法的起源》(Zeno's Republic and the Origins of Natural Law)，载 *The Socratic Movement*，Cornell University Press，1994，72—308，286 页。

克斯都这一起源，[46]但他们的记述也可能来自另外一些作者。①
这一看法可以表明：烦乱论题是怀疑主义者的原材料，并且在怀疑
主义的历史中它们在不同的观点下以不同的方式被运用。②

对斯科菲尔德来说，烦乱论题四条目可追溯到同一文本这一
假定具有根本性。这一假定可以帮助他理解第欧根尼·拉尔修
7.32—34 中的一个很难理解的词语："那些不被后来廊下派思想
家所赞许的段落被廊下派者阿忒诺多若斯删掉了，阿忒诺多若斯
曾掌管帕加马图书馆；后来，他的做法被发现，这些段落又被重置
其中，但却是作为反面的观点加入或者完全被更换（Put into op-
positon；antitethênai）。(DL 7.34)

希腊手稿说到 antitethênai；这些论题被置于对立的地位上，
但文本并未暗示廊下派的主张被置于什么对立位置；如果我们读
到 antitethênai，该句显得并不完整。如果我们认同一些译者并认
为文本说的是这些论题被"替换"（这一译法的优点是能够产生一
种合理的连续过程，即这些论题首先被删除，然后被替换），那么，
我们就需要对此文本加以校正。③ 斯科菲尔德阐释中的一个中心

---

① 斯科菲尔德（《廊下派的城邦观》，3—21 页）认为 DL 7.32—34 和 7.187—189 都可
追溯到怀疑主义者卡希俄斯（Cassius）。这一观点最先由瓦克斯穆特（C. Wachs-
muth）提出，见 Stichometrisches und Bibliothekarisches，载 *Rheinisches Museum* 34
(1879)：38—51 页；还可参见曼斯菲尔德的《第欧根尼·拉尔修》，344—346 页。
斯科菲尔德补充说塞克斯都的这些段落来自卡希俄斯的遗产，很可能是因为这些
段落在他看来缺少塞克斯都的特点。但是，何者可以认为是缺少塞克斯都的特点
是不容易见出的。说塞克斯都的这两个段落的主张缺少他的特点看来很难站得
住脚，尤其考虑到这两段之间有着明显的差异。说在第欧根尼那里，这两段文字
可追溯到卡希俄斯是合理的，但也并不确定。

② 我更倾向于把这些讨论视为怀疑主义的而不是皮浪主义的，因为在我看来，在怀
疑主义诸派内部对这些问题的讨论有一个历史，或至少塞克斯都所利用的资料也
在学院怀疑主义中被使用。

③ 希克斯译为 replace，吉甘特（Marcello Gigante）翻译为 inseriti，见 *Diogene Laer-
zio：Vite dei Filosofi*，Bari：Laterza，1987。斯科菲尔德提请注意这一事实，即希克
斯和吉甘特的翻译好像修改了文本，但实际上他们保留了 MSS 文本的原貌。
（《廊下派的城邦观》，4 页。）

观念是,如果我们认识到 antitethênai 是怀疑主义中的技术性术语,这一词语就可以被理解。[47]使事物置于对立面是皮浪派怀疑主义的做法。① 斯科菲尔德根据从四段落中发掘出所有这些论题的清单继续前进,并因此论证说,理解第欧根尼·拉尔修 7. 34 最后部分的途径是假定所有这些归结于芝诺《政制》的主张已被置于其他廊下派思想家在相同主题上的主张的对立面。② 因而,怀疑主义的著者将把出自《政制》的每一论题置于廊下派思想家后来在这些相同事物方面的主张的对立面。③ 他不仅制造了一对相互冲突的论题,而且具体地来讲,他展示了作为整体的《政制》与芝诺在别处所提出的论题以及克律西珀斯观点之间的矛盾。④ 但是,正如范德瓦特(Paul Vander Waerdt)(在其简洁的注释中)所评述的,斯科菲尔德所放置到一起的对立面并非像人们希望看到的那么清晰。⑤ 烦乱论题很难理解,但这种困难并非来自它们如何与其他论题对立。而且,塞克斯都把烦乱论题视作相同的类型,在第欧根尼·拉尔修 7. 187—189 的记述中也是如此。这表明,在怀疑主义的论证中,这些烦乱论题被视为是相同类型的。由于斯科菲尔德的其他假设,即"这四段记述可以追溯到同一位怀疑主义者"同样充满争议,我将不再进一步详细考察他的意见。

---

① 《廊下派的城邦观》,8 页。

② 斯科菲尔德并没有为我们提供为何应该把廊下派的某些论题和其他论题而非另一些论题置于对立之中的论据。他说,这一点是"自然地看出的"。(《廊下派的城邦观点》,8 页。)

③ 在斯科菲尔德那里,具体哪些论题和哪些论题是对立的,参见《廊下派的城邦观》,15—20 页。

④ 斯科菲尔德的阐释更进一步:他说,卡希俄斯的策略"建立在把《政制》在道德上抬高以与那种廊下派文本中讲到的放纵的自我沉迷以及道德的平庸相对比"(《廊下派的城邦观》,17 页)。这一对立的一般特点是,声称《政制》中有着高尚的道德和宗教标准,而另一面则具有低下和卑俗的气息。

⑤ 见范德瓦特,《芝诺的〈政制〉》,286 页;因伍德(Brad Inwood),《对斯科菲尔德〈廊下派的城邦观念〉的评论》(Review of The Stoic Idea by Malcolm Schofield),见 http://ccat. sas. upenn. edu/bmcr/1992/03. 03. 13. html。

但我们应该注意,把 antitethênai 严肃地视为怀疑主义的技术性术语并不必然意味着我们应该[48]期望怀疑主义者会收集相反的论题。① 塞克斯都把怀疑主义定义为把诸现象(Phainomena)和诸思想(nooumena)置于对立面(dunamis antithêtik)的能力:思想和思想之间、现象和现象之间、思想与现象之间被置于对立面的能力。(PH1.8)这一定义表明,Antithênai 并不仅指思想和思想之间的对立——它同样也指思想与现象以及现象与现象间的对立。更重要的是,塞克斯都定义怀疑主义之方式表明他扩大了“置……于对立面”的字面定义。根据塞克斯都,它指的是怀疑主义全部的论证能力。②

如果我们认为塞克斯都对该词的用法是怀疑主义对 antithêtike 的技术性用法,那么,对第欧根尼·拉尔修中段落的阐释,就不依赖于我们如何理解这一困难词语。假设 antithêtik 涵盖了广泛的怀疑主义论证技术,那么,该文本即是说,怀疑主义以他们怀疑主义的方式考察廊卜派的论题。怀疑主义者所要做的在一开始的段落中就已经表现得很清楚,在该段落里讲到,怀疑主义者卡希俄斯以及围绕在他周围的人把廊下派的论题置于他们的批

---

① 在《是否存在一种生活方式?》中,我详细讨论了为什么我们不应该认为,怀疑主义的主题只限于把教条的主张置于相互对立之中。

② 在此,尽管我不能对此主张进行论证,但在我看来,*antitethênai* 这一表达是塞克斯都试图把不同版本的芝诺主义整合为一体的努力的一种体现。塞克斯都一般地解释怀疑主义论题时多次使用“置事物于对立之中”这一概念。但当他呈示出那些不同论题(可以认为是利用了较早的廊下派资料)时,这一概念却并未出现。这一表达是在塞克斯都解释第十题时首次出现的。尽管前九个论题看来可以更恰当地被描述为把诸现象置于对立之中。怀疑主义的活动被表现为对比那些不同的现象,并因而根据事物的多样性来进行论证(PH1.163)。这十个论题流传下来三个版本:塞克斯都的描绘,第欧根尼关于皮浪主义的记述以及亚历山大里亚的斐洛(Philo of Alexandria)的记述,关于其中差别的讨论,可参见安纳斯(J. Annas)和巴恩斯(J. Barnes)的《怀疑主义的论证方式》(*The Modes of Scepticism*,Cambridge:1985)。在第欧根尼和菲洛德谟斯那里,*antithetênai* 在这些论题的说明中从未出现,这一表述只在塞克斯度提出第十论题中被使用。

评之下。如果我们认为该文本需要核定，我们仍然[49]可以从中总结出，怀疑主义者使廊下派置于他们的论证策略之下。在某种程度上，该文本与我所表明的，即"怀疑主义者在诸多类似的论证中使用廊下派论题"是完全相容的。

　　如果在我们的讨论中对《怀疑主义概要》3. 198—234 加以概括，那么这一观点能够被进一步确证。该节在关于"是否存在生活技艺"这一章之前。在《怀疑主义概要》3. 198 中，塞克斯都评论说，也许值得对有关羞耻和无羞耻、神圣与非神圣、法律与习俗、对于神的虔诚、对已故者的敬重等诸如此类的事物详加考察。接着他提供了一系列生活方式，涵盖不同民族的风俗以及克罗诺斯（Cronos）、宙斯、赫尔墨斯（Hermes）和亚马逊族（Amazons）的事迹，当然还包括大量我们非常熟悉的廊下派的烦乱论题，另有其他一些哲学家所提出的一些革新性观念。（PH 3. 198—234）①

　　从塞克斯都关于埃涅希德谟斯（Aenesidemus）论证方式的长篇评论中可以清楚地看出，收录一些怪异的不同寻常的经验以及陌生的风俗是怀疑主义的常规。我们可以看到，怀疑主义者介入到赫西俄德（Hesiod）、荷马、希罗多德（Herodotus）以及那些敢于提出变革性的生活理想的哲学家的文本当中。在这些文本当中，廊下派思想家的著作最终成了怀疑主义者最有收获的材料：怀疑主义者的主要读者中包括其他一些哲学家，这些哲学家也许把怀疑主义者在赫西俄德、荷马或希罗多德那里发现的东西视为神话和没有被很好研究的、过时的历史传记，从而看低这些材料的论证价值。如果怀疑主义者能够在哲学家的著作里发现这类材料越

---

①　关于廊下派的主张参见：PH 3. 200,201,205,206,207。赫拉克特、伊壁鸠鲁、犬儒主义者和西勒尼学派（Cyrenaics）都被提及；柏拉图的妇女之共有也被引述；亚里士多德被提到一次——但只在简要介绍有关宗教仪式、牺牲形式的讨论中被提及（PH3. 218）。该文本读起来很像出自赫西俄德和希罗多德。在 3. 231 中，塞克斯都明确提到了希罗多德。

多,他们的论证对于他们所提出的教义就越有力。尽管廊下派之外的一些哲学家也可能提出了一些"奇怪"的观念,如赫拉克利特,但廊下派思想家成了怀疑主义的直接对手。

《怀疑主义概要》3.198—234 的论证结构有些混乱:塞克斯都说他将要展示[50]在人们所设想的有关如何生活的主张中存在的不一致性(anômalia)来结束他的讨论。但是,当他从一种奇怪的风俗转向另一种风俗时,他常常不仅在这些风俗之间进行对比,而且还与"我们如何看待这些事物"以及"我们的法律是什么样"进行比较。这样,该段落一方面表明,烦乱论题为了与其他关于如何生活的信仰和诸多不同的生活方式相对比而被怀疑主义的论证所运用,另一方面,廊下派的论题可以用来与"正常的生活",与"我们"所了解的生活以及我们所知道的习俗和法律相比较,但这些种类的对比如何构成怀疑主义的论证?

根据塞克斯都的解释,第十种论证形式讨论生活方式、习俗和法律、神话和教条的主张(PH1.37)。生活方式、习俗和法律(以及能够反映在实践中的神话信仰)在怀疑主义的框架内都属于现象。① 塞克斯都为第十种论证形式所举的一个例子是在伊壁鸠鲁有关"神并不关心我们"的主张和"祈祷者经常的祈祷行为"之间的冲突(PH1.155)。伊壁鸠鲁的主张显然是一理论性论题。但祈祷者的通常实践并非理论。为了理解这一论证,我们必须假定塞克斯都并没有把现象单纯地理解为与知觉相关的现象(尽管这是他在 PH1.9 中对现象的解释)。而且,在解释作为怀疑主义之标准

---

① 一种习惯即是做事情的通常方式(PH1.146)。一种可以被一个或一些人采纳的生活方式——它被理解为对于如何生活或行动的选择(PH1.145)。一旦我们把这些解释和塞克斯都关于怀疑主义生活的一般说明联系起来,习俗和生活方式应被看作他所讲到的怀疑主义眼中的现象。怀疑主义的生活方式建立在对于他人行为方式的非教条接受的基础之上,传统流传下来的东西正是怀疑主义者所接受的教育的一部分——所有这些都被看作是现象(PH1.23—24;PH1.17)。关于不同的观点可参见安纳斯和巴恩斯的《怀疑主义的论证方式》,160 页。

的现象时，他拓展了对于这一词语的理解。怀疑主义所追随的现象有着宽泛的含义，这一含义包括通常的实践和传统（PH1.21—24）。因而，祈祷者的通常实践也可以被视为现象。伊壁鸠鲁的神学观点和祈祷者的实践之间的对比为第十种论证形式（即为现象和思想间的对立）的变形提供了一个示例，该示例将一种有关[51]"如何生活的理论主张"置于"平常生活方式"的对立面当中。这似乎就是《怀疑主义概要》3.198—234 中的论证结构：烦乱论题与"我们"的通常生活，同我们的法律产生对立。① 因而，它们在怀疑主义的第三种讨论方式中被利用，这种讨论方式不同于《怀疑主义概要》3.243—249 和《驳学问家》11.188—196 中的论证。

　　一旦我们理解了这一传统上被视为早期廊下派政治哲学关键证据之文本的皮浪主义背景，对于早期廊下派哲学这一部分的认识就会受到严峻的挑战。廊下派的主张在怀疑主义论证的重要领域中被十分独特地利用——这一重要的领域即关于是否存在善与恶以及是否存在生活的技艺的问题。在对皮浪主义哲学的解释中，这些问题与是否存在真理之标准或是否存在确凿证据的问题同样重要——它们属于怀疑主义者据此可以引出悬置判断的关键性问题。并不奇怪，那些在相关问题上有助于引出"悬置判断"的独断性论题在诸多地方和不同的版本中流传。如果我们在这种思考皮浪主义哲学之方式的启发下解读烦乱论题，我们将会看到，这些廊下派的主张也许会作为得到相对很好确证的（well-attested）廊下派教义而获得它们特殊的地位，是因为它们在怀疑主义者的论证中起着重要作用，而非因为它们真正处于早期廊下派政治哲学的中心。

---

① 在解释第十论题时塞克斯都讲到的另一个例子证实了有关烦乱论题这一类型的讨论主题：克律西珀斯说乱伦是低级的事物，我们以法律反对它（它被理解为一种实践并因而是一种现象）（PH1.160）。有关这种类型的冲突何以会产生一种判断的悬置，参见我的《是否存在一种生活方式？》，12—17 页。

六、廊下派的变革性

但我们也许会问,如果不是这些烦乱论题在廊下派文本中占有重要地位,那么,又是什么原因使这些论题广为人知?"只有有德性的人才是公民、亲属、朋友和自由人"这样的论题,当然看来是芝诺政治哲学的核心论题。它探究了[52]智慧这一与政治哲学重要思想相关的概念。一些有关制度(神庙、法院、体育、教育)的论题也可以被置于这一背景中,并且,它们可能具有相同的似是而非的隽语结构(paradoxical structure)(见第七节)。但该如何看待乱伦、食人之类的论题?廊下派关于"何以这类行为并不羞耻"的论题也许可以最好地解释为,廊下派思想家为了解释他们有关恰当行为思想的充分含义时采用的例子。

在这一点上,值得我们简单地考虑一下廊下派思想家表达他们伦理学观点的方式。廊下派思想家意识到他们的读者可能会说,毕竟,他们的理论最终只是构造了另一种形式的柏拉图主义或亚里士多德主义(Peripatetic)理论。柏拉图主义和亚里士多德主义的哲学家给德性以重要地位。并且在某种程度上较少看重健康与财富一类事物。在他们的理论以及廊下派关于"只有德性是善,而其他事物具有价值或无价值"的主张之间的差异似乎可以仅仅被视为术语方面的差异;这样一来,廊下派观念的变革性意义将被严重低估。① 面对上述读者可能做出的反应,这些突出其理论的变革性而甚于考虑直觉上的合理性或熟悉性的例子就可以得到很

---

① 不清楚廊下派思想家熟悉亚里士多德哲学的程度,阿莱西对于我们何以认为廊下派思想家了解亚里士多德给出了一个详细的讨论(《廊下派思想家》,233—262)。参见桑德巴奇(F. H. Sandbach),《亚里士多德给廊下派伦理学的遗产》(Aristotle's Legacy to Stoic Ethics),载 *Bulletin of the London University Institute of Classical Studies* 15 (1968):72—85 页。廊下派对希腊化亚里士多(转下页注)

好理解了。这些例子在他们的著作中凸显出来,但不必是他们思想的主要原则。

我们也可以考虑,廊下派思想家对于例子的运用是否可追溯到苏格拉底以其自己的生活显示某种变革性的善之生活的观念这样一种传统。正如我所论证的,芝诺在任何方面都没有"皈依于"犬儒主义的生活方式,但他肯定对犬儒主义的哲思方式作了大量思考。[53]尽管在任何细节上我都不能支持犬儒主义哲学,但我想表明,犬儒主义的方法对廊下派的解说方式产生了一些影响。犬儒主义的目的是,通过他们自己奇特的"轰动性"的行为来表现某种相当基本性的、理论性的主张;因此,他们在某种方式上是利用例了来进行教诲。① 当然,他们的例了是一种在行为展示中的例子,而廊下派却并非如此。但是,仍然可以见出这种传达哲学理论的方法可能对廊下派思想家有一些影响。尽管廊下派思想家并不做惊世骇俗之事,但他们对例子的使用却可能有意制造同样的轰动性。让我们假定(见第七节),关于"吃掉自己截掉的肢体是没问题的",这一主张是为了表明,即使是传统上被视作羞耻的某种行为也可以是恰当的。我们可以想象,芝诺和克律西珀斯很好地意识到吃掉自己截掉的肢体在传统上多么不可思议,但这恰恰是

（接上页注）德主义伦理学的影响会使问题变得更为复杂,这将使不同的理论者看起来相互接近。尽管这并不能说明是芝诺最初形成了这些主张,但可以解释何以后来的,但仍相对较早的廊下派坚持一些极端的例子。有关廊下派伦理学对希腊化诸思潮的影响参见福腾博(William W. Fortenbaugh)编订的《廊下派与亚里士多德伦理学》(*Stoic and Peripatetic Ethics：The Work of Arius Didymus*,New Brunswick,N. J.：Transaction Books,1983);还可参见安纳斯(Julia Annas),《希腊化时期的亚里士多德主义政治理论》(Aristotelian Political Theory in the Hellenistic Period),载 *Justice and Generosity*,74—94 页。

① 这一看法由于如下理由而是矛盾的。学者对于犬儒主义是否提出某种理论或是否他们的立场完全是消极的这一点并没有达成共识。我将跟从莫莱斯(Moles)的《犬儒主义与政治》中的重建工作。在我看来,支持这一阐释思路的主要论据在于,被归于第欧根尼的某些主张展示出一种细致的概念构造与术语的精练,这些可表明其在相关问题上的理论化特质。(见 DL 6. 72)

他们利用这些例子的原因。该例子似乎是说：不要把我们的理论理解为只传达了一些抽象观念，不要理所当然地假定，廊下派的理想主体将像那些较少变革性的理论中所描述的理想主体那样，最终会表现出同样的行为。

　　并非只有怀疑主义者摘录廊下派哲学中那些看似与廊下派哲学家本人的生活似乎不一致的段落。普鲁塔克据说写了八本反对廊下派和至少一本批评廊下派和伊壁鸠鲁的著作。普鲁塔克的两本批评著作（还有第三部的纲要）被保存下来：《论廊下派的自相矛盾》（*On stoic self—contradictions*）和《论一般概念》（*On common conceptions*）。[1] 前一本著作与塞克斯都一样介入类似的问题：廊下派思想家似乎并没有做任何他们关于善的生活之理论所提出的任何事情（见 1033A—B）。[54]但普鲁塔克并没有讨论烦乱论题。[2] 对他来说，廊下派教义的大量基本方面似乎都与廊下派哲学家的实际生活不符。想一想，例如，廊下派关于"只有德性是善，而诸如健康、生命一类事物只是具有价值"这类主张就是如此。对于那些关注廊下派弱点的人来说，"廊下派的教义并没有反映在其提出者的生活中"这一点看来是明显的。像柏拉图或亚里士多德理论的信徒一样，他们看似把美德看得高于健康——外在表现上看，一些人认为德性是善并且健康只是有价值的，另一些人认为德性是最高的善而健康是较低水平的善，持有这两种看法的人看来应该有着相同的行为，至少对于绝大部分行为来说是如此。廊下派思想家需要解释，他们的理论何以不会消融在传统的伦理理论

---

① 三个文本都出自普鲁塔克的《道德论集》（*Moralia*）13，第 2 部分，LCL。参见彻尼斯（Harold Cherniss）关于普鲁塔克的介绍，见《廊下派的自身矛盾》，LCL，369—411。

② 我们将在第二章看到，普鲁塔克对于芝诺《政制》的讨论是值得敬重的，除却有关性问题的讨论，他将之视为一部严肃的著作。这表明，在他看来（很可能他读过该书），有关性问题的讨论是一个相对较小的部分。但也理应被提及，不过，它还不足以破坏整部著作的严肃性。

之中。在普鲁塔克眼中,廊下派思想家本人的生活展示出:廊下派思想家更多地按照其他哲学家的教义而非他们自己的教义而生活。(1033C)

一旦我们在我们的研究中考虑到这样一些著作,烦乱论题的历史将表现为"我们关于早期廊下派哲学证据重要部分之特点"的典型的、尤为突出的例子。廊下派哲学为其潜在批评者(甚至像普鲁塔克那样严肃思考它的人)关注其反直觉性的方面提供了各种机会。普鲁塔克引述了克律西珀斯的话,并说,由于廊下派的教义如此伟大和完美,它们听起来像是虚妄的并且不处于人类及人性的水平上(《论廊下派的自相矛盾》1041F)。普鲁塔克似乎表明,针对这种"脱离人类生活"的指控,克律西珀斯并不反对,反而欣然接受。

这一阐释烦乱论题的思路让我们想到众所周知的廊下派似是而非的隽语(Stoic paradoxes),想到廊下派的那些最为突出的反直觉性的论题。[①] 正如我们在下章[55]将会更为详细看到的,"只有圣贤才是公民、朋友、亲属和自由人"这一似是而非的隽语性命题主要涉及对于关键哲学概念的重新阐释。而有关乱伦和食人的主张则不涉及。如果关于神庙、教育等的主张与"只有圣贤才是公民、朋友、亲属和自由人"的主张相关,那么,对它们的理解也可以通过揭示廊下派如何重新定义核心哲学概念来完成。甚至关于乱伦、食人等的论题,这些论题和廊下派似是而非的隽语有着不同的结构,我们也应该注意到它们和似是而非的隽语有着一个重要的共同特点:廊下派思想家以此强调其理论的变革特性而非淡化它。

一些廊下派教义似是而非的特点显然来自廊下派思想家本身。[②]

---

① 参见贝特,《反伦理主义者》,187 页。

② 关于芝诺的看法,见 Gnomolog. Monac. 196 (= SVF 1. 281),克勒昂忒斯的看法,见 *Arrianus Epict. diss.* IV 1,173 (= SVF 1. 619);西塞罗把这一术语归于廊下派思想家自身,见《廊下派的自身矛盾》(*Paradoxa Stoicorum*)4。

西塞罗把似是而非的教义描述为"与所有日常信念对立的奇论"
(admirabilia contraque opinionem omnium)，据此可以在这一语
境中获得对"似是而非的隽语"(parodox)的理解：纯字面地看，"似
是而非的隽语"是指与信念(doxa)相反(para)，并且它们令人困
惑。著名的例子是"每一不是智慧的人都是愚人"或"圣贤无情"，
这类主张鲜明而极端。这些主张似乎有意让我们追问人们何以持
有这种看法，引导我们重新思考相关的核心概念并希望我们更多
了解这些论题的理论背景。

　　为了理解廊下派似是而非的隽语，我们需要把廊下派如何思
考 doxai，即信念或意见的方式铭记于心：doxai 是愚人所持有的，
并产生于薄弱的认可或判断(weak assent)，圣贤从不做出这种
形式的认可。圣贤不具有意见。这样，人们所持有的意见绝不是
廊下派思想的起点，如果理论与意见不一致，这并不能算作对理
论的反驳。但是，廊下派思想家认为，他们的理论与所谓前概念
一致，即与那些自然获得的有关事物如何存在的观念相一致。①
最终，他们需要表明，不论他们的学说初看起来如何有变革性，
[56]一旦我们以自己的方式想透了所有涉及的难题，那么，这些
学说实际上与我已经具有的一些基本假设并不相悖。如果烦乱
论题的轰动形式与似是而非的隽语相似，也即，有意强调廊下派
思想的变革性，那么，烦乱论题也必然包含着这种突出思想变革
性的目的，一旦我们以自己的方式理解了有关恰当行为方面的复
杂问题，我们就会认识到，不论吃掉自己的腿或不办父母的葬礼
这些观念听起来如何荒唐，但它们实际并非像听起来那么令人
厌恶。

---

①　关于前概念、共识和信念，参见布里顿(Charles Brittain)，《常识：廊下派内外的概
　　念、定义和意义》(Common Sense：Concepts，Definition and Meaning in and out of
　　the Stoa)，出自《语言与学习》(*Language and Learning*，Dorothea Frede，Cam-
　　bridge，2005)，164—209 页。

七、理解烦乱论题的方式

尽管按照我的阐释,烦乱论题并非处于廊下派政治哲学的中心,但至少有一些从属于政治哲学核心的部分。其他一些出自关于物理学、恰当行为等著作,但它们似乎与那些出自政治哲学著作的烦乱论题类似。尽管我们不应认为廊下派政治思想中所设想的城邦以吃掉截肢和与亲属结婚为其特征,但我们需要对芝诺和克律西珀斯提出的这些赢得如此关注度的论题之背景有所言说。我将不单独考察每一论题。① 最后,我不认为我能够完全澄清它们中每一个论题的背景和功能——它们在哲学记录传统的具有高度偶然性的语汇中传播。但是看来,在本章的结尾,展示我们如何理解烦乱论题在廊下派哲学中地位的梗概至少是合宜的。

传统上,学者主要按照三种方式提供烦乱论题的解释性背景(如果他们不把这些主张归结于“犬儒主义阶段”的芝诺),第一,烦乱论题可以被阐释为与“和谐”(concord)这一核心概念相关。[57]第二,廊下派思想家所设想的城邦似乎是圣贤的城邦。如果是这样,那么许多在愚人的普通城邦中所必需的东西就并不是必需的。② 第三,廊下派著名的主张,即传统上被视为善的东西,如健康、生命等仅仅是中性的事物。一些烦乱论题似乎指出,为何我们倾向于关心的事物实际并非是善的,并因而不值得成为我们追

---

① 具体来说,我并不是想表明我们应该如何理解芝诺关于货币的主张,而是要表明前边有所提及的一个较弱的看法:他看来是在批评一种他认为是错误的判断——为了某种特定目的的货币制度需要被引入,而不是提出他自己的有关货币制度的特定政策。

② 鲍德里(《芝诺的理想城邦》)提出了一种可以整合两种理解烦乱论题之进路的解读方式:芝诺在其《政制》中讨论的共同体是一个圣贤的共同体,并且只有圣贤之间才能和谐地生活。和谐与友谊因而表现为芝诺政治哲学的核心概念。鲍德里的看法一直很有影响,厄斯金和斯科菲尔德都讲到了他的看法。

求的目标。正如我将论证的，这三种方式没有一个是令人信服的。最后，正如我所表明的，如果我们希望对烦乱论题获得更好的理解，就需要对廊下派的智慧概念和恰当行为理论加以考察——前者与有关制度的论题相关，后者与有关传统上被视为羞耻的行为方式的论题相关。

在一些学者看来，所谓妇女共有确证着这样一种观点，即廊下派的法律之设置是为了增加城邦的和谐性与统一性。① 也许可以假定，芝诺像柏拉图一样高度评价统一性并"接受"一些制度，如柏拉图那里妇女之共有（the community of women），还有另外一些如男女穿戴着同样的服饰。但是，妇女共有也许是最难评价的论题。"妇女共有"这一表达可能意味着许多不同的论题。② 我们并没有证据论证芝诺在此的讨论确切地是指哪一论题。"芝诺'教导妇女共有'"这一主张，可能来自，例如，芝诺的这样一个论题，该论题的大概意思是，与一个女人发生性关系并不比与其他女人发生性关系更合适或更不合适（因此，婚姻制度明显变得没有意义了），或者来自以此方式可能找到的其他论题。看起来芝诺和克律西珀斯并不像柏拉图在《理想国》中那样认为，人们（或某一特定阶层）应该舍弃家庭生活并应该不把他们的[58]亲生父母视为父母、亲生子女视作子女。尽管廊下派思想家使用着一种较具变革性的"亲属"概念（见第二章），但是，为了恰当的行为，人们应该考虑相关人是否是我们的父母或姐妹等。但如果廊下派"妇女共有"这一说法是否表示一种类似柏拉图的一系列思想还是难于确定的，那么，说廊下派的"妇女共有"是为了提高城邦统一性这一点也就绝

---

① 见厄斯金，《希腊化时期的廊下派》(Hellenistic Stoa)，24—26 页，以及斯科菲尔德的《廊下派的城邦观》，第二章。

② "妇女共有"这一短语看似是用于多种观点中的一种似是而非（doxographical）的表达，第欧根尼·拉尔修在此问题上的详细证据显得相当混乱并且似乎呈现出一种廊下派、犬儒主义和柏拉图主义观念的混合体（7.131）。

非是清楚的。如果我们承认妇女共有这一概念无需追溯到有关城邦统一性的讨论,那么,一般地看,烦乱论题也就难以为"芝诺和克律西珀斯关心城邦统一性"这一政治理想的看法提供理由。

但第二种观念即某些机构在圣贤的城邦中是无用的,又该如何理解呢?这一观念在有关机构的论题和有关行为方式的论题方面有不同的表现。首先,在圣贤的城邦中,法院之所以不必要,是因为公民都遵从法律,教育之所以不必要是因为所有公民已经具有知识等。① 第二,在圣贤的城邦中,没有哪一行为类型需要被禁止,因为圣贤依其完善的判断将会选择正确的行为。一般性的禁令是针对愚人的,愚人也能很好地接受这些指导。但这些一般性的规则并非完善——尽管绝大部分情况下它们是足够的,但它们不能应付例外处境,圣贤能够充分依靠他的知识,在特殊的处境中判断出吃掉他的胳膊或与他的母亲结婚是恰当的。②

我们对这一思维进路的评价取决于我们阐释廊下派的政治哲学核心问题所采取的立场——廊下派的理想城邦是圣贤的城邦还是全人类的宇宙城邦。③ 在烦乱论题本身中,芝诺和克律西珀斯似乎并未指涉任何城邦。但我们可以通过考虑这些论题是指导性的和言教性的这一事实来发现有关它们思想背景的一些暗示。看来,这是[59]反对第二种思想进路的有力论证(不过,这些问题值得更详细的讨论,我将在第四章转到此问题中来)。认为芝诺和克律西珀斯形成了关于圣贤应该做什么(即通过考虑圣贤做什么,来理解我们自己应该做什么)的观点是对廊下派哲学的根本误解。如果烦乱论题来自对圣贤城邦的说明,那么,烦乱论题就应该被解

---

① 范德瓦特论证说,一旦我们认识到廊下派的城邦是圣贤的城邦,这些烦乱论题就显得合理了。(《芝诺的政制》,286—288 页。)

② 这种解读可以与认为廊下派思想家提出规则的看法相容:如果廊下派思想家为圣贤建立了一种例外情况,那么这种例外就是对于规则的例外。

③ 是否芝诺设想了一种圣贤的城邦而克律西珀斯设想了一种宇宙城邦,我将在第二章讨论这一问题。

读为事实性的陈述——那里不存在神庙,没有教育,吃掉截肢不被认为是亵渎等。但这并非这些论题出示给我们的方式。恰恰相反,这些论题对发展者(progressors)有所告诫,告诉他们无需存在神庙或不应把某种行为视作"出格的"。

让我们转到第三条进路,也许廊下派思想家说某些机构——体育场、教育机构、法院、神庙等是无用的,是因为它们的重要性来自传统,并且被高估了。在现实的城邦中,法院和神庙被认为是崇高的。但实际上,人们可以认为,在廊下派思想家看来它们并非是善的,并不值得如此崇敬。也许廊下派思想家是在讨论善与中性物(indifferent)之间的区别时谈到了神庙、法院、体育和教育。①也许,神庙、法院、体育和教育是那些我们通常认为是善的,但实际上只是有价值的中性事物的例子。同样的解释也可运用于对有关行为方式的论题。截掉的肢体、死尸等实际并非是善的,但我们倾向于被它们所牵系。

为什么我们不应吃掉截下的腿,或为什么我们要为父母的尸体举行隆重的葬礼?但这一思路具有误导性,或至少值得仔细辨析。首先我们考虑廊下派关于机构的论题。中性物是对于善而言的中性物,而非对于行为无关紧要的事物;它们是可欲的或不可欲的以及有价值或无价值的。法庭也许是一种可欲的中性物,因为它是一座建筑;[60]因为建筑是一种财产,它可能被视作可以增加某人财富的东西,但这并非法院所代表的——法院被视为法律和正义的场所。同样,神庙属于建筑因而是财产的一种形式,但神庙主要被视为礼拜的场所,属于神圣的地方。当廊下派思想家说既不需要神庙也不需要法院时,他们看来并非是说,建筑应该被视为有利于财富增加的可欲之中性物,但它是与善相对的东西。就神

---

① 我在第四章详细讨论了这种区别。当前,我们记住这样一种最基本的假定就已足够:只有德性是善;所有其他传统上视为善的事物都被视为中性物,但中性物具有价值或无价值性等,它们是可欲的或不可欲的。

庙或法院是建筑因而有价值而言,廊下派思想家并非赞同取消有价值的事物(生命、健康、财富等),并且他们当然不会认为有价值的事物是无用的。① 再考虑下面有关行为方式的主张。显然,按照廊下派的观点,情系截掉的手臂或死尸是不理智的,并且在某种程度上,这也解释了为什么廊下派思想家认为人们既不应该操办盛大的葬礼也不应该由于传统观念而阻止自己食掉截肢。另外,这些主张的理由并非截肢或死尸只是有价值而非善,毋宁说,死尸和截肢并无价值。它们并非是中性事物的例子。

让我提出另外两条可替代的思路。第一,尽管烦乱论题并没有描述圣贤的城邦生活,但在某种意义上,它们采纳的是圣贤的视角。廊下派关于机构的论题断定,如果我们充分理解事物在人们生活中的作用,我们也就知道严格来讲它们的本来面目。我们有证据可以表明廊下派关于神庙的立场可以追溯到"神庙并不值得过多看重"这一观念。神庙之所以被否弃是因为它们只是人类的建筑,并不值得太多看重并因此不具神圣性。② 但正如我们所看到的,这一主张的要点不能是,由于神庙只是有价值的中性物,因此应该废除;理解关于神庙的主张的第二条思路可以有助于澄清廊下派论证的核心:如果人们在他们的心中具有(或应该具有)神,那么神庙就是不需要的。③ [61]可以认为,廊下派关于神庙不值得过多看重的论题出自讨论传统信仰之不足的语境。廊下派思想家可能走得如此之远以致舍弃传统的宗教实践。如果真正的虔诚是使自己的灵魂处于某种神圣的状态,那么,任何不是圣贤的人都是远离虔诚的。如果神庙是人们以其愚蠢的方式礼拜的地方,那么,在某种意义上,神庙就是渎神之所。真正的虔诚是智慧,并且

---

① 　见厄斯金,《希腊化时期的廊下派》,24 页。
② 　普鲁塔克,《论廊下派的自相矛盾》(*On Stoic Self-Contradictions*),1034B。
③ 　埃皮法尼乌斯(Epiphanius)为芝诺记录了下理理由:庙宇不应被修建,但人们应该在他们的心中保存神圣(*Adv. Haeres.* 3.2,9 ＝ SVF 1.146)。

愚人的宗教实践是如此远离智慧以致我们可以很容易设想这样一个背景,在其中廊下派思想家将这种实践称为亵渎,正如他们把任何不智慧的人称为愚人一样。圣贤对于神庙、法院、体育场和教育机构的理解是,它们并不是真正表现虔诚、法律和教育的场所。神庙并不值得看重的主张与它们并不神圣相关。也即,神庙缺少其所应该具有的性质,因此,现实的神庙在某种意义上并非神庙。圣贤对法院、神庙、体育场和教育机构的看法是,它们实际上并非人们通常所认为的那样。

如果这是对于一些烦乱论题的正确阐释,那么,它也能与一些廊下派中得到确证的观念相一致,廊下派思想家以对概念激进地重新阐释而著称,正如我们将在第三章详细看到的。他们提供了许多专门领域中修正了的概念,据此,每一领域实际都成了智慧表现的某个方面。成为法官在一种真正的意义上即是变得智慧,成为祭司在真正的意义上即是变得智慧,等等。我们经常遇到的法官实际并非法官,我们所知的祭司也非祭司。成为这些法官或祭司即是成为智慧的人。正是在这些观念的背景中,有关机构是无用的主张才能得到很好地理解。如果我们所知的神庙和法院等并非真正的神庙、法院,那么我们没有它们也完全可以。按照这一阐释,有关神庙、法院、体育场等的论题就成了涉及理解智慧概念的一些非常抽象的思考。

但是,为什么这些抽象的讨论以一种表面上看是以指导我们取消我们生活于其中的城邦的重要机构这样的论题形式而被流传? 设想某个怀疑主义者阅读廊下派关于法律的著作或有关廊下派法律观念的记录,[62]只需要几步,他就能够使"只有贯穿于宇宙中的法才是真正的法律"这一观点转变为"廊下派思想家主张取消法院"的观点。如果只有这种"宇宙法"(作为我们的一种临时性称呼)才是法律,那么,法院中的司法实践也就可以称为非法的。任何廊下派论著中类似的说法都可能在记录中表现为"按照廊下派,不应该存在法院"这样的主张。同样的思路可以容易地被用来说明有关神庙和教育机构的主张。

这样,我们可以保留理解烦乱论题的第二种思路的形式——该思路通过指涉廊下派的智慧概念来解释这些论题。不过按照这种方式只能解释其中的一部分。那些关于服饰、葬礼和食人以及有关乱伦和其他一些涉及性行为方式的论题,也许还包括妇女共有的论题又是如何呢? 为了对它们进行阐释,我们必须转向廊下派关于恰当行为的思想。

Kathêkonta——恰当行为——涉及对中性物的考虑。如果某一主体要恰当地行动,她通过"选取"中性物(有价值或无价值的事物)来决定她应该做什么(对这一理论的阐释,在许多方面包含着冲突;在此,我设定了一些我将在第四章加以论证的观点)。廊下派思想家似乎写了许多有关"在所有处境中,行为者的恰当行为取决于他们的角色和地位,取决于他们所交往的人是谁以及环境的确切情况"等的论著。正如我们所见的,一些烦乱论题并不来自政治哲学的论著,而是被归于克律西珀斯《论什么是恰当的》和《论因其自身而不应选择的事物》。在这些著作中,克律西珀斯可能讨论了诸多不同的处境,表明在每一处境中何种行为是恰当的。

在有关烦乱论题的直接引言中尤为重要的是这样一种观念,即我们不应该由于传统的观念而使某种特定的行为受到阻止。这一思路的提出部分是针对某些被设定的区分。芝诺似乎讨论的是那些根据习俗的区分——男女之间,身体的这一部分和那一部分等之间的区分——所禁止的性行为。但这些区分并未阻止廊下派思想家的探究。当我们考虑中性物的范围[63](因而是我们在慎思中必须考虑的东西)——健康、疾病、生命、死亡等——它似乎并没有给我们提供依据使我们把传统上诸如女友和男友之间的区分视为与恰当行为相关的因素。

SE PH3. 207 认为从句"Ouk atopon einai"可能是廊下派思想家所运用的一种表达：某一特定的行为是"不出格的"（not out of place）。在《忠告》（*Exhortations*）中，克律西珀斯说"与母亲或女儿或姐妹同居，吃某些特别的东西，直接从儿童的床或死人的床走到神圣的地方一直没有理由地受到谴责"（普鲁塔克，《论廊下派的自相矛盾》1044F—1045A，彻尼斯［Cherniss］译）。这些陈述的要点看来不是说与母亲、女儿、姐妹同居，吃某些特定的东西等一般地是允许的甚或应该的。而是说这些行为通常被没有理由地禁止——即，那些谴责这些行为的人并不能对此提供有力的论证。

考虑吃掉截肢的例子。克律西珀斯关于这一问题的主张似乎是讨论一种稀有的情况，在其中，某人截掉一条健康的腿并因此吃掉它并无危险，并且吃掉它对某人有用途（我们可以补充，比吃掉别的东西更有益处）。在这种情况下，他似乎是说，吃掉截下的肢体是恰当的。类似这样的主张并未产生一条规则，例如"人们应该吃掉人类的肉体"这种规则。毋宁说，它似乎强调的是，习俗和传统不应干扰人们的思考。如果我们刚好处在这一需要截掉一条健康肢体的处境中（这种情况是十分稀少的！）并且吃掉肢体对我们有益（这种情况更为稀少！）那么，我们不应该由于传统观念而阻止自己吃掉它。那些告诉我们不要把某些行为视为羞耻的或"出格的"的主张似乎要表明，有些种类的事物根本不具价值，因而与行为无关。价值性的事物，即可欲的或不可欲的中性物，与行为相关——它们是我们应该完善地选取或舍弃的事物。但它们并不为我们提供支持许多传统观念中关于"某些事物或某些行为是丑恶的"之理由。正如我所表明的，这类论题因而涉及廊下派关于恰当行为思想中的一个特定方面：除了需要理解健康、财富等何以只是有价值的而非善，我们还需要了解另外一些甚至没有价值的事物［64］（并且，因某些区分所表明的价值方面的差异并不真正存在）。①

　　在此，我还没有对我所做出的许多假定加以讨论——廊下派思想中有关城邦、智慧、法和恰当行为的细节将是我们随后几章的主题。我们对于廊下派烦乱论题的概述是否有说服力很大程度上取决于我们尚未给出的观念。但在此，我们已经可以看到，烦乱论题可以被合理地理解为以某种有意的"轰动性"方式论证某些抽象的观点。另外，我们已经能够对烦乱论题是否为"廊下派的法包含诸规则"这一观点提供证据这一问题作一些临时性的结论，正如我所表明的，它们并未提供这种证据。这些烦乱论题的证词与下面这种假定完全一致，即在某些特定情况下，关于恰当行为的理性告诉我们应该吃掉截去的肢体或和我们的母亲结婚，它们在传统上被视为丑恶行径这一事实不应阻止我们行动，只是在这种意义上，廊下派思想家"要求"了某种特定的行为方式。如果理性指令我们做某事，我们不应该受传统的影响而止步不前。

---

①　需要注意的是，这一有关烦乱论题如何与廊下派恰当行为的思想相关的解读并没有使用"例外环境"的概念。毋宁说，它勾勒出一条无需诉诸例外而理解这些主张的思路。正如我将在第四章详细讨论的，廊下派并未采纳"例外性"的概念。在一些阐述廊下派论题的读物中，补充"例外"或"特殊的"这些谓语是一种惯例。参见，如奥宾克："可以表明，一些令人反感的事物被提出作为中性物的例子；另外一些极端的事情，如食人，作为在特殊情况下智慧的人可能正当地实施的例子。"（《宇宙城邦中的廊下派圣贤》，182 页。）尽管范德瓦特通过指涉完善理性来解释所有其他烦乱论题，但是关于食人的主张，他论证说需要提及某种特殊的处境才可理解。正如范德瓦特所说："在某种极为促迫的环境中"，圣贤将会食人肉（《廊下派的圣贤》，194, 300 页）。我将在第四章讨论"处于特殊环境中"（kata peristasin）这一概念。

第二章　全人类共同体

[65]关于早期廊下派政治哲学的一个基本问题是,廊下派思想家讨论的是何种城邦。由于芝诺和克律西珀斯都有关于政制(politeia)的论著,因而,似乎他们和柏拉图一样,讨论的是一个理想的城邦。但是,我将证明,实际并非如此。毋宁说,早期廊下派思想家讨论的是一个现实的城邦,我将表明,这一现实的城邦就是宇宙。

在何种意义上,我们可以追问"宇宙是否是一个城邦"? 我将证明,廊下派思想家在把宇宙比作城邦时,占有着这样一系列观念:最重要的一点是,宇宙像城邦一样由法所调整。① 第二,宇宙

---

① 廊下派思想家把城邦定义为"生活在同一地方并且为法律所管理的一群人"(Dio Chrysostom 36. 20 = SVF 3. 329 = LS 67J)。两种意义上的城邦之间的区别在 Clem. *Strom*. 4. 26 中有所记述。廊下派思想家认为,宇宙是真正意义上的城邦,而那些在人世间的城邦却不是——尽管它们被称作城邦,但实际上却不是真正的城邦。塞涅卡也提出了类似看法,他让我们设想两种国家,一种"伟大的和真正共同的",另一种是我们出生于其中的国家。伟大与共同的城邦包括诸神和人类。克勒昂忒斯对于城邦是什么提出了一个著名论断:"如果城邦是一个居住的场所,在其中人们得到庇护并都能分得正义,那么,城邦就肯定是一种文化的事物(Something Civilized);而城邦就是这样的居所,因此,城邦就是文化的事物(Stobaeus 2. 103,14—17 = SVF 1. 587 部分 = LS67I)。克勒昂忒斯的论证用以反对犬儒主义者第欧根尼的论证(DL. 6. 72)。克勒昂忒斯把城邦的概念在文化的意义上抬高为好的或卓越的,关于第欧根尼论证的矛盾性参见 Moles,《犬儒主义者》(The Cynics),载 *The Cambridge History of Greek and Roman Thought*,Cambridge,2000,415—434 页。克勒昂忒斯的论证看来居于主导地位,而且,我们很难理解第欧根尼的立场。我们没有芝诺或克律西珀斯如何定义城邦的直接引文。

由其公民所组成,由属于其一部分的具有完善理性的存在者所维系。在这个意义上,它是一个圣贤和诸神的城邦。第三,它是一个全人类共同居住的处所。[66]第四,它展示了一个城邦结构的特点:包含着统治者和被统治者,诸神和人类。

尽管廊下派思想家讨论的城邦是现实而非理想,但他们关于城邦的概念仍然具有规范性。虽然宇宙和一般城邦的可比性建立在一种日常性的假定之上,即城邦是法律调节的场所,但是,我们在普通城邦中所发现的法律规则并非廊下派思想家那里被严格界定的法。普通城邦的法律不是共同法,共同法就是理性和宙斯。为了成为一个真正的城邦,一个处所需要由这种规范意义上的共同法所管理。因此,宇宙就是此唯一的城邦。

因此,廊下派的理论与我们在古代哲学背景中所熟悉的其他理论有着显著不同。柏拉图的"理想国"代表了一种能够并且应该建立的理想城邦。① 由于这种熟悉性,人们容易误认为,古代有关理想城邦的讨论中所涉及的城邦概念是一个"应该性"的城邦,一个我们应该努力打造建成的城邦。柏拉图《理想国》(*Republic*)的形象在古希腊思想的背景(也在现代学者的心中)呈现出来,为此,人们不可避免要把宇宙城邦和柏拉图的理想城邦相类比。柏拉图的城邦能够被创造出来,但是,一旦它存在,它将不可避免地恶化。在《理想国》中,苏格拉底和他的对话者称之为"在谈话中建立的城邦"。它只是一个理论构造,在哲学讨论中形成。一旦它成为真实,它将进入一个柏拉图的形而上学所讲的"流变"事物的领域。在柏拉图的《理想国》中,理想的城邦和现实的城邦有着本体论上的差异性(这一点解释了为什么现实的城邦会恶化)。作为柏拉图形而上学的顽强对手,廊下派思想家不会在上述思路中设想[67]

---

① 这一解读的细节包含着矛盾,见 André Laks,《立法与德莫革:论柏拉图的国家与法律的关系》(Legislation and Demiurgy: On the Relationship between Plato's Republic and Laws),载 *Classical Antiquity* 9 (1990):209—229 页。

理想和现实的城邦。他们并不像柏拉图那样提出理想国的"三阶段"条件，在这些条件的基础上，理想城邦能够成为现实。① 与柏拉图有所不同，廊下派思想家所描绘的城邦是已经存在的。作为城邦而存在的宇宙将不会逐渐恶化，并且也不能通过人类的努力所建成。宇宙是其中所有居住者的"家园"，它被法所管理。既然除了宇宙没有城邦是由共同法（或者说，廊下派思想家所认可的法）所统治，那么，宇宙就是唯一的城邦。

　　这些简要的评述展示了一个方法论上的问题，这个问题最好在讨论宇宙城邦理论的开始时就被明确讲明。普鲁塔克说，芝诺写他的《政制》是对柏拉图《理想国》的回应（《论廊下派的自相矛盾》，1034F)），并且，十分明显的是，芝诺本人就对自己的理论和柏拉图的理想城邦的概念进行了比较，并且提请别人加以对照。根据芝诺哲学的多方面证据，可以肯定芝诺对柏拉图的对话有着仔细的思考。② 由于早期廊下派站在苏格拉底一边反对柏拉图，柏拉图（和柏拉图化了的苏格拉底）成为早期廊下派重要的参照点。③ 不过，人们通常认为，柏拉图的《理想国》是芝诺的主要参考

---

① 众所周知，柏拉图的理想城邦能否存在，最重要的是取决于哲学家能否进行统治，能否找到具有足够天分的人，并且在他或她的年轻时期不受侵蚀地得到良好的培育。

② 正如阿莱西令人信服地指出，芝诺在学园学习的时期（开始于公元前 314 年）可能远比通常认为的要长，很可能芝诺还是学园的学生时，就开始有了自己的学说；见《廊下派的苏格拉底传统》(*La Stoa e la Tradizione Socratica*, Naples: Bibliopolis, 2000)，79—104，尤见 104 页。

③ 廊下派思想家看似从不同的资料中获得对苏格拉底的认知：柏拉图的对话当然是十分重要的，但亚里士多德关于苏格拉底思想的讨论也许也构成着他们对苏格拉底的看法，当然，还有其他的苏格拉底主义者，最重要的是色诺芬(Xenophon)的记述。尽管我不能对此主张加以讨论，但在我看来，廊下派思想家是非常老练的柏拉图阐释者——他们能够深入到柏拉图有时只是暗示的理论观点并加以诠释，而且意识到探究哪些是苏格拉底，哪些是柏拉图思想的困难性。关于廊下派思想家对亚里士多德思想的熟悉程度，参见阿莱西，《廊下派思想家》(La Stoa)，233 页和桑德巴奇(F. H. Sandbach)，《亚里士多德给廊下派的伦理学遗产》(Aristotle's Legacy to Stoic Ethics)，载 *Bulletin of the London University Institute* （转下页注）

点是因为[68]他的著作看起来是针对柏拉图理想国的"反理想国",①这对我来说似乎把问题推得太远。② 早期廊下派政治思想反映了与古代众多思想的关联性。人们很早就承认早期廊下派思想家对赫拉克利特哲学的研究。③ 另外,考虑到那时期关于自然和法律的长期讨论,以及关于城邦论题的写作传统,这些对于早期廊下派思想家来说都可能会有所涉及。④ 再有,通过声称"法律即是国王",克律西珀斯涉及品达(Pindar)的一个著名观点,这一观点的反响可以在许多古代文本中被发现。克律西珀斯以从事诗歌研究著称,很可能在其对诗歌的阐释中注入了(品达的)许多思想。因此,虽然柏拉图的《理想国》是早期廊下派思想家的重要的参考点,但绝不是唯一的参考点。⑤

（接上页注）*of Classical Studies* 15（1968）：72—85 页。也可参照梅恩（Stephen Menn），《作为德性的物理学》（*Physics as Virtue*），载 *Proceedings of the Boston Area Colloquium in Ancient Philosophy* 11,1995）：1—34 页,以及纳斯鲍姆（Nussbaum）评梅恩的《作为德性的物理学》,出自同一卷,35—45 页。

① 范德瓦特（Paul Vander Waerdt）论证说,芝诺的《政制》是对于"传统主义者挑战"的回应,这一挑战由《理想国》之中格劳孔和阿德曼托斯提出——它为了表明正义是"自然地值得选择的";见《芝诺的〈政制〉与自然法的起源》（Zeno's Republic and the Origins of Natural Law）,载《苏格拉底运动》（*The Socratic Movement*,Ithaca, N. Y.：1994）,277 页。

② 斯科菲尔德认为,任何写《政制》的人都会参比于柏拉图的《理想国》,并且芝诺可能像柏拉图那样,试图展示,一个通常被理解的城邦如何能够改造和重建使之满足某种可贵的目标或诸多可贵目标,见《廊下派的城邦观》（*The Stoic Idea ofthe City*,University of Chicago Press,1999）,25 页。

③ 尽管斯科菲尔德认为,柏拉图的《理想国》是芝诺写他自己的《政制》时的主要参照点,但他也讨论了早期廊下派思想家与赫拉克利特的诸多关联方式（《廊下派的观念》）。

④ 详细的讨论见梅恩（Stephen Menn）,《论柏拉图的政体》（On Plato's Politeia）,载 *Proceedings of the Boston Area Colloquium* 21,（2005）：1—55 页。我对梅恩在出版之前为我提供这些资料深表感谢。

⑤ 即使在柏拉图思想之内,《理想国》也不是唯一的参照点。最终,许多有关柏拉图的政治哲学的问题都会对早期廊下派的政治哲学的阐释产生影响:我们如何阐释柏拉图政治思想的发展;是否《理想国》中某些观点可被视为与柏拉图（转下页注）

[69]我对柏拉图的参考与对早期其他哲学家的参考一样，将不会很多。考察芝诺、克勒昂忒斯和克律西珀斯与古代早期的政治思想间的联系将是一项长期的研究并且涉及大量的资料。我将不采取这样一种方式进行研究，而是集中于那些我们关于早期廊下派已经获得的确凿证据，尽可能努力地阐释它们，而无需过多涉及柏拉图、犬儒主义、诡辩论者有关法、自然的相关争论的阐释以及古希腊诗人、赫拉克利特和其他人物。当我在介绍廊下派思想家讨论宇宙城邦这一任务时提及柏拉图，我的目的也更多的是为了更好地解释。因为我们对柏拉图的《理想国》比对任何廊下派思想家的理论都要更为熟悉，提及这一文本能够帮助我们理解不同的理论观点。但是，我关于早期廊下派的观点并不借助于任何一篇特定的柏拉图对话。

　　对早期廊下派政治思想可能涉及的不同理论、作者、争论的补

（接上页注）观点（学园时期或廊下派理解的）不同的苏格拉底的观点；是否可以认为，法表达了柏拉图的最终立场，这一立场会使《理想国》显示出传统的和苏格拉底主义的色彩。是否《蒂迈欧篇》（*Timeaus*）甚至《菲勒布篇》（*Philebus*）（28d—30b）阐释为与政治哲学直接相关；同样，人们可以设想，当廊下派思想家在读过《理想国》之后研究《高尔吉亚篇》（*Gorgia*）时，他们是否认为《高尔吉亚篇》中的苏格拉底关注于真正的政治哲学主题——自然与法律之间的关系——而在《理想国》中缺少对这一问题的关注。在阐释芝诺的《政制》过分注重其与柏拉图《理想国》的关系的一个策略性缺点在于，有关廊下派理论的任何主张都将依赖于对于《理想国》的特定解读，斯科菲尔德写道："我的讨论将会不断把廊下派的观念回溯到柏拉图著作的渊源，尤其是《政制》在 DL7. 32—33 中列出的一些条目当然可以阐释为柏拉图的共同体规划的重复性要素，或比柏拉图本人更进步。"（《廊下派的城邦观》，25 页。）范德瓦特把柏拉图政治哲学的核心问题描述为解决"自然的正义"。由格劳孔和阿德曼托斯提出的"传统主义者的挑战"是柏拉图政治哲学面临的中心问题，范德瓦特认为芝诺站在柏拉图一边，但提出了一种正义何以是自然的这一问题的相反回答（《芝诺的〈政制〉》，277 页）。像斯科菲尔德一样，范德瓦特也从关于柏拉图《理想国》的主张开始讨论。问题在于，学者们不仅对所谓的传统主义者的挑战或色拉叙马霍斯的"非伦理主义者"的挑战是否为柏拉图《理想国》反驳的重心方面没有共识，而且，"传统主义者的挑战"是否与自然正义相容也是不清楚的——甚至自然正义是否是柏拉图《理想国》所追求的概念也是不清楚的。

充说明还关涉到另一个重要的方面。我们在对早期廊下派政治哲学的评论和关于廊下派是否应该被称为政治哲学的问题上，并没有把自己限定于某种理解[70]政治哲学的特殊图式之中。不是说廊下派思想家像柏拉图的《理想国》那样，提出"什么是正义"的问题，他们才算真正从事政治哲学。① 更一般地讲，廊下派思想家从事着政治哲学的思考但并不必须要讨论最好的政体、不同形式的政体和最好城邦的法律、最好城邦的正义这样一些问题。

有当代学者认为，我们被限定于两种选择当中：早期廊下派思想家或者是在构想理想城邦、讨论其法律、政体的意义上从事着政治哲学的思考，或者是在讨论个人德性。② 我认为，不论芝诺还是克律西珀斯都没有提出一种法律或理想城邦的政体，不管这一城邦是圣贤的城邦还是有待建立的世界城邦。但是，我不认为我们必须把政治哲学的任务限制于这一目标上。通过引入"我们应该如何看待所有其他人类"和"我们应该如何与他们相关"这一主题，早期廊下派思想家介入了政治的根本性问题——即我们政治关切的领域问题。在超越仅仅承认遥远的米闪人（Mysian）也属于人

---

① 认为廊下派思想家并未真正从事政治哲学的一个思路是，发现他们似乎并没有着重于讨论正义问题，安纳斯对这一事实作出如下评论："廊下派思想家并没有系统地回答，作为个体行为者的德性的正义如何相关于作为制度德性的正义"；见《幸福的道德》（*The Morality of Happiness*，New York，1995），311 页。但是，对我而言，为什么我们应该把政治哲学只局限于对正义的讨论，这种做法是缺少根据的。

② 安纳斯认为廊下派思想家采取了一种他所指出的"去政治的视角"，按他的解读，"理想的政治共同体，是一种简单的伦理概念而完全不是政治概念，并且，廊下派说现实的城邦不是真正的城邦这一事实表明，他们拒斥在政治问题不存在的地方运用某种重新定义的政治术语进行特定的政治讨论"（《幸福的道德》，302—311，306 页）。在她的《亚里士多德主义政治理论》（Aristotelian Political Theory）（载《正义与大度：希腊化社会和政治研究》[*Justice and Generosity：Studies in Hellenistic Social and Political Philosophy*，Cambridge，1995]）中，安纳斯引入了"健全的政治哲学"（robust political philosophy）这一概念（74—77 页）。如果我们认同安纳斯并把那些与政体分析相一致的政治哲学称为"健全的政治哲学"，那么，廊下派理论也许就不是政治哲学。

类成员的意义上,在把所有他人的生计、健康以及其他方面都与我
们的行动关联起来的意义上,全人类处于我们的关切之中。

通过把世界视为城邦,早期廊下派思想家支持一种侧重于法
律与自然的关联性的政治哲学观念。[71]因而,他们的宇宙城邦
理论所从事的问题是在古代讨论中一直被视为高度政治性的问
题,即对实际城邦中我们所知的现实法律之地位的发问。廊下派
思想家认为,宇宙城邦是唯一真实的城邦,贯穿在宇宙中的法是唯
一真实的法律。自然之所以是法作用的领域,是因为它(或者说宇
宙)就是城邦。实际的(或者说通常的)城邦和它们的法律是受摈
弃的。这一观点并不是说,我们应该离开这些城邦并侨居宇宙城
邦。而是告诉我们,实际的城邦并非名副其实的城邦;实际的法律
也非真正的法律。

本章将致力于对有关宇宙城邦公民身份之证词的详尽分析。
廊下派文本为我们提供了关于谁是或应该被视为公民的四个不同
论题:圣贤(S);全人类(H);人类和神(HG);圣贤和神(SG)(第一
节)。我将证明,其中的每一主张都不应被视为伪造的观点而被抛
弃。其中的两个题目是我们诠释的重点:第一,(S)并不意味着我们
承诺一个“圣贤的城邦”(第二节)。第二,我们应该关注这样一些证
据,这些证据表明,论题(H),即“把所有人视为公民”的主张出自芝
诺的《政制》(第3—5节)。由于今天的学界有一种忽视这些证据的
普遍倾向,我将花费较多的时间对之加以反驳。① 一旦我们认可了
相关的证据,我们就能够看到在作为廊下派伦理学基石的连属理论
(theory of *oikeiosis*)和政治哲学之间的重要关联。廊下派思想家
让我们看到所有人类在一种政治的意义上与我们相连属。这种政

---

① 在斯科菲尔德的细致讨论之后,范德瓦特(和其他人,如奥宾克)在他讨论芝诺《政
制》的证据时并没有详细致力这一段落的分析,见《宇宙城邦中的廊下派圣贤》
(The Stoic Sage in the Cosmic City),载《廊下派哲学主题》(*Topics in Stoic Philos-
ophy*,Oxford:Oxford University Press,2001)180—184 页。

治意义可以解释在同一宇宙中处于居民同伴关系中的全人类所具有的亲缘性。令人惊奇的是,宇宙城邦的理论一直没有与连属理论结合起来被阐释。这一关系尽管已经被看到,但是却通常是由那些对理解廊下派连属理论有兴趣的人所提出,而不是由那些试图重构早期廊下派政治哲学的人所提出。在对连属性(oikeiosis)的讨论中,通常注重[72]所谓它的社会维度。在这一语境下,有关全人类亲缘性的观点经常说成是具有政治的含义。但是,这些关于连属理论的观点并不涉及对宇宙城邦和谁是宇宙城邦公民这些主题的阐释。我将证明,二者具有如此根深的相关性,以至于我们完全应该使二者统一起来,考虑到古代作者总是把二者同时处理,这也为我们把它们统一起来的做法提供了另外的理由。一旦我们能够使二者统一起来,我们就能够以一种重要的方式看到,早期廊下派政治哲学超越了那种构想个体完满地在宇宙中生存的理想。早期廊下派思想家认为,完满的生活是一种把所有他人的关切视为与自己的行动相关的生活。① 我将表明,最重要的是我们应该把宇宙城邦及其居民的概念和连属理论结合起来进行讨论。在本章,我重点考察早期廊下派思想家关于全人类共同体讲了些什么,也即,考察(H)和(HG)。我将在第三章详细讨论(S)和(SG)。

一、关于公民身份的四个论题

廊下派有时被宣扬为一种讨论今天人们称为"全球正义"或世

---

① 巴尼(Rachel Barney)指出,圣贤的慎思如何考虑到他人的问题是"廊下派伦理学的谜团",表面上看,完满的主体关心其自己的健康、财富和生命等,但并不关心他人的健康、财富、生命等,见《廊下派伦理学的一个谜团》(A Puzzle in Stoic Ethics),载 Oxford Studies in Ancient Philosophy 24 (2003):303—340 页。我从这篇文章中受益颇多,对我来说,它指出了廊下派伦理学阐释的一个主要困难。正如我将论证的,把所有他人视为公民同伴这一廊下派理想表明,我们把他人的关切视为自己的关切,视为我们行为中的相关考虑因素。

界主义的学说。① 如果宇宙的视角在某种意义上包含了全人类，那么看来，廊下派思想家脱离了那种只关注于一个和其他城邦无联系的城邦的局限性，而持有一种世界范围的视野。柏拉图《理想国》的读者经常由于看不到柏拉图的城邦与其他城邦如何相关、[73]是否理想国的正义也适用于与其他政治团体的交往而对《理想国》有所不满。② 如果早期廊下派思想家认为政治哲学应该具有一个更为重要的广泛领域——全世界的领域——这将是十分吸引人的。如果他们这样做，那么(H)，即在某种意义上，所有人类个体都是公民这一点就会成为早期廊下派政治哲学的核心方面。这将敞开一片含纳全人类的政治视野并且为后来自然法概念提供了的关键性思想。

纳斯鲍姆在斯科菲尔德的专著《廊下派的城邦观》第二版序言中提请我们注意到类似的问题。根据纳斯鲍姆所说，廊下派政治哲学在一种十分重要的意义上指示着全人类，而这一点正是其引人注目之处。③ 但是，最近一些对这一领域进行细致和广泛研究的学者认为，有关芝诺论及全人类的报道是不实的。斯科菲尔德、范德瓦特(Vander Waerdt)和奥宾克(Obbink)都认为，芝诺讨论的是圣贤的城邦。在这一看法中，宇宙城邦的概念晚于芝诺，也许甚至晚于克律西珀斯。④ 在认为"只有圣贤才是能够过合法生活

---

① 有关"世界主义"历史的讨论参见 P. Coulmas，《世界公民：世界主义的历史》(Les citoyens du monde：Histoire du Cosmopolitanisme，Paris，1995)。

② 根据灵魂类比进行判断，似乎如此，但这并非《理想国》所明确关切的，我们也许不得不对关于《蒂迈欧篇》和《克里底亚篇》(Critias)的阐释加以概括来讨论柏拉图在这些方面的观点。

③ 见《廊下派的城邦观》，xii。

④ 奥宾克(Obbink)写到，作为城邦的宇宙概念"通过继起的思想家，有一个从芝诺的仅仅是圣贤的城邦和克律西珀斯的作为诸神和圣贤之城邦的宇宙概念，到西塞罗和后来的所有人在共同的自然法中生活的观点的发展过程(《宇宙城邦中的廊下派圣贤》，178 页；参照范德瓦特的《芝诺的〈政制〉》，276n. 18)。尽管奥宾克持有上述看法，但他认为克律西珀斯把自己看作是芝诺观念的表达者(184)。

的人"这一点上,克律西珀斯似乎和芝诺没什么两样。但同时,正是克律西珀斯把宇宙比作城邦。到底廊下派的世界主义是否是在后来才发展起来,并且这种发展是否经历了一个同前期思想的重大分离?①

[74]但是,关于公民身份的四个论题——(S)、(SG)、(H)和(HG)——都被归于早期廊下派思想家(至少,它们表面上被视为是对传统的,即早期廊下派思想的描述)。也许,我们可以猜想,在芝诺和克律西珀斯之间已经存在了一个重要转变。在这种情况下,上述四个论题似乎可以通过一种发展的方式来加以解释:(S),即只有圣贤才是公民这一论题和(SG),即只有圣贤和神才是公民的论题属于早期的"圣贤(某种意义上是神和圣贤)城邦"的思想。题目(H),即所有人类都是公民同伴这一观点和(HG),即人类和神共同寓居于宇宙的论题构成了克律西珀斯(或者至少是后芝诺主义)关于宇宙城邦的理论。但是,正如我将证明,这并不足以肯定"克律西珀斯把宇宙比作城邦的思想完全脱离了芝诺"这样一种猜测。而且,我将着重论证,正是芝诺自己向我们宣称把所有人类视为公民同伴,这一主张与宇宙城邦的观念是一致的。最合理的看法是,宇宙城邦的理论包含了不同的理论视角:一个视角涉及宇宙何以对居住于其中的具有理性的存在(人类和神)而言是一个家园;另一视角涉及何以在这个宇宙城邦中,过一种作为圣贤和

---

① 人们常会发现,廊下派伦理学最初尤为关注圣贤而后来开始对普通人的伦理生活有了更多兴趣。我们可以思考这种对全人类的指涉是否与对于普通人兴趣的增长相容。对此问题的最近阐释参见 Anne Banateanu,《廊下派友谊理论重建的尝试》(La théorie stoïcienne de l'amité. Essai de reconstruction, Fribourg: Editions Universitaires Fribourg Suisse, 2001),145 页。但这一提议并不合理,奥宾克提出这样的问题,即如果早期廊下派思想家只讨论圣贤的城邦,那么,后来的廊下派思想家能否走得如此之远以至于在公民身份方面提出一种完全相反的主张却又能与早期教义相妥协。(《廊下派的圣贤》,18 页。)在此,奥宾克要求留意,如果后期廊下派思想家关注全人类何以由一种法律所联络,那么,很有可能,他们认为自己所从事的是对早期教义中已有所表现的观念的进一步发展。

公民的"合法的生活"(live lawfully)是一个理想。芝诺和克律西珀斯似乎都设想了一个世界范围内的人类群体,但他们探讨的都是"成为世界上完美智慧的一部分"这样的理想。

我将证明,(S)、(SG)、(H)和(HG)是同一个复杂理论的不同部分。对此的论证将贯穿全章,但是,我们可以在开始指出最重要的不同意见。以下三点考虑似乎可以支持我们论敌的观点——芝诺设想了一种圣贤的城邦,晚期廊下派思想家才发展出世界城邦的思想:(1)芝诺并没有提到宇宙城邦;(2)芝诺说只有圣贤才是公民;以及[75](3)把(H)归功于芝诺的报道看起来并不值得信赖。但是,(1)芝诺也并没有提及圣贤的城邦,甚至在克律西珀斯那里,我们似乎也只是面对宇宙和城邦的比较,因此,宇宙城邦的概念也只是对于比较复杂的事物的一种简称;(2)声称只有圣贤才是公民可以更合理地解释为,这只是指出智慧的存在者在宇宙中的特殊地位。(3)我将论证,把(H)归功于芝诺的报道和那些关于芝诺持有"只有圣贤才是公民"的观点的报道同样可信。①

芝诺、克勒昂忒斯和克律西珀斯政治哲学观点的一个不同之处可能在于,他们在其讨论中给予神,或许更一般地说,物理学的重要性方面的差异。② 芝诺的《政制》不仅没有提及作为城邦的宇宙,而且没有指出作为公民的神。克勒昂忒斯似乎是早期廊下派思想家中对神学最有显著兴趣的作者,而克律西珀斯则以解释何以圣贤和神无异而闻名。③ 后两者在讨论公民身份的时候可能转

---

① 我们可以进一步回忆烦乱论题,克律西珀斯认为,那里的讨论与芝诺在这类问题上的观点是一样的。

② 阿尔格拉(Keimpe Algra)讨论了原始文献给人的这样一种印象:芝诺在写物理学的时候,并没有像在伦理学中那样深入探索(《芝诺与廊下派宇宙论》,载 *Elenchos* 24 (2003):9—32)。如果这种印象是准确的,那么,芝诺政治哲学的观点与宇宙学的观点之间的关系就可能只是总体上的而非细致入微的。

③ 我将在第三章讨论相关段落。

移了重点，因而对诸神在宇宙中的地位给予的更多的关注。但是，如果我们看一看被视为芝诺的物理学的教义，很显然，对于"诸神是公民"这一思想来说是具有核心地位的神学观念在克勒昂忒斯和克律西珀斯那里并不是新的。① 这里也许有一个侧重点的转变，从而，在克勒昂忒斯或克律西珀斯那里得以进一步更直接地讨论神。但是，正如我将在第三章所表明的，成为一个公民更重要的是成为宇宙中具有完善理性的那部分，[76]而在芝诺那里似乎已经分有着上述关于神的主张的根本前提。

二、"只有圣贤才是公民"

让我们从(S)开始，这一论题说，只有圣贤才是公民，或者确切地说，只有圣贤才是公民、朋友、亲属和自由人：②

> 所有那些没有德性的人都是个人和城邦的敌人、奴隶并且相互疏离，包括父母和孩子之间、兄弟之间、亲属之间。他们还批评他所说的，在国家中只有有德性的人才是公民、朋友和自由人。(DL 7.32—33；LS 译本，有改动)③

芝诺所说的是，只有有德性的人，也即圣贤才是公民。但这段

---

① 正如我将在第三章详细讨论的，理解"公民-神"(citizen‐gods)的一种合理方式就是把它们设想作行星。相关的物理学主张被认为来自芝诺：行星"智慧，慎审并具有创造之火的活力"。

② 本书中，在语境可以使之清楚显示的情况下，我有时把(S)指涉为这一较为限定的论题——只有圣贤才是公民。但大多数情况下，(S)代表这一论题的四个方面，即，只有圣贤才是公民、朋友、亲属和自由人。

③ 为了见出该段落何以用来作为"只有圣贤才是公民"这一主张的证据，我们需要把"德性"换为"智慧"，在廊下派那里，有智慧和有德性是同一的。愚人与圣贤，邪恶与德性两对表述之间是完全可以相互替换的。

话历来被过度解读。只有圣贤才是公民的这一主张一直被认为，芝诺设想了一个圣贤的城邦，即一个居住者都是圣贤的城邦。这一解读没有意识到一个城邦的居住者具有的不同身份。一些人是充分的公民，另一些则不是。进一步说，一些具有公民身份的人也许可以合理地被认为组建着城邦，但也许还有一些人，他们只是被包含在城邦之内。我们将看到，这更接近廊下派的实情。对"只有圣贤才是公民"这一观点来说，圣贤在一定意义上组建着城邦，但所有人类同样生活于其中。①

[77]芝诺既在技术意义上使用（如公敌、私敌、奴隶、疏离、公民、朋友、亲属）这些术语，也在日常意义上使用（如父母、孩子、兄弟、亲属）术语。这可以很好地证明廊下派思想家有意识地反复在技术性表述和日常表述之间转换。廊下派那些似是而非的隽语很大程度上建立在这一事实的基础上：读者熟悉廊下派那些技术性的观念，但又发现其中很自然的非技术性的、日常意义。例如，一旦我们想到，只有缺乏智慧才是恶，那么，"每一恶的事物对于蠢人来说都是有道理的"这一表述就变得容易理解（至少在廊下派理论要我们相信的意义上）。这种似是而非的印象来自我们不能够完全忘掉词语的日常用法。克律西珀斯评论说，如果一个人理解其所偏爱或不爱的中性事物（indifferents）但仍然倾向于把它们作为善的和恶的东西来认定，就其在语言所指的方面是正确的而言，这是可以接受的，因为他针对的是这些词的日常用法（普鲁塔克，《论廊下派的自相矛盾》1048A ＝ SVF3. 137 ＝ LS58H）。不论廊下派理论有怎样的革新性，廊下派思想家都没有对我们关于善、亲属、朋友等的通常说法制造大

---

① 在西塞罗记述了按照廊下派观点，为何只有圣贤才是公民之后，他继续说："除了那些圣贤的城邦之外，不存在任何城邦和真正公民。"（《学院派哲学》(Academica) 2.136)正如我们将看到的，宇宙由智慧的存在构成、维系和统治，但它同时是所有人类的家园。

的变动。毋宁说,他们把自己的技术性说话方式置于这些词汇的日常性用法之旁,突出日常说话方式下的理解和按他们的理论所提供的观点之间的差别。

论题(S)是早期廊下派哲学的重要特点,它很适合被贴上"似是而非"的标签。对于"只有有德性的人们才是亲属而兄弟间却是疏离的"这种观点,如果我们不明白其中涉及的"亲属、疏离"这些词语是一种技术性的术语,该术语对传统用法做了高度修正,我们也就很难理解这种观点的意义。正如"是某人的亲属"仍然可以在日常的意义上被使用,像"公民"、"朋友"和"自由"这些词同样如此。传统意义上的朋友在技术的意义上是敌人,传统意义上的自由人在技术的意义上是奴隶,传统意义上的公民在廊卜派的技术意义上是城邦的敌人。在每一种情况下,技术性的意义都包含一种规范性的意义:只有符合某些特定的标准,某人才算得上是朋友、亲属和自由人。我们将在第三章看到,(S)符合早期廊下派哲学"只有圣贤才是 X"这类论题的形式。只有圣贤才是祭司、预言家等等。一旦我们承认其所表明的东西[78](我将把对此的详细论证放在第三章),那么,非常可能的是,芝诺并不关心圣贤的城邦(正如当他声称只有圣贤才是祭司时并不关心那个由圣贤建构的现实神殿一样)。① 其他形式的"只有圣贤才是 X"也是如此。(S)关心的是对于智慧概念的解释。

另外,如果我们只考虑到(S)的第一个部分(对此我们将在本章重点考察)而对一个圣贤的城邦加以描述(正如我所表明的,我们不应仅仅如此),我们就会忽视(S)所涉及的另一个事实,即(S)不仅涉及圣贤,同样涉及愚者。所有非圣贤彼此之间处于相互冲

---

① 如果我们认为论题"只有圣贤才是祭司"具有实践上的含义,这也绝不意味着,我们应该铲除现存的祭司,把他们的位子留给圣贤——芝诺并没有关于圣贤更适合祭司职业的表述。其实践上的含义毋宁是,我们在设置宗教制度的时候,应该着重于祭司的哲学教育。

突之中。① (S)所涉及的这两方面将使我们看到廊下派关于智慧
和愚钝截然对照的主张这一事实。这两方面的主张看来相关于同
一事态。如果我们假定芝诺像克律西珀斯一样,关心人类在宇宙
中的生活,下述看法是十分有道理的:在这个世界上,只有圣贤才
是公民,其他生活在世界上的人们处于相互争斗之中。在传统的
争论中,那些不是公民的人们可以划分为几个部分:十分重要的
人、奴隶和外邦侨民。② [79]那些具有充分公民身份的人们被一
种公民友谊的纽带所联结。只有那些居住于外邦的人们才会被视
为敌人和潜在的敌人。论题(S)显得具有挑衅性,因为它抛开了
传统上的相关划分。根据(S),那些没有智慧的人统统被归于一
个群体之中,而不论他们的社会地位和在哪里居住,他们全都是奴
隶、外邦人和敌人。

但是,又该如何看待芝诺没有提及宇宙城邦这一事实?确实,
他并没有提及,而且看起来他并没有把(S)作为有关在宇宙中的
人类生活的主张来表达。但是,正如其他"只有圣贤才是 X"的表
达方式,这一论题似乎普遍适用于所有人。我们并不能找到证明
以下观点的证据,即在宇宙和城邦之间进行比较的确切想法也许

---

① 这一主张也是怀疑主义者整理的条目的一部分,这要更多归功于此主张的另一个
消极的方面:尽管并非所有人都认为只有具有德性的人才是公民,但有一些公民
可能认为他们更有德性,有德性这一公民身份并不比传统观点,即杰出的人是那
些在政治上有地位的人走得更远。只有为这一主张补充消极的方面,即那些不能
够达到廊下派德性理想的人实际上是敌人,廊下派的这一论题才看起来是荒唐的
并显得和现实相矛盾。

② 我们也可以想到女人(在传统中,女人并不被视为城邦中一个分立的群体,但同时
她们也不被视为公民)。廊下派思想家并未讲到女性圣贤,也没有论证女人和男
人一样分有智慧,但是,在廊下派思想家那里,圣贤的概念并不表达人类理性灵魂
之外的任何东西。在我们的整个讨论中,我都将以原始资料为准绳,因为从圣贤
是男人的引述直接转移到圣贤是女人的段落显得有些造作。在其他地方,我提到
作为女人的主体和圣贤——我并不认为廊下派哲学在任何地方反对圣贤可以是
女人。这导致一个显得稍微奇特的含混,但充分的考虑使我们看到,这看起来正
是廊下派的教义。

是芝诺以后的事。不过,关于圣贤和其他人类如何在宇宙中相互
关联的讨论和他们如何普遍地相互关联的讨论之间是没有根本区
别的。普遍性的视域就是在自然或宇宙的视野里看待人类的生
活。甚至克律西珀斯也只是把宇宙比作城邦——谈论宇宙城邦也
只是对这一类比的简称。因此,尽管宇宙城邦的概念似乎在克律
西珀斯那里比在芝诺那里得到更多的支持,但是,关于人类在宇宙
中更好或更坏的生活的那些基本思考图式在二者那里是一
样的。①

我们还应该明确指出,不管我们把何种城邦的观念归于芝诺,
但是,他并没有谈到任何城邦,我们必须从对文本的阐释中为这一
点提供支持。芝诺谈到公民但并未指示某个城邦。尽管这一点可
能是由于原始资料的缺乏,但更可能是芝诺有意造成的。不指涉
任何特定城邦场所的公民概念非常类似[80]廊下派的法概念,如
果不是廊下派思想家关于法的主张对我们理解廊下派哲学面貌如
此有名和根本,我们也许会像追问"公民是哪一城邦的公民"一样
迫切需要追问"法是哪一城邦的法律"。在日常的意义上,一种法
律或习俗总是某一特定地点、特定时代中的法律和习俗。如果我
们不是以自然法传统的方式思考,独立于任何城邦的法律这一观
点就是难以理解的。②(但是,一旦我们开始考虑作为城邦的宇

---

① 我们可以把这种早期廊下派内的发展和他们在终极理想上的著名差异加以比较。
芝诺把终极目标定义为"一致的生活"(life in agreement),并且,他似乎并没有看
到补充这一短语从而说明一个人的生活应该与什么相一致的必要。"一致的生
活"这一简洁的公式可能隐含着与自然相一致的生活,但也可能指示德性主体所
具有的一种内在的一致性。大部分学者认为,尽管芝诺并没有添加"与自然相一
致",但这不意味着芝诺不接受这一不言自明的补充。芝诺的政治观点也可以通
过同样的方式被设想。

② 当西塞罗列出许多似是而非的主张,包括只有智慧的人才是公民、自由人时,他
说,根据廊下派思想家的说法,吕库库斯(Lycurgus)、梭伦(Solon)和罗马十二铜表
法(the Twelve Tables)所制定的都不是法(《学院派哲学》2.136)。廊下派的法概
念,和公民身份概念一样,并不指涉任何特定时间、地点的法律。

宙,共同法在某种意义上也是某一特定场所——宇宙内的法。宇宙受法的管理,因此,我们可以把它看作城邦。)公民这一概念可以按照和法的概念同样的方式得以理解:法不是特殊地点的法律,而是为了对人类在自然中的生活提供一种基本的分析,作为圣贤的公民和上述廊下派的法有着同样的意义。这样,我们就能够确定只有圣贤才是其公民的城邦:宇宙就是这样的城邦。但是,还有许多别的人居住于此城邦当中。宇宙城邦不是只有圣贤的城邦。

在转到对(H)的讨论之前,让我们补充一些关于廊下派所讲的圣贤的更一般的思考。廊下派伦理学以强调"圣贤没有任何感情""谁缺少智慧谁就是愚人"等基本主张而闻名。对这些主张的关注会使初读廊下派文本的人产生这样一种印象,即廊下派思想家实际上只是通过语言构造了圣贤而不是在构想现实生活中的人格。普通的发展者(progressor)似乎只是最后才想到的对象(afterthought)。并且,廊下派的这一论题并没有确立德性或恶之间的等级而只有在二者间即刻的转变(一个人成为圣贤的情况是罕见的),这一点也使人们认为廊下派思想家并不关心普通人德性的非完善性。由于学习他们哲学的大多数人并不认为自己具有完善德性,那么,只对圣贤的关注就使廊下派伦理学显得十分无趣。另外,在愚人和圣贤之间所做的截然区分也会使人对廊下派思想家产生如下印象:廊下派思想家建立了两套分立的伦理学:一个是针对普通人的,另一个针对[81]圣贤。① 不过,如果认为廊下派思想家只是为不存在的圣贤而写作,那将是十分错误的。对于圣贤的关注应该作出不同的理解。尽管这很显然,但是,在有关廊下派伦理学的著作中,很少有关于如何理解圣贤身份的明晰论述。研究

---

① 因伍德(Inwood)对那些以此方式解读廊下派伦理学的学术著作进行了概述,见《廊下派伦理学中的规则与推理》(Rules and Reasoning in Stoic Ethics),载《廊下派哲学的主题》(*Topics in Stoic Philosophy*),95—127 页,正如他所评述的,廊下派哲学学术研究的巨大发展表明,那些阐释是一种误导。

廊下派哲学的学者似乎都同意把廊下派有关圣贤的谈论作为廊下派理论的细枝末节来加以安排。在这些学者的解说中，圣贤过着一种理论的生活，好像这一点就存在于廊下派文本中一样。但是，在何种意义上，圣贤的概念发展了廊下派理论？圣贤是否像如柏拉图的"在话语中建立的城邦"一样，只是一个理论建构？或者，圣贤是否真的是我们能够遇到的现实的人，尽管至今我们一直还没有遇到？

　　在廊下派伦理学的大多数地方，我们关于圣贤存在或根本不存在的假定可能是无关紧要的。但涉及公民这一概念，问题看来有所不同：根据廊下派思想家，如果认为在任何给定的时间都存在一些圣贤，那么，由这些圣贤组成的共同体似乎能够被包含进早期廊下派政治哲学当中。但是，也有可能，尽管这听起来有些不合情理，在人类历史的任何时期，只有一个或根本没有圣贤。（对此，有人可以反对说，在任何给定的时间，都有许多圣贤，因为诸神就是圣贤。但是，尽管在某种意义上这是对的，不过这并非廊下派思想家所采取的方式。值得注意的是，如果我们认为圣贤的概念以同样的方式既指示人类圣贤又指诸神，那么，圣贤比长生鸟还有稀缺的主张就将无法理解。）如果在一给定时间中，可能只有一个圣贤或根本没有圣贤，那么（S）就必须以一种方式得到阐释，这种阐释允许（S）具有独立于"在某一给定时间有没有圣贤"这一问题的真实性。

　　在对待廊下派哲学上，两种意见一直特别有影响：一种是，廊下派思想家可能把苏格拉底和犬儒主义者第欧根尼视为圣贤的例子；另一种是，芝诺最初就受到犬儒主义的狂妄自大的影响，很可能他把自己[82]看成是圣贤，正像一些犬儒主义者认为他们自己是圣贤一样。根据这两种意见，廊下派思想家认为圣贤鲜有出现的，并只承认在已知的历史上，只有一个或几个圣贤的例子。第一种意见，正如朗（Long）和塞德利（Sedley）所评论的那样，即，廊下派思想家

也许把苏格拉底看作是圣贤的例子,尽管其论据是很成问题的,[①]
但已经成为学界的一种通常看法。从整个廊下派哲学的发展图式
来看这种意见,其误导性要比第二种意见小;廊下派思想家当然把
苏格拉底视为一个例外性的人物,但是,正如布劳沃(Brouwer)令
人信服的证明,在廊下派思想家看来,苏格拉底的智慧仍然是相当
贫乏的,并且,就像柏拉图的《申辩篇》中所呈现出来的那样,看起来
是最智慧的,但并不是因为其智慧(being wise)。[②] 根据第二种曾
被希策尔(Rudolf Hirzel)表述过的观点,在早期廊下派那里,有一
个从早期廊下派到稍后的早期廊下派的发展。其间,犬儒主义所带
来的关于自身地位的幻觉逐渐消失了。[③] 早期廊下派思想家从认
为存在一些圣贤(包括廊下派哲学家自己)这种看法中脱离,而注重
在纯理论的意义上使用圣贤概念。但是,这种观点建立在对犬儒主
义哲学的一种设想的基础之上,而这种关于犬儒主义哲学的设想,
根据更为新近的研究,是不能被接受的。[④] 芝诺和后来的廊下派思
想家看来都没有把他们自己视为圣贤。[⑤]

　　第三种意见也许是,廊下派思想家如果认为他们的理论是真

---

①　参见 LS. 2:367。正如布拉沃(René Brouwer)指出的,奥德修斯(Odysseus)和赫拉
克利斯(Heracles)是另外一些可以被早期廊下派思想家作为圣贤的候选人。见
《圣贤与廊下派思想家》(Sagehood and the Stoics),载 *Oxford Studies in Ancient
Philosophy* 23 (2002):181—224,198—199 页。

②　见布劳沃,《圣贤与廊下派思想家》,196 页。

③　R. Hirzel,《西塞罗哲学著作研究》卷一(*Untersuchungen zu Cicero's philosophis-
chen Schriften* Vol. 2,1,Die Entwicklung der stoischen Philosophie,Leipzig,1882)
271—298 页。

④　关于犬儒主义的重要近期研究包括:古利特-卡泽,《西诺普的第欧根尼的〈政制〉》
(La Politeia de Diogène de Sinope et quelques remarques sur sa pensée politique),
载 *Le cynisme ancien et ses olongements*,Paris:Presses universitaires de France,
1993,57—68 页;John Moles,《犬儒主义的世界主义》(Le cosmopolitisme
cynique),载古利特-卡泽,《犬儒主义》(*Le cynisme*),259—280;Moles,《犬儒主义
与政治》(The Cynics and Politics),见拉克斯、斯科菲尔德,《正义与大度》(*Justice
and Generosity*),129—158 页。

⑤　布劳沃给出了对这一问题的充分讨论,我从中获益匪浅。

的,就不得不认为他们自己是智慧的。这一问题由塞克斯都（M 7. 432—435）提出,但这并没有对廊下派思想家[83]提出严肃的挑战。① 为了拥有知识或做出正确的判断,一个人并不必须是智慧的。廊下派思想家能够提出一个真实的主张却不一定要具有相关的知识和智慧。他们甚至认为,如果他们是智慧的并具有相关的知识,他们的哲学思考将会有所不同。认同某种变化的东西是无知的表现（M 7. 151—157）。只要某个哲学家仍然在不同形式的理论之间摇摆,权衡不同观点的论证,她就不算是有知识的——她将仍然会不断地在其理论中对一些判断加以修正。为了思想完美人格（或灵魂、主体）的概念,思想者本人是否具有这种人格是无关紧要的。

是否我们使人对早期廊下派产生这样一种印象,即廊下派思想家本人以及任何其他人都不是智慧的? 这一结论还需要加以审视。相对来说可以确定的是,根据廊下派思想家,圣贤比长生鸟还要稀缺。② 长生鸟是一种神秘生物,据说每五百年出现一次。这一比喻似乎要强调圣贤尽管是极为稀少的,但偶尔也可能出现。虽然在现实中称某人是圣贤似乎和廊下派理论并不相符,但是,圣贤并不像柏拉图的"建立在语言上的城邦"那样的理论构造,这一点却是重要的。柏拉图的《理想国》中所描述的城邦只有理论上的存在,如果它能够产生出来,也就将成为"流变领域"的一部分。但圣贤却不能根据这种形而上学区分来思考。廊下派思想家所构想的理想绝非只是一种理论上的存在,这一点看来很重要:它并不是柏拉图理想城邦意义上的"思想构造",我们在现实中可能遇到的圣贤在所有方面就是我们在理论中谈到的圣贤。在每一时刻,理想人格都被视为有可能就在某处生活着的人,尽管我们还没有遇

---

① 参见布劳沃,《圣贤与廊下派思想家》,199—201 页。

② 相关段落见布劳沃,《圣贤与廊下派思想家》,195—198 页。

到她。廊下派的原始资料中,一方面强调圣贤的高度理想性,另一方面,却又似乎表明存在一些现实的圣贤而不断谈到他们,这种含混性反映了廊下派形而上学的特点。正如廊下派的理想城邦,他们的理想人格也并非仅仅是理论实体,尽管在某一给定时代,我们也许根本碰不到任何圣贤。有可能实际存在[84]一个圣贤这一点对我们关于圣贤概念的理解来说十分重要。

圣贤肯定被理解为完美的人格,作为人存在于世界之中。但是,由于她比长生鸟还要稀少,我们可能不应该认为在同一时代在世界各地分别存在着诸多圣贤。如果存在一些圣贤,他们组成一个团体:和诸神一起,他们属于由具有完善理性的存在者所组成的共同体。但是,(S)在廊下派政治哲学中所承担的作用并不依赖于在某一给定的时期上述情况是否真实。纵然不存在任何圣贤,论题(S)也可能是对的。这意味着,(S)的核心必定涉及智慧,而不是圣贤组成的城邦:(S)所关心的必然是,阐明对全人类来说都应该努力获取的智慧这一理想。

据说,芝诺在《政制》的开头说,他的著作适合于他所生活的那个时代和地点。① 在相关的阅读中,我们可以看到这一点是有道理的。在任何给定的时间点上,只有圣贤才是公民。芝诺对其自己的时代和地点所能够说的是,现存城邦的公民实际上是敌人。他的导论性评论和(S)的似是而非的隽语风格是一致的。作为(S)这类主张的序言,芝诺说,这些就是他真正意味的东西。当他说除了智慧的人之外所有人都是奴隶、敌人等时,他正是和我们,也就是他的读者交谈。当我们达到对事物的真正理解,我们将看

---

① 见菲洛德谟斯,《论廊下派》(De Stoicis),卷 12,1—6,100 页。有关不同的阐释参见奥宾克,《廊下派的圣贤》,183 页。奥宾克认为,这也许可以表明,芝诺的概念"较少理想的性质",还可参见古利特-卡泽,他说,我们没有理由怀疑芝诺认为自己提供了一种政治规划,这种规划在其有生之年和他同代人可以建成。见《廊下派的犬儒主义》(Les Kynica du stoïcisme, Hermes Einzelschriften vol. 89, Stuttgart: Franz Steiner Verlag, 2003),29—30 页。

到我们的生活为什么如此可悲，为什么我们被称为十足的奴隶、敌人等。这样一来，芝诺的《政制》当然适合于他那个时代，正如同样适合于我们的时代。

在转入（H）讨论之前，让我们简要的看一下（SG），（SG）来自巴比伦的第欧根尼（Diogenes of Babylon）的记载。巴比伦的第欧根尼是克律西珀斯的学生，二世纪中叶，廊下派的领袖。他记录说：[85]"在愚人中间，并没有城邦和法律，城邦和法律反而在神和圣贤的组织当中。"（我们没有任何证据应该把这句话确定地归于芝诺、克勒昂忒斯或克律西珀斯。）①

我之所以把这一论题称为（SG）是因为我认为它暗示神和圣贤都是公民。正是由于圣贤的完善理性使她成为公民，这一点同样也应该适合于诸神。尽管我们这一部分的阐释相对来说没有多少争议，但上述巴比伦的第欧根尼的证言似乎对我们所讲的"在廊下派思想家那里并不关心圣贤的城邦"这一主张构成了威胁。难道（SG）不是说，唯一真正的城邦是一个由圣贤和诸神所组成的城邦？

这里所讲的城邦概念蕴含着廊下派城邦概念的一个重要方面：城邦相关于法律，一个城邦是一个由法律所管理的地方。这样，在愚人中间没有城邦这一主张直接联系着在愚人那里也没有法这一主张。在愚人中间没有法是何意义？愚人不能够通过法而生活。这当然不是说法是专门为着神和圣贤的——法贯穿于宇宙整体之中。愚人应该根据法而生活，法是对所有具有理性的存在而言的共同法。但是，只要他们是愚钝的，他们就并非如此。正如

---

① 该引文所出自的相关段落参见 S. Sudhaus, *Philodemi volumina rhetorica*, vol. 2, Leipzig: Teubner, 1896, 212 页; 也可参见 SVF 3, Diogenes fr. 117。我用的是奥宾克对相关文本的翻译和整理（《廊下派的圣贤》，193 页）。奥宾克称作城邦的地方 SVF 称作政体; 在 SVF 那里相应的翻译是: 在愚人中间没有政体或法律。在此，政体和法律或多或少指的是相同的东西。再者，其主要表明的是，愚人并非公民。

我所表明，我们应该以类似的方式理解廊下派的城邦概念。在愚人中间没有城邦并不意味着愚人并不生活在宇宙城邦之中。而是意味着他们并没有达到成为此城邦公民的资格；他们并不以其公民的身份"组建"（constitute）此城邦。而另一方面，圣贤和神则构成着"系统"或"组织"这一理想。有关这一理想，我们将在第三章加以详细考察。在那里，我将证明，通过那些具有完善理性的部分，宇宙成为一个整体。圣贤和神在某种意义上组建着宇宙，因而也就是组建着宇宙城邦。没有他们，也就没有城邦。（S）和（SG）为（H）和（HG）留下了空间。宇宙城邦的存在是因为宇宙的一部分是具有[86]完善理性的。但是，它也是那些只是具有普通理性的人们的家园和处所。

三、全人类

论题（H），即所有人类成员都是公民同伴，被归于芝诺的《政制》：①

　　芝诺那极令人称赞的著作《政制》……针对着这样一个主要的观点：我们不应该仅仅居住于本城邦和本民族当中，②每个人都有自己关于什么是正义的概念，③但我们应该把所有人类成员都视为我们的人民和公民中的一员，并且应该有一种生活方式或准则，就像畜群在放牧中被管理在一起一样，所

---

① 关于普鲁塔克的证据，我曾提出过一种观点，见《古代哲学的理解：了解古代哲学》（*Antike Philosophie Verstehen*：*Understanding Ancient Philosophy*，Darmstadt：WBG，2006），196—217 页。
② 见斯科菲尔德，《廊下派的城邦观》，104n. 1。
③ 在古希腊人那里并不说"概念"。我这样翻译，目的是抓住一种在古希腊人那里所要表达的东西的最宽泛的意思。这一观点似乎是，每一城邦都有自己法定的惯例，正像风俗那样，它表明什么是对的、什么是错的。

有人都被这种共同的法所培育。芝诺写了这些,把它视为哲学家关于完美政体的形象或梦想。(普鲁塔克,《亚历山大传》[*De virt. Alex.*]329A—B = SVF 1. 262 部分 = LS 67A)①

　　我的大量讨论都建立在上述证据是否可信之上。因诸多理由,上述证据已经被人们所抛弃,最重要的理由是,(1)它和(S)不一致;(2)它听起来更像是柏拉图主义而不像廊下派;还有(3),与普鲁塔克随后所讲内容的方式不一致(见后文)。既然对普鲁塔克记录的反对高度统一(古利特-卡泽是一重要的例外),我将不得不用大量篇幅来确立其记录的可信性。

　　正如被经常发现的那样,普鲁塔克的文本中充满了对柏拉图的暗指。即便如此,柏拉图的语汇和意象也并不能掩盖芝诺的核心思想。这一关键性语句:"我们不应该仅仅生活在本城邦和本民族当中,每一个人都有着自己[87]关于什么是正义的概念,而应该把所有人类成员都视为我们的人民和公民中的一员,应该有一种生活方式或准则"是完全不同于柏拉图主义的表达,因而应该是芝诺所讲内容的准确叙述。接下来的比喻"就像畜群在放牧中被管理在一起一样,所有人都被这种共同法所培育"可能是普鲁塔克自己添加的,尽管掺带着柏拉图主义的意象。但这种添加却把握住了芝诺主义的共同法概念的某些方面。② 因此,我们可以承认,尽管这一段落掺杂着柏拉图主义的语汇,但却保留了芝诺的关键性的陈述——我们应该把所有他人视为我们的公民同伴,所有人类被共同法联结为一体。在本章,我将重点放在这些论题的第一方面,即芝诺关于我们如何看待其他人类成员的教义。这部分记录听起来完全是芝诺本人的:它使人想到关于"连属性"(oikeiôsis)

---

① 翻译采用了范德瓦特和斯科菲尔德的译法。

② 正如长期以来所看到的,芝诺很可能受赫拉克利特神圣法律概念(DK 22 B 114)的启发。

思想之社会维度的核心观念,也即,我们应该把所有其他人视为与我们有着共同连属的人。

　　普鲁塔克关于芝诺《政制》的证词,从总体上说是令人敬重的。尽管他写了几本以批评口吻讨论廊下派哲学的书,但看起来他还是高度重视这一著作。他的一个反对理由是,在讨论性的方面,芝诺的著作不像是出自一本严肃的哲学著作(《席间闲谈》[*Quaestiones Convivales*]3.6,1;653 E = SVF 1.252)。这一评论表明,正如古利特-卡泽所说,普鲁塔克了解芝诺的《政制》,而且,这本书总体上对他来说,似乎表现出一些在哲学上有意思的内容。① 这应该可以算作"普鲁塔克对芝诺《政制》核心观点之记述的可靠性"的重要证据。② 一个相对来说值得尊敬的作者不太可能故意隐瞒他所说的一部著作的基本论题。

　　[88]范德瓦特和斯科菲尔德都认为我们应该抛弃"芝诺谈论了全人类"这种观点;范德瓦特的理由是,这和"只有圣贤才是公民"的主张并不一致。斯科菲尔德则认为,普鲁塔克记述芝诺观点时谈到的"全人类"在其语境中另有所指。③ 二者都认为,普鲁塔克通篇谈论的只是圣贤:圣贤才是公民同伴而非所有人类成员。根据这一解读,芝诺想要告诉我们这些普通人的是,只有圣贤才是公民。这一看法从根本上说是不合理的。

---

① 古利特-卡泽,《犬儒主义》(*Les Kynica*),66 页。该评论也肯定了我在第一章的论证,即芝诺的《政制》不太可能包含烦乱论题的大部分条目。普鲁塔克对该书的敬意这一事实不仅是对菲洛德穆斯也是对其他廊下派资料的反证。在一本关于亚力山大的书中,普鲁塔克如果对芝诺的政治思想没有敬仰和赞颂,他肯定不会把芝诺的政治思想和亚力山大的政治业绩联系起来。

② 古利特-卡泽,《犬儒主义》,33 页。

③ 范德瓦特论证说,普鲁塔克的"全人类"最好理解为那些能够依照共同法而生活的人——即指所有那些有智慧的人类(《芝诺的〈政制〉》,284 页)。参见斯科菲尔德,《廊下派的城邦观》,105 页,鲍德里,《芝诺的理想国家》(*Zeno's Ideal State*),12—13 页,以及厄斯金,《希腊化时期的廊下派:政治思想与行为》(*The Hellenistic Stoa:Political Thought and Action*,Ithaca,N.Y.,1990),18—22 页。

为了讨论斯科菲尔德的观点,让我们给出普鲁塔克记述的上下文。根据普鲁塔克,芝诺在《政制》中并没有讨论谁是公民。毋宁说,芝诺谈论的是谁应该被视为公民。我们不得不认为,这一想法同样适合于芝诺主张的前半部分,也就是说,当芝诺说不要居住在自己的城邦中时,他并不是告诉我们真正离开我们所居住的现实城邦,而是,不要仅仅把自己视为这些具体城邦中的公民。普鲁塔克继续说,当芝诺怀有这一哲学梦想的时候,亚历山大使这种理论上的东西成为现实。亚历山大并没有追随普鲁塔克所描述的亚里士多德的观点:在希腊人和野蛮人中间实行不同形式的统治,前者被视为朋友,后者被看作野蛮人。而他的目的则是将所有人纳入同一种法规之下,使他们的生活方式融合在一起(《亚历山大传》329 B)。亚历山大教令所有人把他们所居的整个世界视为自己的祖国,把他的军营视为他们的城墙和卫队,把善看作他们的亲属,把恶视为他们的敌人(329 C)。亚历山大的政策是:不是把野蛮人视为敌人,而是把那些恶人视为敌人。普鲁塔克接着说,希腊人和野蛮人都应该同等置于亚历山大的政治制度之下,而不应该通过不同的服饰等等加以区分;不能因此而说希腊人有德性而野蛮人是恶的(392 D)。普鲁塔克把亚历山大表述为运用廊下派原理的统治者。

但是,这一点并不是完全正确的。尽管普鲁塔克的[89]亚历山大似乎采纳了芝诺关于朋友、敌人、亲属、陌生人之间的对立式划分,但是,他并没有告诉人们应把每个人都视为公民(而根据芝诺的理论,人们是应该这样做的)。由于存在着许多缺少德性的人,按照亚历山大的教令,人们应该把他们都视为敌人。但在廊下派的设想中,实际上几乎没有任何人可以算作是有德性的,这样,亚历山大就等于说把每个人都看作敌人,这和芝诺的主张十分不同。普鲁塔克的亚历山大看来是在一种相当宽松的意义上使用德性概念。在其教令中,设想有许多接受此教令的人都是有德性的,这些有德性的人被教导把其他有德性的人都视为朋友，不管他们是希腊人还是野蛮人。然而，芝诺显然并没有设想自己的听众是有德性的或智慧的人。

因此，对我来说，似乎我们并不需要这样一种把亚历山大和芝诺的观点同等看待的阐释。普鲁塔克笔下的亚历山大当然深深地受到廊下派思想的影响，他甚至建议每个人以相同的方式穿着。但是，在说到只有善才是朋友的时候，他并没有严格地采纳廊下派关于什么可以被视为德性的观点。普鲁塔克的上述说明最终是关于亚历山大的。廊下派的观点和亚历山大伟大实践之间不吻合性这一点对普鲁塔克似乎并没有多大影响，我想这一点也不应该影响我们对芝诺思想的阐释。

在芝诺的教义中，把"所有人类成员"替换为"圣贤"这样一种解读是难以理解的，认为普鲁塔克在芝诺和亚历山大之间做了完全正确的比较这种看法也并不比上述解读更可靠。如果我们把"所有人类成员"替换为"圣贤"，芝诺将会告诉一般发展者把所有圣贤作为他们的公民同伴。可以肯定的是，这不可能是芝诺所说的。芝诺也不可能告知圣贤，要把其他所有圣贤作为他们的公民同伴。准确地说，正是圣贤的人格形象才能告诉我们应该如何行动。把廊下派的著作视为告知圣贤应该如何行动是完全误解了圣贤的作用。范德瓦特和斯科菲尔德都没有重视，普鲁塔克并没有把"所有人类成员都是公民"的主张归于芝诺，而只是把"我们，即有待提高的普通人应该把所有人都视为公民同伴"归于芝诺。一旦我们看到这一点，仅仅把"所有人"替换为"圣贤"就是不可能的了。

[90]阐释的任务在于，如何说明芝诺要求我们把他人都视为公民同伴，而同时他们在某种意义上又不是公民，因为只有圣贤才是公民。是否芝诺教导我们将他人视为他们所是的，或者他们所不是的身份？尽管后者并非是不可能的思路，但这对廊下派哲学

却是完全陌生的。在廊下派伦理学中,我们的所有看法都应该建立在知识而非错误的意见之上。把他人视为公民同伴肯定以认识到他人是公民同伴为基础。因此,我们就面临这样一个问题:芝诺何以一方面教导有待提高的普通人把所有他人视为公民同伴,而另一方面,他却说只有圣贤才是公民。

脱离这一困境而又不必抛弃普鲁塔克证言的途径就是,假定在早期廊下派思想内部,公民这一概念有着不同方式的使用。对此我们有没有任何证据呢?我认为是有的。如果我们转到(HG)的讨论,我们就会看到,人类和诸神都居住于宇宙中,人类是神的臣民,诸神是他们的统治者。

四、人类和诸神,圣贤和诸神

尽管论题(HG)经常被引述,但有关神在早期廊下派政治哲学中的地位的学术讨论几乎没有。这种讨论是十分必要的,因为这将会有助于澄清廊下派伦理学和物理学之间的关系。而且,更为根本的原因是,在廊下派那里,诸神指的是什么还并不清晰(行星?奥林匹斯诸神?)。[1] 但我们把这些问题推迟到第三章处理;眼前的任务是,如何使所有关于公民身份的四个论题能够被解读为向我们展示出的一个统一、连贯的理论。阿里乌斯·狄都谟斯(Arius Didymus)记录了(HG);他的记述指涉早期廊下派思想家,但并不特指芝诺或克律西珀斯。

---

[1] 最近一部关于希腊化时期神学的论文集覆盖了廊下派神学的关键方面:神学的传统:希腊化时期神学研究;其背景及后效,论文收录在《希腊化时期论文集》第 8 辑(Eighth Symposium Hellenisticum),Leiden: Brill, 2002。尤其参见弗雷德,《廊下派的神义与神恩》(*Theodicy and Providential Care in Stoicism*),85—117 页,以及塞得利(David Sedley),《廊下派神的起源》(*The Origins of Stoic God*),41—83 页。廊下派思想家主要关注的是唯一神,这就是这些最近文章所直接讨论的。

[91]据他们所说,世界是由天体、气、土、海和自然事物组成的有机体。世界也被称为神和人的居所(habitation; *oiketerion*)①(其组成包括诸神和人),为了他们的目的,事物被创造。正如有两种意义上的城邦,即作为居所的城邦和由居住者和公民所组建的城邦,像城邦一样的世界也是如此。它由神和人所组建,神作为统治者,人作为他们的臣民。之所以他们是同一个共同体的成员,是因为他们都分有理性,理性是自然的法;②所有其他事物都是为了他们的目的而被创造的。因此,必须相信,掌管一切的神对人给予佑助,仁慈、亲善、对人充满好感、公正并且具有一切美德。(阿里乌斯·狄都谟斯,ap. Eusebius,Praep. Evang. 15. 15. 3—5 = SVF 2. 528部分 = LS 67L)③

就宇宙作为人和神的居所并且神是统治者、人受其统治而言,宇宙被说成像一个城邦。④ 引入宇宙和城邦之间的比拟建立在对城邦概念的两方面理解之上。第一,我们认为城邦是一个居所,就宇宙就是一个居住地而言,宇宙正可以被视作城邦。第二,一个城邦由其中的居住者和公民所组建,也就是说,它是一

---

① "oikêtêrion"这一词语很难阐释,作为 oikêtêrion 的宇宙也许不仅是一个居住地,它也许是一种组织化居所意义上的"家园"。同时,oikos 和 oikeion,"熟悉"或"连属于某人",因而可以和廊下派的 oikeiôsis 概念相关。相应段落可见于西塞罗的《论神性》(*De Natura Deorum*)2. 154。据西塞罗的记述,宇宙为了诸神和人类而被创造,它是诸神和人共同的家园或属于他们的城邦。这一主张的证据是人类和诸神"通过利用理性,根据法和正义而生活"。见弗雷德的"作为家园"的宇宙概念(见《廊下派中的神义与神恩》,106 页)。

② 这一词语并非直接的引述;它可能来自早期廊下派思想家,但是,它也可能是对早期廊下派思想家心中已经具有的观念的后来表达形式。

③ 翻译以 LS 和奥宾克的译本为基础,有所改动。

④ 第欧根尼·拉尔修记述了廊下派思想家的宇宙之三个方面的含义(DL7. 137 = SVF 2. 526 部分 = LS 44F)。按照第二种含义,宇宙被理解为"世界—秩序"。这一概念多少与前述段落中的 Sustema 类似。

个由地位不同的参与者所形成的组织。在宇宙中两种不同的
[92]成员就是诸神和人类,唯一可能的设想是,他们之间具有公
民和居住者的不同地位。诸神根据完善理性之准则进行统治;作
为统治者和作为公民实际上是智慧的两个维度。因而,第二方
面,宇宙之所以像一个城邦是因为具有不同地位的成员,他们处
于统治和被统治的关系中。如果我们按照这种方式分析上述文
本,(HG)就不是在主张所有人类和诸神都是公民。而是说,诸
神是公民,而人类(如果他不是圣贤)则处于一种较低的政治
地位。

论题(HG)提出所有人类之间的亲缘关系,正如人类和诸神
之间的亲缘关系:诸神和人类都分有理性。不过,只有诸神管理着
宇宙。尽管所引段落中并未给出过多的细节,但是,很明显它包含
着这样一种假定,即人类和诸神在分有理性方面具有不同的等级。
人类是理性的,但诸神则是"仁慈、亲善、对人类充满好感、正义和
拥有所有的德性";这就是说,他们的灵魂处于德性和知识的完满
状态——他们具有完善的理性因而他们是统治者。

尽管普鲁塔克记述了芝诺主义有关"我们应该如何看待他
人"的主张,而在阿里乌斯·狄都谟斯所记述的段落里,则谈到
了人类之所是。上帝具有完善理想,而人类(需要补充的是,人
类中的大多数)却并非如此。这可以说明,为什么他们都以自己
的方式分有理性和法。在居住者和公民之间的区分必须仔细思
考——如果神具有完善理性而人(圣贤除外)只具有一定的理性,
那么,诸神和人类不可能在相同的意义上根据法而生存。狄都谟
斯的记述通过对宇宙的如下描述而补充了(S)和(H):人类具有
理性,但不是完善的理性;世界被诸神所统治,他们具有完善的
理性;在具有理性的存在者之间,存在着一个共同体。如果我们
思考理性和完善理性之间的区别——我也将把它们说成具有理
性的和具有完善理性的,那么,很显然,尽管在所有分有理性的

生命中间存在着一个共同体，但在所有具有完善理性的生命（SG
所表明的）中间［93］也存在着一个共同体。理性的亲缘性有助
于建立一个共同体，但理性也是有等级的。① 因而共同体看起来
也是有等级的。

阿里乌斯·狄都谟斯所记述的段落为我们提供了两个概
念：公民和居住者。据此，我们可以说，理性的共同体是所有居
住者的共同体，完善理性的共同体则是公民的共同体。但阿里
乌斯给我们呈现的并不是直接引述，而且他所翻译的"居住者"
（inhabitant）是廊下派思想家的专业术语还是他用自己的语言表
达的廊下派思想家的观点，还是不清楚的。但不管怎样，（HG）
为我们作出了具有完善理性的强意义上的公民和具有理性的弱
意义上的公民之间的区别。正是这种区分才是我们看到何以
（S）和（H）是相容的。如果我们认真的看待（HG）（正如传统所
做的那样），我们确实不能摈弃普鲁塔克的记述。如果全人类连
同诸神生活于一个共同体中，那么，很明显，在某种程度上，该理
论关心的是全人类。一旦我们看到我们不得不采纳一种全人类
的视角，而这里的全人类并非都被设定为是智慧的，那么，我们
也没有理由抛弃有关记述芝诺的"我们应该把所有他人视为公
民同伴"的证词。

在回到（H）的诠释之前，再提一些有关（HG）的评论。不同于
（S）和（H），阿里乌斯·狄都谟斯的记述看来把我们带到物理学领
域：狄都谟斯给出了一个廊下派关于宇宙的描述。对廊下派思想
家来说，神学是物理学的一部分。解释神以及神如何管理世界的
理论，至少在一种十分重要的意义上，也是一个物理学的理论。这

---

① 西塞罗呈示出廊下派的"自然阶梯"，其中诸神被视为最高类型的实体（《论神性》
［De Natura Deorum］2.33—34）。根据这一段落，人类与诸神之间的区别在于，人
类可以获得德性并因而获得完善理性，而神无需追求它们，因为诸神已经具有了
它们。

是否表示，(HG)作为早期廊下派政治思想的证据，也只是其物理学的一部分？

对廊下派哲学的传统阐释重点落在理性、法、自然、神这些廊下派思想家学说的核心概念之间的紧密关联性方面。通过论证伦理学、物理学和逻辑学三个方面的原理何以相互关联，从而表现为一个有机的整体（就像一个有生命的存在，一个鸡蛋、一个花园[DL 7.39—40]），这种阐释强调，[94]廊下派的伦理学和物理学何以深深地交织在一起。安纳斯(Julia Annas)对此看法提出了严峻的挑战，并对其含义做了更为细致的考察。① 根据安纳斯的看法，在克律西珀斯的主张中，逻辑学首先出现，接着是伦理学，最后是物理学，而神学是其理论的最高目的(普鲁塔克，《论廊下派的自相矛盾》[On Stoic Self-Contradictions]1035 A—B)，据此可以认为，伦理学并不建立在物理学之上。按此意见，廊下派伦理学可以

---

① 见安纳斯(Julia Annas)，《幸福的道德》(Morality of Happiness)，尤见159—179 和262—276 页。一些相关的研究已经出版，安纳斯对它们作出了回应——最重要的是斯特赖克的文章《追随自然：廊下派伦理学研究》(Following Nature: A Study in Stoic Ethics)和其他一些收录于《自然的规范》(The Norms of Nature, Cambridge, 1986)中的一些文章，但安纳斯的著作在关于物理学在廊下派伦理学中地位的问题方面开启了新的理论兴趣。参见如因伍德，《评 J. 安纳斯的〈幸福的道德〉》(review of Morality of Happiness by J. Annas)，载 Ancient Philosophy 15(1995): 647—666 页。见库珀(J. M. Cooper)，《幸福论，求诸自然与廊下派的"道德义务"》(Eudaimonism, the Appeal to Nature and 'Moral Duty' in Stoicism)，载《亚里士多德，康德与廊下派思想家：再思〈幸福的道德〉》(Aristotle, Kant, and the Stoics: Rethinking Happiness and Duty, Cambridge, 1996)，261—284 页。另见库珀，《幸福论与在幸福道德中的诉求自然：评安纳斯的〈幸福的道德〉》，(Eudaimonism and the Appeal to Nature in the Morality of Happiness: Comments on Julia Annas, The Morality of Happiness)，载 Philosophy and Phenomenological Research 55 (1995): 587—598 页；梅恩(Menn)的《作为德性的物理学》(Physics as Virtue)。对这些问题的较早的讨论参见怀特(Nicholas White)，《廊下派伦理学中的物理学的地位》(The Role of Physics in Stoic Ethics)，载 Southern Journal of Philosophy 23, (1985): 57—74 页。

导向物理学，但在理论上具有独立性。安纳斯对下述事实十分关注，即"基本的伦理学观点能够通过对自然的研究而被很好的获得"（参见 1035C）这一克律西珀斯的著名说法出自他的物理学著作而不是伦理学著作。① 一旦人们进入廊下派物理学和神学，对宇宙和神的研究所形成的见解将需要伦理学洞见的支撑。安纳斯总结说：

> 伦理学的研究可以处于两个不同的层面：第一个层面，伦理学作为研究对象有其自身存在的权利，通过恰当的方法，我们的直觉得到反思和明确表达，通过引入理论上的概念和区分，这些直觉得到解释并获得合理性；而后（如果研究者再前进一步），它将成为整个廊下派哲学体系中的主题。②

[95]后来，她把自己的观点简要地表述为："廊下派哲学的每一部分（逻辑学、物理学、伦理学）以一种适当的方式和适当的方法单独地展开；最后，所有这些部分以整体论的方式被把握。"③如果我们追随安纳斯的观点，我们就可以希望能够重建属于伦理学一部分的早期廊下派政治哲学，而不必关注廊下派物理学。物理学也许支撑着伦理学，但是，它并不是理解伦理学主要论证的不可分割的部分。

安纳斯关于廊下派伦理学的图景一直饱受争议，我们不可能

---

① 安纳斯提到布伦瑞克（Brunschwig），他做出了同样的观察却得出了相反的结论；参见布伦瑞克（J. Brunschwig），《克律西珀斯的书名：论古人在论证中接纳辩证法的事实》（On a Book-Title by Chrysippus；'On the Fact That the Ancients Admitted Dialectic along with Demonstrations'），载 *Oxford Studies in Ancient Philosophy*（增刊）(1991)：81—95 页。

② 见安纳斯，《幸福的道德》，164 页。

③ 见安纳斯，《幸福的自然本性》（*Nature to Happiness*），67 页。

介入相关的所有难题。① 对我来说,最重要的是,似乎任何在这三方面的哲学分支间进行的严格区分都与德性、知识和灵魂这些廊下派基本观念相冲突。正如我将详细表明的,在廊下派哲学中不同德性间的区分和逻辑学、物理学和伦理学间的区分有相同之处。② 所有德性一并达至圣贤的知识。由于廊下派认为灵魂是一个整体,因此,伦理学并不仅仅关心那些实践性的知识而物理学和逻辑学只关心纯理论性的知识。毋宁说,知识具有一种统一的特性。看起来,廊下派并不认为,应该首先传授什么、应该把什么看作最重要的洞见,而是试图回答三个领域中的问题,但并不认为三个领域的原理以独特的方式相互独立。那些争论"在廊下派中哪一领域具有最高价值"的学术文献倾向于关注不同原理间的理论次序。但是,与这些分歧的论证相对的是,我们同样被告知,廊下派并没有赋予某一部分超过另一部分的优先权。[96]第欧根尼·拉尔修评论说,廊下派思想家经常以一种混合的形式表达他们的观点(DL7.40)。③ 西塞罗在《论至善与至恶》(*De Finibus*)中记述了此观点曾受到廊下派支持者卡图(Cato)的赞许:他说,只要还能

---

① 参见注释56。近期对此争论有贡献的文章是 Gábor Betegh,《蒂迈欧篇和早期廊下派中的宇宙伦理学》(Cosmological Ethics in the Timaeus and Early Stoicism),载 *Oxford Studies in Ancient Philosophy* 23,(2002):273—290页。当然安纳斯的途径可以从两种相关但不同的视角加以审视。只要我们关心释义(exegesis),坚持物理学对于伦理学的相关性就十分重要(如果我们不同意安纳斯的解读)。但同时,在缺少实质性的宇宙论和神学假定的情况下,我们能够在何种程度上重建廊下派伦理学也可能吸引人们的理论目光。安纳斯的著作引发的巨大兴趣部分是由于这一思路鼓舞了伦理学家。

② Aetius 1,Preface 2 = SVF 2.35 = LS 26A.

③ 廊下派逻辑学的某些部分看似完全独立于伦理学和物理学。并不奇怪,主要的不同意见集中于伦理学和物理学——逻辑学可以容易地被认为居于首要地位,因为人们在学习物理学和伦理学之前就可以理解它的一些内容(尽管不是知识或理由这样的概念)。关于克律西珀斯以神学主张开始其伦理学的方式,参见斯科菲尔德的《通向正义的两条廊下派进路》(Two Stoic Approaches to Justice),载《正义与大度》(*Justice and Generosity*),191—212,195 和 210 页。

够行动,他就要宣讲,因为他被廊下派哲学各部分之间令人赞叹的秩序与和谐所打动。廊下派哲学的每一单独的部分都和其他的部分有着内在的联系,因此,没有哪一部分可以在整个理论机体中被调换(3.74)他所赞叹的并非三个分立的原理相互之间的一致性。毋宁说,使他惊奇的是廊下派哲学总体的统一性。

狄都谟斯的记述似乎为我们准确地展示了这种跨领域(crossdisciplinary)思考。尽管狄都谟斯只在使用物理学著作方面十分出色(值得一提的是,他首先对不同宇宙概念进行了区分),但他的记述并不局限于物理学。在他记述的段落中,并没有只停留在把宇宙比作城邦。它还把宇宙描述为具有政治结构的居所,在那里,一些人统治,另一些接受统治。既然廊下派思想家本人在讨论宇宙领域的时候以此方式跨越了该领域原理的界限,那么,当我们重建其理论的时候看起来也完全有理由这样做。

对此物理-伦理的构思还有最后一种评议,即对早期廊下派思想家是否真的从事政治哲学这一点一直存在着怀疑。提出他们是否从事政治哲学问题的一种方式是追问,他们是否最终提出的只是一种包含所有生物的宇宙的物理学图式而非伦理学的图式。如果我们以狄都谟斯记述的段落为例,就会十分清楚地看到,这一担忧是一种误导。早期廊下派政治哲学在某种程度上是关于生命在宇宙中存在的政治维度的理论,宇宙是物理学的核心概念。同样,其理论也是一种关于在宇宙中过一种完善理性的生存理论。宇宙[97]渗透着理性——或宙斯、法的宇宙,正是在此基础上,廊下派思想家形成了我们所要着手讨论的理论。在廊下派内,某一领域的理论和其他领域理论以一种错综复杂的方式相关联绝非不同寻常;这种联系性即是卡图所赞叹的。如果我们预设的是一种和其他哲学领域相分离的政治哲学概念,那么,廊下派当然没有讨论过这种政治哲学。但是,这显然是一种荒谬的预设;它可以导出廊下派并未从事过伦理学或知识论,也没从事过物理学,因为,在每一领域中,他们的理论都深深地和其他哲学领域紧密相关。

在我们转到(H)之前,让我进一步引入一段证词,这段证词把对圣贤的指涉、所有人类的指涉和诸神的指涉结合来起来。根据菲洛德谟斯《论自然》第三卷,菲洛德谟斯说,克律西珀斯把宇宙表述为:

> a single entity of the wise [*kosmon hena tôn phronimôn*], he says,jointly lived in as a city[*sunpoleiteuomenon*] by gods and human beings 一个智慧者的单一实体,作为城邦,由诸神和人共同居于其中。(PHerc. 1428,col. 7,21—26)①

这段话阐释起来非常困难。首先,"智慧者"这一概念叮能作为后面从句所修饰的词,因此,克律西珀斯说,宇宙是由诸神和人类圣贤联合居于其中的宇宙。但也有可能并非如此,在后一情况下,克律西珀斯所说的是,宇宙是由诸神和所有人类共同居住于其中的像城邦一样的宇宙。我想我们很难对此问题加以确定。两种解读都体现了早期廊下派思想的合理方面。但在此,转向引文的开始对于我们的阐释十分重要。可以确定的是,克律西珀斯关于圣贤所讲的很难从菲洛德谟斯的记述中发掘出来;从句 kosmon hena tôn phronimôn(a single entity of the wise)是高度简练的。②奥宾克(Obbink)提供了两种不同的翻译:"宇宙是一个智慧者的或对

---

① 我正转译奥宾克关于该文本建构的思想,见《宇宙城邦中的廊下派圣贤》,184—186 页。该文本由 A. Henrichs 编辑,见 Die Kritik der stoischen Theologie in PHerc. 1428,载 *Cronache Ercolanesi* 4 (1974):5—32,20 页。

② 我认为关键问题是,并非在宇宙是智慧的(是在这种意义上:宇宙是智慧的,因此它是存在着的一种智慧的实体)这一观念方面认同奥宾克。拉克斯跟从亨利齐(Henrich)译法:"宇宙是智慧者的实体,属于人和神的城邦"(der Kosmos sei einer der Weisen und gehöre zum Staat der Götter und Menschen.)见拉克斯,《评斯科菲尔德〈廊下派的观念〉》(review of The Stoic Idea by Malcolm Schofield),载 *Ancient Philosophy* 14 (1994):459—460 页。另见斯科菲尔德,《廊下派的城邦观》,74 页和 19 页。斯科菲尔德译为:"圣贤的宇宙是一,公民身份由诸神和人共同拥有。"

智慧者而言的单一实体。"①(the cosmos is a single entity of [or for] the wise)这两种不同的翻译都和廊下派教义相容。[98]宇宙是统一体这是廊下派物理学的核心论题;对宇宙是"一"的理解是知识的一个首要方面。由于圣贤把宇宙理解为一,因此我们可以说宇宙对于圣贤而言是一个统一体。② 这一解读可以通过廊下派思想家对赫拉克利特及其对宇宙是统一体的思想的指涉而得到一定程度的确证。③ 也许我们可以通过把这一"所有格"(genitive)替换为"所属格"(possessive)表达一种相似的概念:宇宙是圣贤的单一实体,因为只有他们居于其中,宇宙才被构成为"一"。两种看法在廊下派哲学中听起来都有一定道理。但是,我们同样可以认为,宇宙或者至少是宇宙中完善理性的部分由圣贤或圣贤和诸神所构成这一点是有道理的。廊下派思想家把宇宙描述为一种有生命的存在,一个有机的整体。④ 这一有生命的存在具有完善理性,并且在某种意义上由此完善理性所维持。正如我将在第三章详细展示的,所有具有完善理性的个体在某种意义上都属于宇宙之完善理性的灵魂,宇宙被其完善的理性保持为一个统一体。这样,说宇宙由圣贤构成是可以理解的,其可理解性体现在,宇宙尽管是所有人类的家园,但它是一个由圣贤构成的城邦。我将在第三章回到此观念的讨论。在此,我们可以指出,这也符合对第二个短语(像城邦一样由诸神和人共同居住其中)的两种可能阐释:或者如克律西珀斯所说的,由圣贤所构成的宇宙(或由其中有

---

① 见奥宾克,《廊下派的圣贤》,185 页。

② 如果我理解正确的话,这一解读正是奥宾克所提出的。奥宾克的评论不容易理解:在他的实际翻译中,他似乎更喜欢 of 而不是 for。而在其评论中,他却一直使用 for:对于(for)那些能够理解的人来说,存在着的不是被没有智慧的人所经验的纷繁错杂的混乱世界,而是一个单一的世界。(《廊下派观念》,186 页)

③ 菲洛德谟斯认为克律西珀斯追随赫拉克利特。该段继续写道:"而且战争与宇宙是相同的,正如赫拉克利特也说过的;在第五卷中,他给出了关于宇宙是有生命的、理智的、进行着理解的并且是神这些与主题相关的论述。"赫拉克利特以多种方式说,宇宙是一或共同的,而这并不向"大多数人"显示;见 DK 22 B2 和 B30。

④ 参见如 SE M9. 104。

智慧的存在所维持的宇宙)由那些作为其公民的圣贤所居住；或者，宇宙是诸神和人类的共同家园。尽管很难确定克律西珀斯在这一点上到底指什么，但看来这两种主张他实际上都是认同的。

五、公民、理性和连属理论(theory of *oikeiôsis*) *

[99]让我们回到这样一个问题，即，如果他人实际上并非圣贤，芝诺何以要求我们视所有其他人为公民同伴。菲洛德谟斯的证据以及论题(HG)所提供的区分使我们认为，我们所处理的公民身份概念包含着较强的意义和较弱的意义。人类由于具有理性而联系在一起，但是，那些具有完善理性的人是在一种不同的方式中关联起来。因此，也就似乎有着较强意义和较弱意义的公民，较强意义的公民由完善理性的纽带所联结，较弱意义上的公民由一般的理性联结。"通过理解所有人类成员之间理性的亲缘性，在这一意义上，即通过理解他们彼此都是公民同伴，一个人的德性就获得进展"这样一种观点和"承认只有完善理性的存在者才是强意义上的公民"这一观点是相容的。(S)与(H)并不冲突。

普鲁塔克有关芝诺的记述也许进一步确证了对于强意义和弱

---

* 　[译按]oikeiôsis 是一很难翻译的概念，有时被视为 appropriation，也即占有，或者说确立一种连属性。不仅国内，而且国外也一直没有一个统一的译法，通常直接挪用这一词汇而不做翻译。oikeiôsis 在英语中可大致翻译为："认识到或感受到某物是属于自己的。"廊下派的 oikeiôsis 理论所要说明的就是动物或人自然地对自己的身体、身体功能及环境具有一种认同感与熟悉性，与之相应而产生出恰当的行为方式。这是因为万事万物都由宇宙灵魂所统摄，宇宙精神贯穿于万物之中，赋予它们各自的本性，使它们熟悉、认同自身和自身所处的环境。因而，万物最终都连属于这个统摄性的宇宙灵魂，只不过对动物而言，它们只被赋予了一种有限的、和自身及其环境相关的认同感和熟知性。但由于人的灵魂中包含有理性，在这一点上，人性中有神性的成分，人据此能够意识到其自身属于一切有理性存在物的共同体以至整个宇宙之总体，从而可以扩充自己的这种连属性。从这个意义上说，oikeiôsis理论所讲的最终是"连属性"的问题。所以，译者将之翻译为"连属理论"。

意义上的公民的区分。普鲁塔克并未说，在芝诺那里，我们应该把所有他人都视为公民。他说，芝诺希望我们把他人视为我们的"公民同伴"(fellow citizens)，被翻译为"公民同伴"的词有两个术语：demotai 和 politai——地姆斯人(那些属于同一行政区或当地政治群体的人)和公民。普鲁塔克用这两个术语似乎是因为他所记述的芝诺说，我们不应该居住在不同的城邦或本地的政治群体之中，或者(正如我已讨论过的)我们不应该认为自己生活在一个实际的城邦(polis)或属于某个特殊的行政区域；而应该把每个人视作公民同伴(fellow poli)和地姆斯成员(deme member)。如果这就是芝诺所说的，那么其主张并没有表达"一种规范意义上的'所有人类都是公民'"这一论题。他毋宁是说，实际的城邦和族群不应该成为我们如何看待自己和他人时的参照点，并且他还告诉我们，与任何一个人相关的方式应该像与我们自己城邦或族群的人的相关方式一样。

一旦我们承认芝诺讲的是关于个体如何转变这样的重要事实，普鲁塔克的记述就能够很好的契合廊下派哲学。能够达到视所有他人为公民同伴显然是能够把所有他人视为和我们有着共同连属的另一种形式，[100]这也是连属理论所需要的。全人类的共同体和理性的亲缘这一观念不仅使得论题(H)和连属理论联系起来，而且，同样重要的是，它也是"'我们如何看待他人'是十分重要的"这一观念的另一种形式。连属理论一个最为有趣的方面体现在这最后一点上：成为有德性的人很重要的方面在于，它涉及一个我们如何看待他人方面的变化，或者说，我们如何把他人视为属于我们的他人。我所提出的在伦理学和政治哲学之间的联系非常普遍地存在于古代的资料中。①

---

① 斯特赖克(Gisela Striker)发现 oikeiôsis 在廊下派伦理学中的两种作用，"支撑廊下派有关终极目的的概念"，以及"oikeiôsis 被视为正义的基础"，见《oikeiôsis 在廊下派伦理学中的作用》(The Role of oikeiôsis in Stoic Ethics)，载《希腊化认识论与伦理学论文集》(Essays in Hellenistic Epistemology and Ethics，Cambridge：Cambridge University Press，1996)，281—297 页，尤见 282 页和 293—295 页。

让我们展示一下"连属理论"的概貌。① 这一理论开始于对动物基本冲动的解释。通过讨论人类的基本冲动，②廊下派思想家引入"属于我们的"（what belongs to us）或"熟悉"（familiar；oikeion）的概念和"连属性"（appropriation；oikeiôsis）的概念。和其他动物一样，人类具有一种保存自身的冲动。对此，克律西珀斯通过指出人和动物都"熟悉"其自身的本性并且熟悉关于自身的知觉这一事实来加以解释。自然，从一开始就让动物熟悉、亲近自身。③ 自然不会使某个动物对自身陌生；通过这种对自身的熟悉，动物避开那些对自己有害的东西，接受那些"熟悉"的东西（DL 7.85）. 这一[101]克律西珀斯《论目的》第二卷的思路导出廊下派"与自然相一致的生活"这一终极目的之准则。这一准则在克律西珀斯较为精致的形式中表达为"与自然发生的经验相一致的生活"（DL 7.87）。接下来，克律西珀斯的思考引出对共同法的讨论：

> 我们自己的本性是整个自然的一部分。因此，与自然相一致的生活就成为目的，此目的既是和自己的本性又和整个自然相一致，这种与自然相一致的生活就是从不过被自然法

---

① 把连属理论归于芝诺缺少任何证据，大多数材料提到克律西珀斯。正如在廊下派哲学的其他方面我们所看到的，我们似乎面对着克律西珀斯十分感兴趣的理论，并且古代哲学言论记录文献与其联系。这当然不意味着芝诺根本不持有相同的观念。但克律西珀斯可能进一步发展了它们，至于发展到何种程度我们不得而知。如果我们正在给出的芝诺政治哲学阐释是令人信服的，那么，它可以支持芝诺已经创造了 oikeiôsis 的理论框架这一命题。按此解读，芝诺至少形成了"我们应把所有他人视为与我们有着共同连属"这一观念的思想内核。

② oikeiôsis 也可被视为"我们所认同的东西"；这一点由斯科菲尔德提出，见《通向正义的两条廊下派进路》，203 页。

③ 见布伦瑞克（Jacques Brunschwig），《原初的根据》（The Cradle Argument），载《自然的规范：希腊化伦理学研究》（The Norms of Nature；Studies in Hellenistic Ethics，Cambridge，1986），13—144 页。

所禁止的生活,而自然法正是渗透在万物中的理性,它和宙斯同义,是所有存在物的管理者。(DL 7.87—88)①

与我们当前目的有关的是,克律西珀斯自己把"连属性"概念和共同法概念关联起来,因而,也就是同廊下派政治哲学基本观念联系起来。既然人类对自身熟悉,是自然的一部分,对其自身本性的熟悉和亲近就能够被延伸地理解为,他对他所连属的整个充满生机的自然的熟悉和亲近。② 与自然相一致的生活就是和自己的自然本性以及和整个自然相一致的生活,这两个方面尽管可以分开来说,但不是两个不同的事物;一个人自己的自然本性是作为总体的自然的一部分。③ 理解这一点意味着,人们能够把自己视为那个由正义理性所统治、充满生机的实体的一部分。

学者们有时在个人连属(personal oikeiôsis)和社会连属(social oikeiôsis)之间做出区分,根据这种区分,这里所呈现的观念可以被称为个人连属:[102]通过自然,人类熟悉自身并且开凿一条通往德性生活的道路。④ 但是, 这一理论似乎一开始就关心解释

---

① 大部分依照 LS 的翻译。

② 根据廊下派理论,世界是有灵魂的(见例如:DL7. 143)。

③ 这是克律西珀斯的观点,而克勒昂忒斯并不赞同。在克勒昂忒斯看来,与自然相一致的生活应被解释为与普遍的自然本性相一致的生活,而不是解释为与普遍自然本性和人类本性相一致的生活(DL. 7.89)。但是,这是一条易招致混淆的证据,因为它把克勒昂忒斯表现为并不赞同克律西珀斯,似乎克律西珀斯是其前辈。很难说,我们为什么不应该认为克勒昂忒斯以一种方式解释了廊下派的最终目的,而克律西珀斯又补充了另一方面,关于不同的(关于终极目的)惯语参见 Striker 的《安提帕特若斯,或生活的技艺》(Antipater, or the Art of Living),载《自然的规范》(Norms of Nature),185—204 页,还可见《家园的作用》(The Role of Oikeiôsis)和《论廊下派善的概念》(On the Stoic Conception of the Good),出自《廊下派哲学的主题》(Topics in Stoic Philosophy),71—94 页。

④ 见安纳斯,《幸福的伦理》,尤其 263—265 和 275 页;因伍德(Brad Inwood),《评梅恩教授的论文:在阿里乌斯和廊下派中 oikeiôsis 的两种形式》(Comments on Professor Gö rgemann's Paper:The Two Forms of oikeiôsis in Arius and (转下页注)

人的社会本性，因此，运用上述区分的时候应多加谨慎。① 普鲁塔克解释说，克律西珀斯不厌其烦地告诉我们，我们一出生就有着对于我们自己、自己的各部分以及我们后代的恰当行为的倾向（《论廊下派的自相矛盾》1038B ＝ SVF 3. 179，2. 724 ＝ LS 57E）。自然使得父母爱他们的孩子，这种爱，是把他人视为"属于我们"（belonging to us）的情感方面，就是通向他人的桥梁。但在西塞罗所提供的该学说中，"人与人之间的相互之爱同样是自然的"（《论至善与至恶》3. 62—63）这一观点是在"第二步"才建立起来的。关于所有人类应该被视为"亲近的"并"属于我们"有着如下说法：

　　因此，仅仅由于他人是一个人这一事实，使得人们无法把他人视作与自己相疏异的。就像身体的各部分，眼睛和耳朵、腿和手，它们为着自身存在的同时也为了另外的部分而存在一样，尽管一些动物的产生似乎是为了这些动物本身，但是……蚂蚁、蜜蜂和鹳等动物却明显是为了其他成员的目的而行动。在这方面，人类的行为是被紧密地结合起来的。我们由于这种本性而适合于组成团体、社会和国家。廊下派思想家相信，世界由神圣的意志所统治：世界就像城邦和国家那样由人类和神所共有（shared），我们中的每一个人都是此世

（接上页注）the Stoa），载《论廊下派和亚里士多德学派的伦理学：阿里乌斯·狄都谟斯的著作》（On Stoic and Peripatetic Ethics: The Work of Arius Didymus, New Brunswick, N. J. ,1983），190—201 页；吉尔（Christopher Gill），《伦理发展的廊下派理论：在何种意义上自然是规范》（The Stoic Theory of Ethical Development: In What Sense Is Nature a Norm），见 Was ist das für den Menschen Gute? Menschliche Natur und Güterlehre, Berlin: de Gruyter, 2004, 101—125 页。

①　有关完全抛弃它的论证由阿尔格拉（Keimpe Algra）提出，见《社会连属的机制及其在希腊化伦理学中的作用》（The Mechanism of Social Appropriation and Its Role in Hellenistic Ethics），载 Oxford Studies in Ancient Philosophy 25 (2003): 265—296 页，尤见 285 页。

界城邦的一分子。(《论至善与至恶》3. 63—64 = LS 57G 部
分)①

[103]在这一记述中,全人类从属于一共同体的观念建立在把
自然视为一个包含着诸多部分的有机体的假设之上。成为有德性
的,很重要的方面在于对自然的理解,只有人们理解了自然,才能
够与自然相一致地生活。因此,把他人视为像自己一样的整体的
一部分,并且在有机体各部分之间同样相互连属的意义上,视他人
属于我们,这和成为有德性的或智慧的是统一的。这就牵涉到了
作为城邦的宇宙这一政治观念的核心:每一人类成员都是宇宙的
一部分,这一点可以通过把宇宙视为由诸神和人类居住的城邦而
被理解。

　　第欧根尼和西塞罗所记述的重要段落补充了有关连属理论的
证据。司托拜俄斯记录了希耶罗克勒斯(Hierocles,廊下派思想
家,盛年大约在公元 100 年左右)把连属理论解释为围绕着个人灵
魂不同亲近程度的同心圆。主体自身在同心圆之圆心,接下来是
家庭成员,较远的是亲属、本地居民、公民同伴、临近城镇的人、本
国人,最后是最一般的人类成员。

　　　　一旦所有这些都被考察,在对待每一群体的过程中,使各
　　圈层朝向中心,努力使各圈层彼此拉近并在某种程度上趋向
　　中心,就是那些品性良好的人的任务。把那些第三圈层的人
　　们视为好像他们来自第二圈层,反过来,把我们的亲属视为好
　　像来自第三圈层,这对我们来说是义不容辞的(proskeitai)。

―――――――――――――

① 依 LS 译文,西塞罗在《论至善与至恶》3. 64 的相关章节的最后可能引入了一种在
后来和早期廊下派哲学相同语境中未被提出的思想——按照自然本性,我们相比
于"个人利益"更偏爱"共同利益"。在他的《论至善与至恶》3. 62—64 的记述中,似
乎这种看法关涉于早期的教义。

因为尽管血缘上的较远距离会减弱我们对他们的感情,但是,我们仍然需要努力吸纳他们。通过我们自己的主动性,我们能够缩短与每个人的距离。这样,我们就能触及正确的方面。(Stobaeus4.671,7—673,11 = LS 57G)①

希耶罗克勒斯的记述抓住了早期廊下派理论中在细节上被忽略的重要含义:我们应该逐渐达到把所有他人,不论他们与我们有多么远,都同样视为我们自己的一部分。对于其理论的这一方面,安纳斯发现它所要求的是一种[104]无偏私性。② 但是,连属理论所要求的公正性在一定方式上和现代道德所要求的无偏私有所不同。首先,连属理论关心的是我们对待他人的感情倾向(affective disposition)。它认为,为了恰当地相关于所有他人,我们需要"爱"所有人。第二,我们必须考虑廊下派思想家关于情绪(emotions;pathê)的观念。该观念不是要我们去给出那种由怜悯所激发的爱。尽管廊下派思想家说"圣贤没有情绪(pathê)",但他们不是让我们设想一个对他人没有任何感情倾向的完美人格。圣贤有着"理性的情感"(eupatheia),在他们中间有着一种对于他人的友善品质,包括亲切、大度、温和以及爱(DL 7.116)。我们给予他人的就是这种"爱"。这样,尽管我们可能想到那种慈父般的爱,当他的孩子死去,这种爱会使人陷入绝望和痛苦,但是,这种爱并非那种要求对每个人的爱。根据廊下派的伦理学,人们没有必要以一

---

① 依 LS 的翻译,略有改动。

② 见例如,安纳斯,《幸福的道德》(*Morality of Happiness*),265 页。关于安纳斯如何理解"无偏私性"概念的简要概括见安纳斯,《亚里士多德主义的政治理论》(*Aristotelian Political Theory*),78 页。根据安纳斯,对无偏私性来说,最重要的是"主体(Ⅰ)并不因他们是自己所关切的而只权衡他们自己的利益,以及(Ⅱ)并不因他们是其自身而只权衡自己的特殊喜好和信守"。有关对安纳斯阐释的康德主义模式的批判性讨论参见阿尔格拉,《社会连属的机制及其在希腊化时期伦理学中的作用》,289—291 页。

种激烈情感的方式对自己孩子的死作出反应。因而，不论什么事情发生在我们所关注的人身上，倾向于把每个人"作为我们的一部分"的"爱"并不使人陷入一种激烈的情感反应。

希耶罗克勒斯在早期廊下派之后几世纪的著作中承认，批评者将很快会指出：对那些遥远的陌生人，我们很难对其产生一种亲近感。他为此还补充了一个产生此种感情的心理训练步骤。但是，按照早期廊下派理论，根本无需此种心理指导。如果德性即知识，并且如果灵魂是单一的和理性的，那么（至少在古代的论证方式中），知道所有人都具有亲缘性就是把他们都看作亲属，而这将推动主体在面对所有人的时候，像一般人只在面对自己最亲近的朋友和家人时那样——只会比一般人做得更好——倾向于给予一种可称为理性情感的"友善之爱"。

[105]尽管面对他人孩子的死而悲痛欲绝看起来不太可能，但是，把那种理性的情感延伸至全人类却是完全有可能的。阿尔格拉（Algra）论证说，这里所要求的是一种普遍化了的偏向性而非不偏不倚。但是，即使这一点也还需要加以限定：廊下派理论只允许那种并不伴随情绪（pathê）的偏向性。它所呼吁的是拓展属于自身的范围，或者说，是一种广义上的自身关切，这种意义上的自身关切系于圣贤具有的感情特质。这和现代伦理理论的无偏私性观点有所不同，因为它包含有一种情感特质。同时，它也不同于"普遍化了的偏向性"，因为，那种在偏向性中所伴随着的情感并非是理想人格的一部分。

在第欧根尼·拉尔修和西塞罗那里，连属理论都和廊下派政治哲学的观念有关。视所有人为公民同伴的教导为连属理论增添了政治维度；它所关注的是"与他人相连属"的方面——把他们视为和我们一样，关系于同一个法。那些把连属理论和政治理论联系起来的古代文本最后都提到共同法：当我们把他人视为和我们有着共同连属的时候，我们所想到的是，作为宇宙一部分的全人类,分有着同一个法。在此解读中,"连属性"的政治维度建立在全人类由共同法的纽带相互贯穿这一观点之上。我们也可以在《泰阿泰德》(Theaetetus)的匿名评注者那里看到这种人类之间的关联。该作者抱怨廊下派理论有多么的不现实。他说,根据廊下派思想家,一个人应该像相关于自身那样相关于遥远的米闪人(Mysian)。他还说,廊下派思想家的正义来自"恰当性";正确地看待自身和他人被认为是对正义的维护,①另一方面,这也肯定了廊下派思想家自己把连属理论直接和政治哲学关联起来。

看出"全人类何以同属于一个共同体"是理解"他人何以属于我们"的一部分。前面提到,这一共同体被解释为以部分和整体的方式存在:部分被理解为一个有机体的功能环节。在其他语境中,廊下派思想家把人类和诸神的共同体解释为理性统一体。诸神和人之所以被认为是一个共同体是因为他们分有理性,人类和诸神的区别[106]在于人努力追求完善理性,而诸神则拥有完善理性。因此,当我们能够把他人视为我们的一部分(与我们连属)的时候,我们所理解到的就是,全人类以相同的方式与我们相关,因为,他们像我们一样,分有着理性。但是,正如我们已经说过,在连属理论的语境中,理性的亲缘性并未被强调;在相关的段落中,我们所听到的是作为同一整体之部分的亲缘性。对于连属理论来说,能够理解作为整个自然一部分的人们彼此相互连属是其一个方面。认识到一个人作为整个宇宙的一部分而不仅仅是人类共同体的一部分则是该理论的第二个方面。对这些方面的关注并不局限于早期廊下派理论。爱比克泰德说,成为世界的一个公民实际上就是成为世界的一部分(《对话》[Discourses]2.10.5—12 = LS 59Q 部分)。据此,成为全人类的一个公民同伴也就是成为宇宙的一

---

① 见《关于柏拉图〈泰阿泰德〉的匿名评述》(Anonymous commentary on Plato's Theaetetus),5.18—6.31 = LS 57H)。

部分。

　　对于现代的评论者来说，以理性共同体的方式重建连属理论似乎充满直觉力和信服力。据此，那些发展者（progressor）能够认识到作为理性的德性是唯一的善，认识到正是由于人类都分有理性，她才和每个人相关联。另外，做恰当的事就是做理性证明为正当的事，当一个人在发展中，他就越来越能够一贯地选择这种理性的方式行事。这一概括尽管有意做得片面，但是，它却显现出，廊下派理论何以能够一直指涉理性而不是指涉作为包含诸部分之统一体的自然。尽管这种理解是片面的并且未反映连属理论关键性文本的重点，但是，这些主张对于廊下派伦理学却并不陌生。这也很好地契合西塞罗在其著作《论义务》（De Offciis）开头所讲的：他对第一冲动做了说明，爱自己子女，被用来引出对于合理（officia）的或合宜的（kathekonta）的、恰当的行为的讨论。由于恰当行为就是做能够被理性所认可的行为，因此，一直对于理性的强调是十分适宜的。这就是西塞罗所呈现的，人类之间的关联就是理性的联合（1.11—12）。① 以理性为基础[107]所解释的连属理论因此并没有过多突破传统阐释的边界。②

　　正如我们能在其他语境中从此段落里看到的，廊下派思想家确实认为所有人类具有理性，并且他人由于具有理性而与我们关联起来。但更进一步，他们相信，那些具有完善理性的人还在另外

---

① 在斯科菲尔德关于《论责任》（De Officis）1.11—12 的评论中，他认为全人类之间的纽带在廊下派那里并不是他们的人性（《通向正义的两种廊下派进路》，203 页）。他强调，这一纽带可以通过提到理性而得到解释。

② 斯特赖克（Gisela Striker）十分坦率地说，尽管对我来说，"一致的生活"必然是理性的生活这一点足够明晰，但她并没有从原始文本中发现这一论证（《家园的作用》，287 页）。斯特赖克提到，爱比克泰德的段落可能接近这一思想（《对话》1.6.16—21）。但这并不能算作是早期理论的证据。由于斯特赖克关注对我们现代读者看来最具合理性的关于 Oikeôsis 的文本以及关注通过对资料的精细校正进行的取舍，她关于 Oikeiôsis 的讨论是意义重大的。

一种意义上相互关联，并且，作为宇宙灵魂的理性联结着具有理性的一切存在者，不管他们是完善的还是不完善的。① 但是，当我们逐渐意识到自己连属于或从属于宇宙的其他部分时，我们首先需要理解的并不是理性的亲缘性。我们首先和主要理解的是，我们是在一种非常确切的意义上连属于宇宙，因为我们只是它的一部分，这对所有其他人类也是如此。如果我们忽视连属理论的这一方面，我们就会陷入把廊下派理论康德主义化的危险，或者把它视为独立于有关宇宙自然方面之论题的理论。但是，连属理论的两种阐释方式最终可以交汇于一点。最重要的是，我们是宇宙的一部分，因为作为我们灵魂之本质的精气（pneuma）就是宇宙灵魂的一部分，宇宙灵魂本身即是精气。宇宙的灵魂就是其理性。因此，理解一个人何以是整个宇宙的一部分也就是理解一个人自己的理性应该和宇宙理性相协调。以此方式，我们达到了前面提到的以理性为基础所重构的连属理论。但至此，理性的概念在一个很重要的程度上是一个物理学的概念。

　　如果我们关注于"人类作为整个宇宙的一部分"这一观念，我们就会看到在其他语境中很难看到的廊下派理论的一个方面："我们如何与他人相关"以及"我们应该如何看待与他人相关的自己"的说明。把所有他人视为"属于我们"意味着把他人视为我们自己，正如在一种扩大了的意义上，父亲把自己的孩子视为自己的一部分一样。[108]一个人"把他的孩子视为自己"这一扩大了的意义上的连属性还与如何看待他人的关切相关。如果有人伤害某个父亲的孩子，这一父亲会感到那人直接伤害的是自己。他所直接关切的是：那种加在他孩子上的伤害直接就是与自己相关的伤害。

　　理解一个人何以与所有他人相互连属具有伦理学和政治哲学的深层含义。最基本的是，它告诉我们，所有他人所关切的也是我

---

① 见例如：西塞罗的《论法律》(De leg.)1.23 = SVF 3.339。

们的关切。"我们的关切",也即我们应该审慎思虑的东西,就是有价值和无价值的东西——健康、疾病、财富、贫穷等等。这些事物被廊下派思想家称为"中性物"。他们既不善也不恶,因此,对于真正的幸福来说,是"中性的"。但是,它们并不在通常的意义上是中性的:它们对人的行为有所影响。恰当的行动来自对所有与处境相关的"中性物"的充分权衡。他人的健康或疾病、富裕或贫穷、生命或死亡、强壮和虚弱等等也是我们所关心的。如果一个主体把全人类视为属于自己,那么全人类的关切就真正是她自己的关切。

廊下派思想家并没有提出一个考察我们如何与他人相互作用和我们对他人有怎样责任的"正义理论"。但是,这并不是因为他们并未介入这些问题。廊下派思想家把这些(或类似的)问题置于"与他人在唯一真实的家园即宇宙中共享生命"这一理论框架当中。尽管我们只能对此提供一个粗略的草图,但一旦我们注意到"人类是一个更大的宇宙生命的一部分"这一观念,廊下派理论的这些方面就显得十分明显。没有整合这一思想图景的理性共同体观念很可能难以在廊下派伦理学中发现对于他人的责任性。理性共同体的观念如果缺少物理学的方面,就可能成为和"'与所有他人相互连属'(belonging to all others)的共同体"这一廊下派思想十分不同的东西。

揭示早期廊下派政治哲学和连属理论之间的联系在很大程度上要借助于普鲁塔克的记述,其中他讲到,在《政制》中,芝诺教导一般的发展者如何对待他人。认识到"所有他人都是公民同伴"与"努力建造一个在其中所有人都是公民同伴的城邦"是十分不同的。[109]"所有他人都是公民同伴"的共同体是一个已经存在着的事物;它就是宇宙,一个每个人类成员都是其部分的总体。廊下派思想家并没有设想一种应该被建造的共同体。毋宁说,他们告诉我们,这样一个共同体已经存在,它应该被理解并且应该转变我们如何与他人相关的方式。

进一步说,这一阐释能够帮助我们理解芝诺为什么把"成为亲属"作为其政治哲学的核心概念。论题(S)包括四部分:只有圣贤才是公民、朋友、亲属和自由人。公民身份和自由显然是政治哲学的主题,在古代的讨论中,朋友关系也确实包含在政治哲学范畴当中。但是,为什么芝诺要把"成为亲属"归入其政治思想观念的中心呢? 不完全的回答可能是,任何共同体都可以成为政治哲学讨论的题目。但是,我们也许还应该认为,对早期廊下派思想家来说,"连属关系"实际上是一个非常根本的哲学概念,正是这一"连属"概念支撑着"成为亲属"这一说法。在论题(S)中,芝诺运用了一个在连属理论中的技术性词汇:①他用 oikeion(家属的)来指那些较严格意义上的亲属和那些传统意义上被视为亲属的人。但后来他也说,所有那些没有德性的人之间彼此互为"生疏者"(alienated;allotrion)。芝诺描述的这种与"亲属"相反的"生疏者"可以表明,芝诺所使用的是一种技术性的语言而非通常关于亲属和陌生人的说法。在日常语言中,并没有与亲属关系相对的表达——个人可以简单地认定为是亲属或不是亲属。芝诺使用"生疏者"(allotrion)与"亲属"相对,表明他是在连属理论的技术性术语框架内在提出其主张,而且确证了"该理论需要被视为与政治哲学密切相关"这一论题。②

[110]"敌意"、"生疏"这些技术性术语是与"公民""亲属"相

---

① 尽管怀疑主义列举的这些论题的清单在总体形式和早期廊下派政治哲学之内涵方面具有误导性,但这一段似乎直接引自芝诺的主张。

② 正如阿尔格拉(在《社会连属的机制及其在希腊化时期伦理学中的作用》中)所论证的,对廊下派理论十分重要的词汇,Oikeiôsis 已经在柏拉图和亚里士多德那里被使用。因而,我们不应认为,如果芝诺或克律西珀斯发展了理论,那么,他们所考虑的问题并非此前古代伦理学的一部分。阿尔格拉对于相关于这一问题的不同形式给出了一个广泛的分析。作为与"共属一体"相对的词汇,allophulon 似乎最为重要。在廊下派理论中,allotrion 成为关键性术语。如果芝诺在《政制》中使用了这一词汇,这表明他已经是在连属理论的框架内设想这些问题。

一致的术语,都是较强意义上的用语。因此,那些相对较弱意义上的公民和亲属之间可以并不矛盾地说成是相互敌对和生疏。这一论题的"佯谬"是典型的廊下派风格。它可以从智慧和愚笨、德性和邪恶、知识和无知之间的二元区分中获得一定的意义。无论谁如果他不是智慧的,就是愚人,同样,无论谁,如果不是在强意义上的公民,就是敌人。谁如果不是强意义上的亲属,就是生疏者。但是,敌人以及在此技术意义上的生疏者——即所有愚人——也是有理性的,作为整体的一部分也彼此相互关联。

第三章　智慧：圣贤与诸神

[111]正如我们看到的,这一全人类的共同休并非是一个理想,而是现实。宇宙即是全人类的家园,与诸神一起,所有人生活在宇宙城邦之中。但是,人们应该理解他们自己是整个宇宙的一部分,而宇宙是所有理性生命的家园。以这种方式看待自身涉及很多方面。最后,只有圣贤才能够理解与此自身认识相关的一切——这一关于自身的观点预设了对于宇宙、自然、法等的更深层的理解。正是通过获得这种理解,一个人才真正成为公民、朋友、严格意义上的亲属和自由人。作为公民、朋友、亲属和自由人而在宇宙中生活的理想是本章所要讨论的主题。我们已经看到,所有人类成员不管他们是否认识到这一点,他们都是宇宙的一部分、都是这一共同体的一部分。但是,关于公民、朋友、亲属和自由人的技术性概念建构了一个以更好的方式成为宇宙城邦一部分的理想。

正如我们希望展示的,这一理想部分是通过"智慧"的政治维度、部分是通过"公民-诸神"(citizen-gods)的概念构筑起来的。许多廊下派思想家关于圣贤之专职的著名主张,至少可以在某种程度上置于政治哲学当中。圣贤被认为从事各种公务,承担不同的公共职责——他是一个牧师、预言家、法官等等。论题(S)即只有圣贤才是公民、朋友、亲属和自由人的观点和"只有圣贤才是 X"的主张有着相同的结构。为了对(S)有一个较好的理解,我们必须首先对这些主张的结构以及它们在廊下派思想家的智慧概念中所处的地位加以考察。正如我将论证的,这些主张并非告诉我们,圣贤的生活由各种任务和职业所占据。[112]毋宁说,廊下派思想家把 X 重新定义为理性的成就,或者可以说,智慧的某一具体维度。本章的大部分致力于对智慧和知识的问题进行考察,我想表明,它们对我们阐释廊下派思想家有关公民、朋友、亲属和自由人的观点有着重要的意义。

圣贤和诸神都是智慧的,因此,我们对廊下派智慧概念的研究就必须延伸到诸神。至此为止的,我们都把诸神初步理解为宇宙中具有完善理性的生命,我们的讨论也以此为基础。但是,该如何理解"诸神是公民"(同样可以推测,他们也是朋友、亲属和自由人)这一主张的问题,还远未清晰。公民-诸神的概念并未得到学界的关注;毫无疑问,现代人相对陌生的早期廊下派政治哲学对法和世界主义进行了讨论。但我们同样可以猜想,下面这一廊下派神学的基本教义会使上述廊下派观念变得不那么迷人,这一教义远在当代学者把廊下派思想家视为某种形式的世界主义者之前就存在了,这一基本教义就是,廊下派思想家所讲的神是物理性的。在基督教的自然法传统中,廊下派思想的任何成分都可能保留下来,但这一观念却注定会被人排除。对早期廊下派思想家来说,圣贤和诸神都是宇宙中物理性的存在。还有第二个问题:菲洛德谟斯抱怨说,廊下派思想家给人们这样一种印象,即他们的神学为诸神留下了地盘,这是他们在故意欺骗我们。在他看来,廊下派思想家对诸神的讨论不应该被严肃对待。为了看到问题,我们无需像菲洛德谟斯那样,以一种不信任的态度审视廊下派思想家。廊下派神学以一个物理性的神的观念为中心,这也是廊下派物理学两个基本本原之一。并不清楚的是,在这一框架中,复数性的神观念是否应该被视为只是一种隐喻。①

即使涉及圣贤,说到复数性的圣贤也是令人惊奇的。在廊下派伦理学的核心领域,对圣贤的讨论可以转换为对智慧的讨论,也即对[113]灵魂状态的讨论。正如我将论证的,一旦廊下派思想家步入政治哲学,二者(单复数)之间并没有什么真正区别。论题(S),即只有(复数性的)圣贤才是(复数性的)公民、朋友、亲属和自由人这一主张,完全可以改述为"只有(单数性的)圣贤才是(单数性的)公民、朋友、亲属和自由人。在廊下派思想家的设想中,论题(S)的正确性必定独立于在某一给定时代是否实际存在着圣贤这一事实。如果只存在一个圣贤,那么,她必定是公民、朋友、亲属和自由人。圣贤,正如我们将要表明的,就其能够在完善理性或法的引导下生活而言,她被视为宇宙中的公民。说她是亲属是因为她充分地连属于宇宙或者说连属于宇宙中完善理性的部分。说她是自由的,是因为在她那里,没有什么能够妨碍她和理性一致的生活。说她是朋友,是因为在宇宙中,任何具有完善理性的存在(圣贤和神)之间都相互助益。所有这些观念都并不暗示一定需要存在一些圣贤。实际上,如果的确并不存在圣贤,我们也仍然可以设想,宇宙中的诸神也会是如此。

关于圣贤和诸神的章节应该首先指出为什么圣贤和诸神最好被放在一起讨论。因为,在德性方面,圣贤和神是相同的(第一节)。但是,作为一种物理性的存在,他们却是不同的。本章的一

---

① 最近一部文集在廊下派神学研究方面取得了重要进展,该论文集由弗雷德(Dorothea Frede)和拉克斯(Andre' Laks)编订,包括神学传统、希腊化神学研究、廊下派神学的背景与后效,见《希腊化文集第八辑》,(*Eighth Symposium Hellenisticum*, Leiden:Brill,2002)——不过,关于廊下派神学研究的重心并不在多神观念上。弗雷德讨论了廊下派关于神是物质性的主张以及神圣存在物何以由神所创造的问题。见《廊下派神学》(La Théologie Stoïcienne),载《廊下派》(*Les Stoïciens*,Paris,2005),213—232 页。

个目的还在于澄清论题(S)的三个组成部分：只有圣贤才是公民、朋友和亲属(我们在第四章再转到对自由人的讨论)。但是，为了理解这些关于圣贤的主张，我们需要首先澄清"只有圣贤才是 X"这一主张的功能和结构(第二节和第三节)。这一讨论的结果能够与芝诺的"只有圣贤才是公民和亲属"的主张相适应(第四节)。圣贤是亲属是因为她充分地连属于宇宙中完善理性的部分；公民-诸神的概念帮助我们更好的理解其中的含义(第五节)。最后，我将回到"朋友"以及芝诺关于"在城邦中，爱若斯(Eros)提供了安全"这一主张的讨论(第六、七章)。

一、诸神是圣贤吗?

诸神在与德性有关的所有方面，都和圣贤一样。诸神和圣贤被相同的谓词——智慧、美德、快乐(eudaimôn)所描述，并且具有完善理性。在这个意义上，关于[114]"只有圣贤才是公民"以及"神是公民"的论题在很大程度上是等价的。其核心观念就是，只有完善理性的生命才是公民。克律西珀斯曾有过"宙斯并不优于圣贤"的著名说法："宙斯在美德方面并不超过迪翁，由于他们是智慧的，因而，不论他们中的哪一个受到对方的作用，都会同样地从对方那里获益。(克律西珀斯,《论一般观念》[*On Common Conceptions*]1076A = LS611, LS 译本)

克律西珀斯的论题显得十分强：不仅宙斯在德性上并不优于迪翁，而且宙斯本身被称为是智慧的，并能够从人类中获益。[①] 廊

[①] 神是德性的或神具有德性如何在古希腊传统和哲学中被处理是一个困难的问题。神可以被描绘为善、正义、神圣等，但并不被称为有德性的。在许多文学或神学文本中，"正义"并不被理解为德性。毋宁说，它似乎是指分配命运和人类生活秩序的方式。另一方面，还有一种关于神的壮举(aristeiai)之传统。正如阿克琉斯(Achilles)或帕特罗克洛斯(Patroclos)的英雄事迹可以列于壮举之中，宙斯的伟大事迹可以在文本中叙述或艺术中描绘，并且可以被视作壮举。

下派有关"圣贤和神的相似性"的理论是在古代持续已久的讨论中,尤其是在《泰阿泰德》176b—c①　相关观念的背景中被给出的。在那里,柏拉图通过苏格拉底解释了一个人为何应该尽量使自己变得和神相似。由于缺少一个简单的英文术语,"尽量使自己变得和神相似"就成了希腊词 homoiôsis theô(字面上看,就是"消融于神之中")的一个通常译法。我们也许可以说,廊下派思想家关于"圣贤和神相似"的主张构成了早期廊下派在这类问题上的视域。圣贤和神一样都是智慧的典范,二者都引导着发展者变得与他们相似。廊下派的圣贤所担当的角色相当于在柏拉图那里的神圣原型:他能够被其他人所模仿。在廊下派理论内,[115]并没有为有德性的人类进一步模仿神留下空间。后期廊下派思想家在一定意义上似乎认为,即使是最有德性的人,仍然需要进一步在德性方面学习神。当塞涅卡问"什么是幸福的生活",他概括自己的描述回答说:"一言蔽之,有智慧的人类心灵应与神相适应。"②但是,这并非早期廊下派思想家表达其理论的确切方式;在他们的陈述中,说"智慧之人的心灵应该处于某种状态"是无意义的。毋宁说,发展者的心灵应该处于圣贤和诸神的状态。早期廊下派思想家既用圣贤也用神的概念来解释完善理性的概念;他们并不认为,智慧的人

---

①　柏拉图关于"使自己变得和神相似"的重要段落有:《会饮篇》(*Symp.*)207e—209e,《泰阿泰德篇》(Th.)176b—c,《理想国》611d—e,500c—501b,613a—b,《法律篇》(Lg.)716c—d,《斐多篇》(Ph.)81a—84b,《斐德若篇》(*Phdr.*)245c—249a,《蒂迈欧篇》(*Tim.*)41d—47c,90a—d。有关柏拉图的"成为像神一样的存在"之观念见安纳斯,《柏拉图和新柏拉图主义的伦理学》(*Platonic Ethics*,*Old and New*,Ithaca,N. Y.:1999),第三章;塞得利(David Sedley),《亚里士多德和〈蒂迈欧篇〉中"成为像神一样的存在"》(Becoming Like God' in the Timaeus and Aristotle),载 *Interpretion the Timaeus-Critias:Proceedings of the Fourth Symposium Platonicum*,St. Augustin,Germany,1997,327—339 页。有关早期的观念,见 D. Roloff,*Gottähnlichkeit*,*Vergöttlichung und Erhöhung zu seligem Leben:Untersuchungen zur Herkunft der platonischen Angleichung an Gott*,Berlin:de Gruyter,1970 年。

②　见塞涅卡,Ep. 92. 3 = LS 63F,LS 译本。

应该努力追求与神相似。① 在《论自然》(*On Nature*)中,克律西珀斯写道,宙斯绝非超越于有智慧的人:

> 尽管克律西珀斯写了许多相反的主张,但是,他明确支持如下观点,即,任何坏的东西都并不超过任何其他坏的东西,同样,任何错误的行为也并不比别的错的行为更加错误,任何有德性的东西不比其他有德性的东西更有德性,任何完美的行为也并不超过其他完美的行为。他在《论自然》的第三卷中说:"由于他与宙斯相一致,他为自己和自己的生活以及高贵灵魂而荣耀,可以说,他高昂头颅,气派非凡,内心高傲,因为他过着一种值得自豪的生活,也就是与所有善相一致的生活,因为他的这种生活与宙斯相差无几。"(普鲁塔克,《论廊下派的自相矛盾》[*On Stoic Self-Contradictions*]1038c = SVF 3. 526)

"宙斯在德性方面并不更卓越"的看法建立在廊下派思想家"所有美德的行为和错误的行为都处于同一水平"这一论题的基础之上。如果某人是有德性的,那么,她的德性就是绝对的、无限的,而不是有或多或少的德性。这样,如果某人是德性的且某一神是德性的,那么,他们在这一方面就是完全相似的。按照廊下派德性的概念,宙斯在幸福方面也并不更优越。[116]德性或智慧的存在是幸福(eudaimôn);如果在德性和智慧方面并不存在等级,那么,在幸福上也不存在等级。只有有德性的人和智慧的人才是幸福的;低下的人或蠢人是可悲的。② 因此,对于神的较多幸福和人的

---

① 早期廊下派关于圣贤与诸神的理论思考还有另外一种看法,这一看法根据"在自身之中拥有神"的观念而形成。第欧根尼·拉尔修记述了有德性者"也被说成是神圣的;因为他们自身中似乎拥有神"(DL7. 119)。我在第一章讨论过的这一观念与廊下派神庙的观点(不应该建神庙)有关。

② 参见 DL 7. 89 = SVF 3. 39 = LS 61A;阿弗洛底西亚的亚历山大(Alexander of Aphrodisias),《论命运》(*De fato*)199,14—22 = SVF 3. 658 部分 = LS 61N。

较少幸福之间所做的区分与廊下派哲学是不相容的。无论谁是有德性的,他都是幸福的,并且其幸福不存在等级差别。① 由于廊下派的公民概念是建立在完善理性和灵魂的德性状态的基础之上,因此,对这一概念可以通过提及神和圣贤得到同样合理的解释。

但是,圣贤并不是神;她并非是像神一样存在的生命。廊下派著名的"自然阶梯"(scala naturae)学说就是关注于自然界中不同实体的运动方式——它们的运动(或被推动)是外在的还是内在的,如果是内在的,是单纯地通过生长,还是通过印象,抑或是通过对印象的认可。② 这一阶梯以人类作为其顶点。但西塞罗所提出的廊下派的自然阶梯中,还包括了最高阶梯上的神这种最高类型的实体的存在:"第四级也就是最高级的阶梯,由那些'自然就是善的并且一形成就是智慧且包含着正义和稳定理性'的存在者所占据。"这些存在就是神。他们之所以属于神,是因为神与世界相同一,世界由完善和充分的理性所贯穿(《论神性》[De natura deorum]2. 34)。因此,圣贤和神之间存在一定的差别。神是智慧的,而圣贤尽管现在是智慧的,但是,他们不得不在一开始让自己变得智慧。③

普鲁塔克记述说,在廊下派思想家那里,诸神不仅是不朽的和幸福的,而且还对人类充满友善、[117]关心和帮助。④ 另一方面,

---

① 参见司托拜俄斯(Stobaeus)2. 98, 17 = SVF 3. 54. 还可参见普罗克洛斯(Proclus),*in Plat Tim*. P. 106F Schn. = SVF 3. 252。

② 见奥利根(Origen)的《论原则》(*On principles*)3. 1. 2—3 = SVF 2. 988 部分 = LS 53A。

③ 克勒昂忒斯论证说,必然存在着高于人类的存在:如果有较好和较坏的自然物,那么,必然存在着最好的自然存在物。人类容易遭受各种形式的痛苦。并且,即使他获得了德性,那也只是在他生活的较后时期形成的,因此,必然存在着更好的生物,即神。(SE M 9. 88—91)按照这一论证,似乎人们一旦一开始就具有德性,神也并不比人更好。

④ 见《论普遍概念》(*On Common Conceptions*)1075E = SVF 2. 1126 = LS 54K。这一观点被归于塞涅卡所记述的克律西珀斯,参见《论预言》(*De divinatione*)1. 81—82 和 2. 101—102。廊下派神学中这一主张的重要性也在西塞罗的《论自然》(*De Natura*)中被强调,其中,他详细阐释了这一点并与埃比克太德的相反观点相对照。

这一主张还涉及圣贤和神的比较:神的态度非常像圣贤理智的情感。不过,神对人关照和友善的本性不仅是圣贤那种替代了激烈情欲的"理智情感",而且,神还是全知和富有远见的:为了关照人类,神需要对将要发生的事情事先知晓。而圣贤则只能获得那些与其生活相关的知识,而不能知道事物的所有原因。圣贤需要利用各种迹象来预言有什么将要发生;神则通过他们对所有原因的知识来从事他们的关怀和照料。[①]

再有,诸神见证了以往的世界,每一新产生的世界都和以往的世界相同——诸神肯定能够知道什么事情将要发生。每一世界运行的周期在所有方面都被视为相同的。[②] 神圣的理性和圣贤的完善理性还是有所差别。神知晓所有原因且是永恒的这一点可以导出其十分强大的无所不知。这样,尽管在伦理学的意义上可以说诸神和圣贤作为公民在物理性的存在方面十分类似——只有具有完善理性的存在才能按照贯穿在宇宙中的法而生活——但是,作为公民的神和圣贤却是不同的存在者,这涉及他们获得知识的方式。尽管我们大体上可以通过神和圣贤的概念来对早期廊下派政治哲学的核心思想加以考察,但我们必须把神和圣贤的上述区分铭记于心。确切地说,诸神是一种不同的存在者,这可以帮助我们理解廊下派政治哲学的某些观点。

[118]尽管如此,我们可能还是不情愿进入"公民-诸神"主题的

---

① 参见西塞罗,《论预言》(De divinatione)1.82,1.118,1.125—130。

② 见内梅休斯(Nemesius),《论人的本质》(De natura hominis)309,5—311,2 = SVF 2.625 = LS 52C。正如 Ricardo Salles 指出的,这意味着在一种十分强的意义上,事物都是相同的,包括数字对象;见《早期廊下派思想中的决定论和轮回》(Determinism and Recurrence in Early Stoic Thought),载 Oxford Studies in Ancient Philosophy 24 (2003):253—272,259 页。考虑到 kataleptic 印象理论,若两种事物不可辨析,那么严格地说,它们必然是相同的。不存在两种可以具有相关类型不可辨析性的事物(aparallaxia;参见 SEM7.409—410)。因此,在严格的意义上,神见证了同样事情的发生。

讨论。如果诸神在伦理学的意义上真的看起来像圣贤,为什么我们不应该把自己限制在对智慧的讨论中? 毕竟,早期廊下派政治哲学是其伦理学的一部分,也许我们无需过多地被廊下派的物理学所困扰。考虑克律西珀斯认为"宙斯和和迪翁都是有德性和智慧"的主张,我们是否应该按照字面的意义理解他所提到的宙斯? 为什么我们不应该致力于这一主张的伦理内核,即并不存在德性或邪恶的等级,因此,无论谁是有德性的,他都拥有完全的德性、智慧和快乐? 这一思路很有诱惑力,据此,可以在重构廊下派"宇宙城邦"的理论时,忽视作为物质性存在的诸神。但是,即使是根据克律西珀斯的陈述——迪翁和宙斯的比较——我们也很难确定,是否我们还应该采纳这种纯伦理学的解读。对克律西珀斯的陈述,完全可以给出一个合理的物理性的阐释:宇宙本身就是一个有生命的存在,它拥有一个灵魂,在某种意义上,可以说是主导宇宙的法,也就是宙斯。这样,迪翁就可以和这种宇宙中的理性灵魂相比较。按照这种解读,克律西珀斯令人困惑的陈述表达的就是两种完美灵魂,即圣贤的灵魂和宇宙灵魂的比较。如果我们按照这种方式重述克律西珀斯关于圣贤和宙斯的比较,将之视为物理学的论题,那么,除了听起来合理之外,还十分吸引人。圣贤完美的灵魂和宇宙的完美灵魂相似。它(圣贤灵魂)关联着渗透于宇宙中的灵魂(理性、法等)并且成为整个宇宙不可分割的一部分。这是理解圣贤何以在一种物理的意义上和宇宙相关的关键性见解;正如我们将看到的,这一点构成了廊下派"亲属"概念的核心。

二、圣贤"无所不知"

西塞罗记述说,廊下派思想家主张只有圣贤才是国王、富有者和善人;不论何处发现的每一事物,都属于(belongs to)圣贤;没有谁比圣贤更胜任执政官、君主;最后,只有圣贤才是公民和自由人。

西塞罗指出,这些主张是一些似是而非的隽语,还补充说廊下派思想家的大部分这类[119]隽语可以追溯到苏格拉底。[1] 圣贤还是唯一的预言家、诗人和祭司。[2] 西塞罗把上述廊下派主张视为似是而非的隽语(它们常出现于一些廊下派教义当中)的理由是很显然的:一个人怎么可能同时是国王、预言家、祭司、法官、商人、诗人等? 难道圣贤是宇宙城邦的国王,并且同时占据该城邦的所有要职? 或者,我们是否应该认为,在某处偶然存在着某个圣贤,由于他胜任所有那些工作,因而他应该被委以重任?

正如我们将讨论的,"只有圣贤才是 X"这类主张的形式有一个特殊的结构。它们目的在于增进我们对什么是智慧的理解,并且,还重新定义了 X。论题(S)就是依照这一模式被提出的。正如我所希望展示的,即使是论题(S)(暂不论存在许多圣贤的情况),其重点也在于将智慧视作灵魂的一种状态。不过,我们只有通过对"只有圣贤才是 X"的形式和功能加以深入研究,才能够发现这一点。为了做到这一点,我们需要首先转向廊下派知识论方面的一些基本问题。

廊下派思想家持有这样一种著名的看法,即圣贤"无所不知"。正如科弗德(Kerferd)所看到的,这一看法可以改述为"廊下派的圣贤知道所有事情"。[3] 其他古代的理论都尽量避免"认为某人能够认识一切可认识的事物"这种十分不合情理的看法——他们论证说只有特定类型的事物才能成为知识的对象,或者认为需要在一般性知识和特殊性知识间做出区分等等。但廊下派思想家并未提供这样的区分。因此,这一看法似乎向我们呈现出来的就是,廊下派的圣贤具有一种不合情理的无所不知的能力,他们知道过去、现在(也

---

[1] 见《学院派哲学》(*Academica*)2.136 = SVF 3.599。

[2] 见斯托比亚斯 2.67,13 和 20;参照 2.114,16。

[3] 见科弗德(G. B. Kerferd),《圣贤知道什么》(What Does the Wise Man Know),载《廊下派》(*The Stoics*, Berkeley, 1978),125—136 页。科弗德提供了一个 1978 年之前提出的相应观点的简要提纲。

许甚至将来)所有可能被认识的东西。这一"圣贤的知识"的概念并没有区分诸如"有关命运本质的理解"和仅仅是"知道在地球另一端随便哪个人上周五穿了什么衣服"之间差别。

[120]但是,如果我们仔细阅读原始资料,就会发现,廊下派思想家并没有把圣贤描绘为一种不合情理的无所不知的人。[1]　而且,圣贤"无所不知"的主张甚至不能准确地改述为他"知道一切事情"(廊下派思想家并没做过这一陈述)这类主张。圣贤"无所不知"之所以被解释为圣贤"知道一切事情",主要归因于阐释者自身的认识论背景假设。对他们而言,无所不知与知道一切是相同的。而廊下派思想家的前提却并非此。廊下派思想家认为,只有圣贤才具有知识,他并不具有"意见"(SEM7. 151—157),并且,知识就是灵魂的总体状态。[2]　他们提出四种对于 epistêmê(我一直把它翻译为"知识")的定义,即(1)知识就是通过理性获得的牢靠的、不变的认知(cognition;kataêlpsis);在此,"知识"指示那种圣贤的个别认识行为所得到的成果(即通过认识所获得的一部分新的局部知识[pieces of knowledge])。(2)知识是指那些不同的"局部知识"的体系。(3)它指的是那种专门性(expert)的知识,正如德性方面的知识,具有内在的稳定性。[3]　(4)知识"是一种由理性所决定的,判断印象的稳定禀性(tenor),并且,他们说,它具有韧性和力量"。[4]　圣贤能够获得"局部的知识"是因为稳定的知识系统构造着圣贤的

---

[1]　参照弗雷德在其《古希腊思想中的理性》(Rationality in Greek Thought,Oxford,1996)导言中有关圣贤并非全知的评论;还可参见弗雷德,《廊下派知识论》(Stoic Epistemology),载《剑桥希腊化哲学史》(Cambridge History of Hellenistic Philosophy,Cambridge,1999),295—322 页。

[2]　关于"只有圣贤才具有知识"的主张,参见西塞罗的《学院派哲学》2. 145 = SVF 1. 66 = LS 41A;SEM7. 152 = LS 41C;关于知识何以是灵魂的总体状态,参见 Stobaeus 2. 73,16—74,e = SVF 3. 112,部分 = LS 41H。

[3]　我在这里不能讨论(2)和(3)之间的可能区别。

[4]　见斯托比亚斯 2. 73,16—74,3 = SVF 3. 112 部分 = LS 41H。

灵魂。因此，"系统性"这一概念和圣贤何以"知道一切事情"是内在相关的；他所持有的每一正确见解都是一个知识系统的一部分，它们中的每一个都具有知识的地位。①

和知识一样，无知也是一种灵魂的状态，是通过对印象的认可或判断而产生（并保持、加强）。[121]我们可以按照知识的上述不同定义来思考无知。一方面，存在单独的"局部的无知"（pieces of ignorance）即意见；另一方面，无知是愚人灵魂总体的一种状态（这一总体状态并非由"局部的无知"彼此相互一致构成的总状态，因此，这一点并不能按(2)和(3)的关系来理解）。无知是一特定类型的"认可"（assent）：易变的、薄弱的认可。② 每一"局部的无知"（也就是每一个易变的、脆弱的认可）来自（并由之所强化）一种灵魂的总体状态的无知。圣贤"从不做出错误的假定"，并且他"从不认可任何不被清楚认知的东西，这是因为他从不想当然地看待事物"。③ 圣贤仅仅认可那些 kataleptic（或者说：清楚分明的）印象；如果某个印象是得到清楚认知的，他便牢牢地加以认可。④ 因此，

---

① 关于"一致性"的概念，见弗雷德，《论廊下派善的概念》(On the Stoic Conception of the Good)，载《廊下派哲学主题》(*Topics in Stoic Philosophy*，Oxford，2001)71—94 页，尤见 83 页。

② Stobeaus 2. 111, 18—21 = SVF 3. 548 = LS 41G. 迈因沃尔德(Constance Meinwald)正确地解释说，根据廊下派，意见并不局限于对于非认知性印象的认可；见《廊下派知识论中的无知与意见》(Ignorance and Opinion in Stoic Epistemology)，载 *Phronesis* 50 (2005)：215—231 页。愚人也有"知识"，认可认知性(cognitive)的印象，但他经常是无力的认可。愚人的所有认可的特点由其灵魂的总体状态所规定，因而必然是"无力的"——愚人不能像圣贤那样以坚定的和毫不动摇的方式认可。注意到廊下派思想家并未设想两种类型的意见（即对于非认知性印象的认可和无力的认可）这一点很重要。毋宁说，愚人的所有认可都是无力的，他们对认知性印象也对非认知性印象加以认可。

③ Stobeaus 2. 111, 18—21 = SVF 3. 548 = LS 41G.

④ 关于是否怀疑主义动摇了这一说明或者廊下派的回答最终令人信服是一个困难的问题。把廊下派——怀疑主义论争的不同阐释与当代知识论理论联系起来的最近讨论，参见 B. Reed，《廊下派思想家对认知印象的解释》(The Stoics' Account of Cognitive Impression)，载 *Oxford Studies in Ancient Philosophy* 23 (2002)：147—180 页。

圣贤作出的每一个认可都构成其灵魂内的一条新的"局部知识",正如愚人的每一个认可都是一个新的"局部无知"一样。

　　根据这种分析,在没有任何事物向其呈现的情况下,没有人是有知识的或无知的。愚人尽管是单纯的无知,但是,他们并不对没有任何印象从而无法作出认可的事物无知。毋宁说,他们对这些东西根本没有任何态度可言。同样,圣贤对他们从未获得任何清楚印象的(他也许具有一个并不清楚认知的印象,但是由于他并不对之加以认可,[122]因而对之没有任何认知态度)所有那些根本没有任何态度。换种方式说,如果圣贤对于他所不认识的某人穿什么颜色的衣服从来没有任何印象,那么,对他来说,也就不会有相关的知识或意见的事情发生。如果他对于某人的衣服颜色有着模糊的印象,但他并未对此作出认可与否的反应,那么,也不会在其灵魂的总体状态中留下任何痕迹。因此,按照廊下派的观点,说圣贤对于此衣服颜色的无知也是不正确的。"对某物无知"也是一种认可的类型和灵魂的状态,正如"知道某物"一样。在"某个陌生人所穿衣物颜色"的例子中,我们不得不说,在圣贤的灵魂总体状态中,并没有与这一内容相关的方面。因而,圣贤从来没有该衣服颜色的知识,也没有该衣服颜色的无知。

　　这也和下述观点无关,这种观点认为知道某人衣服颜色的知识处于十分特殊的水平,而真正意义上的知识在某种意义上是普遍性的。同样,也和把知识限定于某类特定对象(某种"高级"对象)的观点无关。这些观点在廊下派知识论中没有任何地位。无论圣贤认可何种印象,这都将是一种认知的行为,因而形成知识。正如普鲁塔克的评述,如果廊下派的圣贤拥有戴恩打喷嚏或塞翁(Theon)打球的记忆,这就可以成为知识的例子(《论一般概念》1061C)。圣贤的知识仅限于他所获得的有限认知性印象的范围内。但是,认可塞翁曾经打球的印象是否和关于命运本性的洞见一样整合于圣贤的总体灵魂状态当中?尽管在两种情况下都产生了认可，但是，看不到关于琐碎事情、个别事情上的知识和那些关于现实的基本原理的知识在影响灵魂总体状态上的差异似乎是不合情理的。不过，我们无需认为以这种（按特殊性与普遍性的）方式来理解此问题是可以思考的唯一图式。

知识系统的概念为我们提供了一条如何描绘两种知识不同地位的重要线索。有关某人衣服颜色的知识或塞翁打球的知识并非整个系统化知识总体的一部分，并不能够和其他知识处在一种内在联系之中。圣贤灵魂中诸局部知识构成的系统并不会因具有或不具有这类知识而有所改变。与此相对的是，如果某人理解了有关命运本性的知识，[123]他的灵魂总体将会产生相当大的改变。如果不具备这样一种知识，也即不具备这种深植于圣贤灵魂之中，深刻地影响着他看待世界、作出判断的根本的方式的知识，他也就不可能是智慧的。尽管似乎有证据表明，有关命运和原因的知识担当着上述重要角色，但是，对于到底什么样的知识和圣贤灵魂总体状态相契合这一点，我们还缺少明确的证据。普鲁塔克的记述似乎给出了一个标准：圣贤并不介意他是否记得去年某时迪翁打了个喷嚏或戴恩曾打过球；因为他认为在这些众多的认识和记忆中，只有一部分和他密切相关（pros hauton hegêitai），而对剩下的毫不关心（《论一般概念》1061C）。在此，我不能深入到何以圣贤应该忘掉一些事情的问题中。对我们眼下目的十分重要的是，廊下派思想家似乎在那些指引我们生活的知识（在前边的表述中我们将之翻译为"和他密切相关的知识"）和其他知识之间做出了区分。显然，对命运本性的理解与人们如何生活高度相关。而知道某人正在打球的知识，如果缺少任何具体条件的话，和人们如何生活几乎没有任何关系。

我们可以通过思考"知识的总体状况同时也是德性的总体状况"来全力对"何种知识构成圣贤知识系统的核心成分"的问题作出进一步的解释。一个廊下派关于德性的定义，据他们自己说，来

自苏格拉底的教义,即德性即知识:

> 廊下派思想家说,智慧就是关于神圣事物和人的知识,哲学是从事关于"有益性"(utility)的专门知识的活动。德性自身及其最高的意义就是有益性,并且在最基本的类型上,德性包含三部分——物理的部分,伦理的部分和逻辑的部分。因此哲学也包括三个部分——物理学,伦理学和逻辑学。每当我们考察世界及其内容的时候,物理学就被运用,当我们介入人类生活当中,伦理学就派上用场,当我们从事辩论的时候,逻辑学就被应用,逻辑学也被他们称为辩证法。(艾休斯[Aetius]1,序言2 – SVF 2.35 = LS 26A)①

[124]根据这一讲法,哲学原理内的这种分化同时也是德性最基本类型的分化。② 因此,德性在最严格的意义上是知识:德性即

---

① 关于这一观点的简要记述见 DL7.92。前面的段落至今没有得到足够的学术关注(梅恩是一个重要的例外,见《作为德性的物理学》[Physics as Virtue],载 *Proceedings of the Boston Area Colloquium in Ancient Philosophy* 11,[1995]:1—34 页)。科弗德(While Kerferd)的《圣贤知道什么》(*What Does the Wise Man Know*)提到廊下派关于德性的解释(甚至提到苏格拉底的"德性即知识"),他只是指出正义、节制、智慧和勇敢之间的较为传统的区别。但前面提到的区别至少对廊下派理论是重要的:廊下派理论主张德性即严格意义上的知识并明确地讲出这一点;它澄清了何种知识与德性相同一,西塞罗记述了德性与正确理性的同一性,将之作为廊下派的根本教义:德性是一种稳定的、整体性的灵魂状态,使得拥有这一状态的人值得赞扬;"所有完善的决定、判断和行为以及所有正确的理性都从它之中产生(尽管德性本身可以在一种最简单的可能方式上,被称为正确理性)。"(西塞罗,《演说家》(*Tusc.*)4.34 = SVF 3.198)

② 克律西珀斯讨论了 Athena(雅典娜),Athena 意味着 Athrena,进而意味着 Tritonis 和 Tritogeneia。这些名称,按照他的分析,表明智慧(Athena 所代表的)包含三方面,它包含着逻辑学、物理学和伦理学(菲洛德谟斯,《论虔诚》,9.15—10.3);见 A. Henrichs,Die Kritik der stoischen Theologie in PHerc. 1428,载 *Cronache Ercolanesi* 4 (1974):5—32 页。尽管克律西珀斯的主张是关于智慧而非德性,但它肯定了(考虑到被称为智慧和德性的事物表达着同一种灵魂的结构)有关德性的早期视角。

是这三个哲学领域内的知识。这一关于德性的概念也被西塞罗的《论至善与至恶》所证实。在阐释完廊下派的核心伦理论题之后，他说，除这些德性（伦理德性）之外，廊下派思想家还提出辩证法的（即逻辑学的）和物理学的德性。逻辑学是一种德性是因为，掌握了它我们就不会对任何错误的东西加以认可，就不会被欺骗，并能够牢牢地坚持我们所获得的有关善恶的洞见。"如果在任何事情上的鲁莽和无知是一种恶的话，那么，'铲除这些恶的艺术就是德性'这一观点显然是正确的。"（《论至善与至恶》3.72）另一方面，物理学也是德性，因为"与自然相一致的生活"建立在世界是一个总体以及人的生活受此总体的管理这一基础之上。(3.73)①

　　德性即知识并不意味着知识即德性；并非每种知识都是德性的一部分。前边关于[125]德性的看法可以帮助我们理解何种知识可看作圣贤的知识。显然，构成德性的知识包含在圣贤的概念中。圣贤在任何事情上都不会想当然地形成意见，即使仅仅是在某人衣服颜色的问题上也不会仓促认可，尽管"圣贤在任何事情方面都将不会想当然地形成意见，即使在关于某人衣服颜色的问题上也是如此"这一点很重要，不过，这些日常性的特殊知识在圣贤稳定的灵魂结构中并不占据重要地位。

　　根据此阐释，"知道每种事物"意味着灵魂的这样一种状态，在此状态中，每一被视为真的事物都构成一部分知识，并且所有这些局部性的知识构成一个知识的体系。这一体系组成了与德性不可分割的知识，它可以进一步容纳其他（可能数量庞大）的局部知识，这些知识依赖于圣贤的特殊生活。此一灵魂的状态被视为稳定状态；圣贤的任何认可都从这种稳定的状态开始。它将使得新的局部知识整合进已经存在于其中的知识当中。不过，新的"局部知

---

① 表达了廊下派教义的卡图写了一部关于廊下派哲学令人称赞的秩序与和谐的颂词，它强调廊下派哲学中的每一思想如何与其他思想相契合，没有一个词汇可以从其哲学体系中被移除。（《论至善与至恶》3.74）

识"只能是相对并不重要的——核心性的知识必定已经作为一种知识的总体状态处于某人的灵魂之中。因此，对他来说，是根据已有的知识来对新的知识加以认可。一旦我们看到廊下派知识论的基础结构，那么，有关廊下派"圣贤知道一切"的观点就是十分荒谬的。它预设圣贤对人们可能获得的一切事物具有清楚的印象。

认可不仅造成知识或意见，而且，考虑到得到认可的东西还包括那些涉及恰当行为的印象，因此，认可还与行为的驱动有关。因此，圣贤的"无所不知"总是和正确的行为紧密相连。正如在行为领域之外他总是能够避免落入欺骗性印象的陷阱，在行动的过程中，他也能同样避免被蒙蔽："而且，有智慧的人总是能够（在行为方面）恰到好处，不易犯错。"(DL7. 123)

总之，有关知识和行动的观念，即圣贤总是通过对印象的认可而获得知识或在行为领域中，通过认可而获得恰当的行为，解释了何以圣贤在所有事情上都是能手："智慧的人在所有事情上做得都很好，正如我们说伊斯梅尼亚(Ismenias)能在笛子上驾轻就熟地鼓动空气发出优美乐音一样。"(DL7. 125)

通过和在吹笛时掌握气流的音乐家相比较，有助于解释圣贤何以能够在一个相当广泛的领域内是行家里手。做好某些[126]事情就是把这种完善理性的灵魂状态带到不同的工作当中。使音乐家掌握不同的气流运动的是一种艺术，同样，使圣贤在任何他所从事的不同领域中成为能手的是一种知识的状态。同样的观点为司托拜俄斯(Stobeaus)所记述，而且更为详细：

> 他们(廊下派思想家)还说圣贤能够做好每件事情——也就是说，每一件他所做的事情都能做好：正如我们说吹笛手和里拉琴手能够做好每一件事情，这里的"做好每一件事情"指的是有关吹笛和奏琴方面的事情，同样，说圣贤能够做好每件事情也是相关于那些他所做的事情上，而非那些他不曾做的事情方面(楷

体强调为我所加)。在他们的看法中,"圣贤能够做好每件事情"的观点是他们能够根据正确的理性(right reason; katalogon orthon)和德性(kat'aretên)处理每件事情的必然结论,正确的理性和德性是有关整个生活的专门知识。与之相对,低下的人不能做好每一件事并且总是根据所有的恶来行事。(Stobeaus, 2.66,14—67,4 = SVF 3.560 = LS 61G,LS 译本,有改动)

严格地说,圣贤并非知道每一事物,而是说,圣贤的每一认可都构成一种知识。在关于行动的方面也完全如此,智慧的人并不做每件事,毋宁说,无论他所做的是什么,总是恰当的。他并不在每一技艺方面都是行家里手——只有在那些他所从事于其中的技艺方面他才是能手。正如说某人能够做每一件事情(完成每一种可能的行动,从事任何可能的技艺)是荒谬的一样,在廊下派的理论中,说某人知道每一事情——这意味着他能够对每一可能的印象作出认可——同样是荒谬的。

三、"只有圣贤才是 X"

带着这一总体的阐释,我们将接近"圣贤是国王、军事战略家、牧师、法官、先知等"的主张。首先,我们列出一系列记述这些主张的段落:

圣贤除了是自由人,还是君主,因为君主施行统治,这是没有人能够完成的;正如克律西珀斯在其《论芝诺术语的恰当用法》(*On Zeno's Proper Use of Terminology*)中所说,只有智慧的人才能实施统治。因为他们说,统治者必须拥有关于什么是善和[127]恶的知识,而低下者是不具备的。正如只有智慧的人才是公共事物的管理者、法官、演说家,而任何低下

者都不可能从事上述工作。(DL7.122＝LS67M,LS 译本)

而且,他(有德性的人)拥有着最高的幸福、幸运、快乐、虔敬,他蒙受神的关照,值得尊敬,他像国王、军事统帅、政治家、经济专家一样,并且相当富有。而那些庸钝者在所有这些方面都与圣贤相反。(Stobeaus 2.100,2—2.100,6 ＝SVF 3.567)①

只有圣贤才是优秀的预言家、诗人、演说家、论辩家和批评家……他们还说只有圣贤才能成为祭司,而绝不会是低下者。(Stobeaus 2.67,13 和 20)

而且,有德性的人还是唯一的预言家。(Stobaeus2.114,16)

还有这样一些论题,其中讲到他(即智慧的人)制定法律并教育民众,另外,对有德性的人来说,通过著书立说来使读者受益的生活是适恰的。(Stobeaus 2.94,11—14,斯科菲尔德译,125)

如果我们以传统的方式设想所有这些不同的角色和工作,那么,圣贤就会以一种变化多端的形象出现,似乎他从事所有这些事情。但是,一旦我们认识到这些主张是为了阐明某种完全合理的观点(即,使某人的理性处于一种恰当的或完美的状态),那么,它们就会显示出一定道理。和音乐家的技艺一样,圣贤的灵魂是一个统一体,这一总体的完美状态可以适用于不同的领域。从上述所引段落的语境中可以清楚地看出,在每一例子中,正是由于他的

---

① 谓词“君主般的”、“军事领袖一样的”等等,提出了一些进一步的问题,但在此我们无需介入其中。

知识,使得圣贤能够无与伦比地胜任各种专职。在每一不同的情况中,知识得到不同的运用。但是,尽管这些知识被不同的任务所需要,但灵魂的完美状态在本质上是相同的。

让我们以"圣贤是祭司"为例对上述主张加以考察。只有圣贤才能够成为祭司,因为一个人拥有关于神圣事物的知识与成为祭司是不可分割的(Stobeaus 2.68,2—3)。廊下派的祭司概念和祭司的传统概念的意义有一定连续性:祭司就是有关神圣事物的专家。但同时,廊下派的概念又具有很大的[128]修正性。在传统意义上,祭司并非探究、建构神学理论的哲学家。他的知识被认为是通过"启示"或"灵感"(他从事仪式、被训练担当一定的公共职能,在宗教实践中获得灵感,等等)获得的。

按照廊下派思想家的看法,那些担当祭司角色的人并不具备祭司应该具有的知识。但是,廊下派思想家并不是主张应该解散这些传统祭司并以圣贤替换。他们的主张毋宁是说,一旦我们理解作为一个祭司真正需要什么,就将会强烈改变我们对什么是祭司和谁是祭司的理解。我们就会发现那些担当祭司角色的人并非真正意义上的祭司。根据上述解读,廊下派的祭司实际上是哲学家-圣贤,是那些掌握物理学,以及与物理学原理内在相关的伦理学和逻辑学的人。在有关预言方面也是如此:正是圣贤的智慧使得他们能够解读各种征兆从而作出预言。无论是根据传统意义上的预言家概念还是廊下派的技术性概念,预言家都是在预测将要发生的事情上的专家。但是,在廊下派思想家那里,使他具有此本领的是他的知识——关于自然的知识以及从征兆形成结论的能力。①

---

① 廊下派的圣贤不能根据其有关原因的知识预言未来;只有神知道所有原因。圣贤需要利用标记(这是西塞罗在《论预言》[De divinatione]中记述的廊下派关于预测的观点,见 1.82,1.118,1.125—130 页)。正如弗雷德所指出的,廊下派思想家似乎强调原因何以晦暗或隐匿,使得对于特殊现象原因的知晓极为困难;一些廊下派思想家似乎被人抱怨,未能冒险进入对于具体原因的解释;见弗雷德,《原因的原初概念》(The Original Notion of Causes),载《古代哲学散论》(Essays in Ancient Philosophy,Minneapolis,1987),125—150,130—131 页。

廊下派思想家认为,在一个好的城邦中,圣贤将参与政治活动(Stobeaus 2.94,8—11)。但是,他们并没有让我们设想,既然圣贤有如此独特的能力,圣贤必须投身于传统意义上的各种公务活动并担当宗教职务。克律西珀斯在论及芝诺术语的恰当用法中讨论了"只有圣贤才是君主"这一主张(显然,关键问题在于对术语的重新定义)。克律西珀斯解释说,之所以只有智慧的人才是君主,因为"君主权就是没有其他人可以担当的统治权",克律西珀斯继续说,"一个统治者[129]必然拥有关于善和恶的知识",这些知识是低下者所不具备的。① "只有圣贤能够从事公共事务并成为法官和演说家"这一观点可以视为上述主张的延伸,显然,这一观点建立在同样的根据之上。君主、从事公共事物者、法官和演说家——如果我们考虑到它们都涉及关于善和恶的知识,所有这些身份都会得到重新定义。有关善恶的知识是伦理知识的核心。我们不应该认为圣贤事实上就是君主、演说家、法官等——在一种合理的意义上,我们从中看出的是,具有上述身份,意味着具有关于善恶的知识。说"只有法官和统治者是圣贤"也就是考察法官、统治者需要何种知识。

这种讨论对理解廊下派的理论思路提供了一些重要的东西。"只有圣贤才是 X"的主张并非告诉我们一个全知的、具有德性的、智慧的以及 X 的圣贤形象。而是说,如果我们看到另外一种解释方向,即"只有圣贤才是 X"形式的论题中的 X 被重新定义为"关涉智慧(或知识、德性)",那么,这些主张就变得可以理解并且成为廊下派理论中十分有意思的思想元素。② 因此,我们认识到 X 实

---

① DL 7.122 = LS 67M.

② 接受这一类廊下派论题的苏格拉底主义遗产将会很有意思。巴尼(Rachel Barney)在她的《柏拉图的〈克拉底鲁篇〉》中,创造了"严格意义的计划"(project of the strict sense)这一概念:"这种计划(project)不是在字典中考察某词的含义,而是一种特殊类型的"真正定义",并且能够产生典型的修正效果。其目的在 (转下页注)

际上是智慧的特殊运用，而并非圣贤所要从事的职务。这进一步意味着，所有那些被设想为 X 的职务和身份在某种意义上都是[130]相同的——不是因为这些职务、身份涉及相同领域的知识，而是因为这些知识最终都是圣贤系统化知识的一部分。还有，尽管对 X 的重新定义造成了对其日常意义的重大修正，但另一方面，它也保留了 X 传统意义的核心内容。"祭司"的意义在廊下派那里和传统对之的理解一样，都是从事神圣事物的专职人员，同样，预言家是在预言将来事件方面的专家，如此等等。

四、公民和亲属

如果前面的论证是有说服力的，那么，芝诺的"只有圣贤才是公民、朋友、亲属和自由人"的主张还阐明了圣贤涉及什么样的知识和智慧的方面。圣贤才是真正的公民、朋友、亲属和自由人。这意味着成为有德性的或智慧的，就是成为公民、朋友、亲属和自由人。据此，在(S)中的每一概念都关系到完善理性(或者说智慧)的某一个方面。这表明，"公民""亲属""朋友"和"自由人"应该被理解为某类的专家，或者，如果我们看到圣贤生活的诸方面，那么，这些身份也就是智慧表现的诸方式。这已经是对公民、亲属、朋

(接上页注)于解决传统上有问题的词汇的确切含义是什么……因而'严格意义的计划'在某一方面就是建立起一种与被考察的词汇有关的知识的联系，从而揭示出这一词语涉及何种知识。巴尼提到，柏拉图也许从历史上的苏格拉底那里继承了这一计划，也许还从诡辩派那里继承了这一点。正如她所说的，"廊下派伦理学的大量似是而非的隽语似乎是苏格拉底这一计划的散乱表现。"见《柏拉图的〈克拉底鲁篇〉中的名称与本性》(*Names and Nature in Plato's "Cratylus"*，New York，2001)14—15 页和注 23。

我赞同巴尼——廊下派关于词语的重新定义似乎来自苏格拉底，也可能来自诡辩派有关我们应该如何正确理解词汇的方式——最重要的，那些有关如何理解评价性词汇的方式。智慧以及知识对廊下派计划的影响似乎进一步发展了知识在廊下派计划中的重要性。

友、自由人这些概念的意义做了显著修正，根据这一阐释，公民、亲属、朋友、自由人并非主要是描述一种社会地位和社会关系，而是灵魂的一种完美状态。成为公民、亲属、朋友和自由人是灵魂的一种性质，或者说，是完善理性的一种状态或倾向。由于这些倾向（目前我们暂时排除"自由"的问题，该问题将在第四章讨论）涉及我们相关于世界、他人更理想的方式，因此，这些倾向是"相关性的倾向"（relational dispositions）。不过，公民、朋友和亲属并非首要的是与其他人类成员的关系；成为有德性的，因而也就是成为公民、亲属和朋友，是个体主体自己的责任。

正如祭司、预言家这些修正了的概念仍然和这些概念的传统意义有着一定的连续性，我们也期待在（S）中的技术性概念和这些概念的传统意义之间有着一定的连续性。我们在第二章拓展地讨论了公民身份的问题，在这里，我们只需要把[131]第二章的结论和"只有圣贤才是公民"这一形式的主张的分析联系起来。我认为，在公民概念上，廊下派和日常理解之间，共同点在于这样一种观念，即成为公民就是成为一个政治共同体中的充分的成员，也就是说，他介入到了政治共同体的管理当中。说宇宙城邦由其公民组成，正如说普通的城邦由其公民组成一样，是可以理解的。但这些观念以一种高度修正的方式被重新界定，尤其最后一个方面，正如我将在后面证明的，也与"只有圣贤是亲属"这一主张相关。

充分意义上的公民是那些具有完善理性的生物，也就是诸神和那些智慧的人。宇宙本身是一个有生命的存在，它由诸元素和其他有生命的存在——神、人类——以及神和人类为了某种目的而创造的东西构成。宇宙即是由所有这些事物构成的复杂的有机体。这个由法完善地组织起来的系统的"充分成员"必定是那些遵从宇宙城邦法、其所具有的理性和自然的完善理性相一致的生命，因而，他们本身也就处于一种完美的状态中。确切地说，这也是廊下派思想家对圣贤所做的另一种描绘：只有圣贤是合法则的（law-ful；nomimos）的；他所做的都是法所允许的事情并且是这些法的诠释者。我们把"只有圣贤是 nomikos［律法师］"中的 nomimos 翻译为"能够遵从于法的"（Stobaeus 2. 102，4—9）。为了与法完全一致的生活，人们需要成为具有完善理性的存在者——诸神和圣贤通过运用理性而根据法生活（西塞罗，《论神性》（De Natura a Deorum）2. 154）。圣贤和诸神以最充分的程度分有着理性和法。作为公民，这些具有最高政治地位的成员，他们能够进行"统治"。正如我们将在第四章中看到的，这种能力的关键之处在于，此"完善理性的行为"能够成为宇宙的一部分，即，通过灵魂的完美状态，这些行为能够完美地成为整体不可分割的一部分。

值得注意的是，以此方式理解的公民并不建立在"现实中存在一些甚或只存在一个圣贤"这一预设观点的基础之上。"只有圣贤才是公民"的主张并没有构想一种由有智慧的生命所组成的城邦。单独一个圣贤，如果他存在的话，他就是宇宙中唯一的人类公民：这唯一的人类公民，由于他的智慧，能够充分地依照宇宙的法而生活。

［132］关于"成为亲属"（being a relative）的概念，我们首先需要注意的是，"亲属"通常意义中的"连属关系"（belonging）这一方面在廊下派的技术性概念中得到了强调和反映。第二点我们需要注意的是，当我们追问芝诺是否形成了"亲属的"（oikeion）这一"连属理论"（the theory of oikeiôsis）（见第二章）的核心概念，问题就变得有些复杂。正如我所表明的，有充分理由认为，他形成了这一核心概念。① 如果是这样的话，我们就有了一个理解"只有圣贤是亲属"这一主张的很好的基点。这意味着，只有圣贤才能真正完

---

① 尽管我们不能肯定，连属理论已经由芝诺讲出，但是，他对 oikeiôn 和 allotrion 的使用看来不太可能与连属理论中的这些概念没有任何联系。

成连属(oikeiôsis)的过程——充分地理解他们何以是宇宙的一部分,通过这种理解成为整体不可分割的成员。

因此,芝诺试图加以把握的"连属关系"就是连属于宇宙这种关系。关于"公民",芝诺认为,只有圣贤才是公民,这并不是因为他们彼此直接是对方的公民同伴。同样,关于"亲属",他也并不是说他们彼此直接是对方的亲属(DL7.32—33)。就亲属体现了一种关系来说,亲属必定体现的是和宇宙中完善理性的存在之间的联系。由于其他圣贤也具有完善的理性,因此,圣贤是其他圣贤的亲属。但是,更一般地来说,圣贤是宇宙中所有完善理性之存在者的亲属,"作为亲属"意味着,成为宇宙中完美的、不可分割的一部分。

(圣贤不是所有人类成员的亲属。根据"圣贤完成了连属的过程"而主张"圣贤视所有他人为亲属"是另一个层面上的问题。这一态度和"圣贤视所有他人为公民同伴"的态度类似。但这并不是把所有他人都归为圣贤,从而视为廊下派严格意义上的亲属[或公民]。就圣贤视每个人为其亲属而言,圣贤能够成为每个人的亲属。但同时,他人并不能够真正成为圣贤的亲属。在弱的意义上,可以说,圣贤和每个人相关,但在强的意义上,即所有就其自身而言就是亲属的意义上看,只有诸神和宇宙才是圣贤的亲属。)

让我们更详细地考察我所描述的"作为宇宙完美的不可分割的一部分的圣贤和诸神"。诸神[133](或他们的灵魂)是宇宙完善理性之灵魂的组成部分。① 圣贤和诸神都是宇宙灵魂之完善理性

---

① 　在理解人与他者关联性方面的进展并不停留在人类之间的关联,如果关联的纽带是理性,那么,最大的关联圈应包括人类与诸神。尽管连属理论通常并不在这一视角中被表现,但奥宾克提到,它"把个体和宇宙同心圆外围的诸神联结起来";见Ierodiakonou,《宇宙城邦中的廊下派圣贤》(The Stoic Sage in the Cosmic City),载《廊下派哲学主题》(*Topics in Stoic Philosophy*),191 页。

的构成要素，因而，他们之间是亲属。在这两种情况下，我们都是在描述廊下派智慧概念的同一方面：完善理性的灵魂与宇宙中所有具有完善理性的存在互为亲属——根本上说，完善理性不是从一个缺少理性的世界中获得的，而是人类一旦获得它，就立即成为世界的完善理性的不可分割的一部分，成为世界中神圣存在的内在组成部分。

这一点在我看来似乎可以独立地论证我们所认为的芝诺对于"连属理论"的贡献。显然，把宇宙视为一个包含诸组成部分的生命这一观点可以追溯到芝诺。这一点可以从西塞罗的《论神性》中的直接引述中看到。西塞罗论证说，世界具有感知能力，是因为它包含着能够感知的部分这一事实，同样，世界是理性的，是因为他"创生出"了那些有生机的、理性的生命这一事实（2. 22）。同样明显的是，芝诺早就强调"宇宙是一个统一体"这一观念。这一主张是廊下派物理学的核心观点：宇宙是有限的，并且，在这一意义上，它是"一"。① 它之所以是"一"还因为，它被同一种力量所贯穿和把握，尽管对这种力量的描述有不同的名称，如宙斯、创造之火、理性、法等。② 获得智慧的人类成员将成为那种统一着整个[134]宇宙、渗透在宇宙之中并控制着宇宙的

---

① 世界遭受大火后又重新产生，但在某一给定的时间点上，世界是一（廊下派思想家设想一种单一的宇宙，它由虚空所围绕；见 SE M 9. 332 = SVF 2. 524 部分 = LS 44A）。

② 怀特（Michael White）讲到一种"致密的、彻底的连续性"；见《廊下派自然哲学（物理学和宇宙论）》（Stoic Natural Philosophy（Physics and Cosmology），载 *The Cambridge Companion to the Stoics*，Cambridge，2003），124—152，146 页。还可参见 Susanne Bobzien，《廊下派哲学中的决定论与自由》（*Determinism and Freedom in Stoic Philosophy*，New York，1998），16—18 页。当普鲁塔克抱怨克律西珀斯以宇宙是正义的起源而开始其伦理学考察时，他继续说，从这以后，克律西珀斯的伦理学写作极为简洁。他因而详细阐释了克律西珀斯在所有伦理学著作开头所写下的东西：他不仅指出宙斯，还提到命运和天意，并且把"宇宙是一并且是有限的，由一种单一的力量所统摄"这一命题置于前面（《论廊下派的自相矛盾》）。

力量的一部分。考虑到这一点，克律西珀斯在其《论自然》（*On Nature*）的第三卷中所讲到的"宇宙由有智慧的存在所构成"①就显得不无道理了。所有智慧的生命都是那个渗透于宇宙中的完善理性的一部分。尽管世界并不完全由神或理性（构成其他事物本源的东西）所构成，但是，我们可以认为，当克律西珀斯说"宇宙是唯一实体"（ek tôn phronimôn）时，他指的是，就宇宙被视为唯一的实体而言，它由那些智慧的存在所构成。正是由于理性或神，宇宙才保持为一个统一体。②

每一人类个体都是宇宙这一生命体的一分子，并且，每个人的灵魂都是渗透于宇宙中的灵魂或精气（pueuma）的部分。那些处于较好或较差灵魂状态的人能够和宇宙的理性建立一种较好或较差的关联方式。理性（或灵魂）渗透在宇宙的每一部分中，正如人的灵魂延伸到身体的每一部分中一样（DL7.138）。③ 对廊下派物理学来说，人类灵魂如何同宇宙灵魂相关是非常重要的。在廊下派思想家看来，人的灵魂是一种"精气"，正如宇宙的灵魂一样，并且精气有不同的密度水平（density）。这些不同等级的密度水平被称为"禀性"（tenors）。如果人的灵魂处于知识、智慧和德性的状态，它就处于和宇宙灵魂相同的禀性当中。人的灵魂是宇宙精气的一部分决[135]不是一种隐喻性的主张。毋宁说，它由一个有关永恒创造和人类灵魂的物质性结构的确切理论所支撑。人的灵魂处于一种连续不断的物质性流动当中。在吸气中，空气中的灵魂物质进入血液，在呼气中，一部分灵魂物

---

① 根据菲洛德谟斯的记述，克律西珀斯在其《论自然》的第三卷说，宇宙是圣贤的或对圣贤而言的单一实体（PHerc. 1428, col. 7, 21—24）。我使用的是奥宾克重建的文本（《廊下派的圣贤》，185页）以及 Henrichs 1974 年的文本。

② 这一思路为巴比伦的第欧根尼所证实，根据第欧根尼，宇宙即宙斯是有道理的，准确地说，这意味着宇宙包含着宙斯的方式正如人类的身体包含着其灵魂的方式。（菲洛德谟斯，《论虔诚》卷 8. 14—21；Henrichs 1974 年版。）

③ 关于何以发生逐渐的混合，参见 DL 7. 151。

质又移出体外。① 这样，任何人的灵魂，不论智慧与否，都在某种意义上处在和宇宙中的精气的贯通当中。② 精气有不同的禀性，在每一个人类个体中产生着不同的密度的精气，使之成为人的灵魂（或者说，精气成为人类灵魂的精气）。尽管每个人连属于宇宙整体，但是，人们却可能以欠缺或完善的方式和这一总体相关。只有一个人灵魂的禀性和世界灵魂的禀性处于同一完美状态或和诸神的灵魂处于同一禀性时，他才在一种充分的意义上连属于宇宙整体。

五、公民-诸神：天体与精气的部分

这使我们引入诸神的问题。首先，为什么我们应该认真对待"公民-诸神"的主张？如果我们以当今的研究方式来进入早期廊下派政治哲学，我们当然不希望"诸神"的观念在其体系中具有重要地位。尽管没有人对廊下派有关"人类和诸神在宇宙中共同生存"的证据提出争议，但是，公民-诸神的概念却很少受到关注。斯科菲尔德抱怨说，宇宙城邦的理论[136]受到廊下派的多神论观念的破坏。③这种看法体现了当今学者对廊下派有关神的角色的广为接受的态度。即使是那些并不试图发掘廊下派的世界主义原型的人，也会发现有关"公民-诸神"的观念太过远离我们所感兴趣的方面。

---

① 关于这一过程的出色表达参见科尔文（Matthew Colvin）的《赫拉克利特与廊下派心理学中的物质之流》（Heraclitus and Material Flux in Stoic Psychology）载 Oxford Studies in Ancient Philosophy 28（2005）：257—272 页。

② 注意，廊下派——苏格拉底主义关于灵魂统一性的主张并不指涉这些问题，当廊下派思想家或苏格拉底主义者认为灵魂是一，这与柏拉图、亚里士多德或任何把灵魂区分为理性和非理性的部分或力量的古代理论相冲突，对苏格拉底来说，灵魂并非包含一种持存性聚合物的物理的意义上的一。

③ 尽管斯科菲尔德并没有对"谁是公民-神"的问题加以讨论，但他却严肃看待廊下派的物理学构架，并讨论了廊下派哲学的赫拉克利特主义遗产：见《廊下派的城邦观》（The Stoic Idea of the City，Chicago，1999），第三章。

　　与圣贤不同,诸神是宇宙中那些我们可以看到并为我们所赞叹的物理性实体。因此,他们为我们提供了一种超越(或者说有些不同于)圣贤的幸福生活之模型。对宇宙中理性部分的研究可以帮助我们理解廊下派终极目的中物理性的一面,即与自然相一致的生活;星体的运动也许可以例示"享有一种'生命的自由流动'('easy flow' of life)"所表达的含义。对于公民-诸神的物理性研究也许有助于我们对其理论的另一方面的理解。考虑到廊下派思想家把灵魂描述为具有特定密度的精气,也许可以认为,一旦某人的灵魂是完美的,那么,它就不再仅仅是"某人的灵魂",而成了宇宙灵魂的一部分。如果灵魂被理解为一种物理性的并且延伸到宇宙中所有领域的东西,那么,宇宙灵魂的这一部分又何以被限制于某一特殊的人类实体之中?无疑,人的灵魂延伸到他的所有身体之中,并且,身体是灵魂起始和终结的界限。① 那些并不具有完善理性的人的灵魂有着和宇宙的完美灵魂不同(和相对缺陷性)的禀性。但是,一旦某人的灵魂成为完善理性的,它何以既是某人的灵魂,又是宇宙灵魂的一部分? 我们需要一个涉及其行为的关于人类灵魂之特殊性的概念:完善理性的人被设想为,根据她自己的理性能力做出如何行为的决定,而非消融在宇宙整体的完美运动中。因此,我们对于[137]"公民-诸神"的概念能否使得"完美性的存在何以既是整体的一部分又是一个特殊实体"这一问题变得更容易理解可能抱有疑虑。

　　诸神居于宇宙中并且在诸生命中具有最高地位的观点归结于早期廊下派论题(HG)中。② 诸神具有完善理性,居于宇宙中就像居于城邦中一样,他们作为城邦的统治者,并且发挥、运用其远见

---

① 　身体由贯穿于其中的精气的禀性所维系(普鲁塔克:《论廊下派的自相矛盾》1053F—1054B＝SVF 2. 449＝LS 47M)。有关廊下派物理学在宇宙的一致性与宇宙的组成与实体相关问题上的困难参见怀特(white)的《廊下派自然哲学》,146—151 页。

② 　阿里乌斯·狄都谟斯(Arius Didymus),ap. Eusebius,Praep. Evang. 15. 15. 3—5 ＝SVF 2. 528 部分＝LS67L。

卓识。诸神和人类被理性和法联系在一起。① 我正是把这些观念视为公民-诸神的概念。②

　　为了通达这一概念，我们必须首先追问，在何种意义上，廊下派思想家允许多神的观念。③ 廊下派的神学，至少在表面上看，显得混杂多样，对此，无论是古代还是现代的学者都已注意到这一点。在西塞罗的《论神性》中，伊壁鸠鲁主义的代表人物维里乌斯（Velleius）批评芝诺、克勒昂忒斯和克律西珀斯，认为他们把神等同于世界的心灵、天、恒星、宇宙以及许多其他的东西（1. 34—41）。④ 在维里乌斯看来，这些陈述表明廊下派神学理论上的不一致。⑤ 菲洛德谟斯抱怨说，廊下派思想家谈论多神是一种误导，因为事实上芝诺的信徒认为只有一个神（《论虔诚》（De Pietate），col. 10. 14—18）。那些并不像伊壁鸠鲁主义者那样对廊下派抱有敌意的学者会认为，[138]正如在廊下派哲学其他领域中一样，廊下派神学中的这些陈述尽管需要得到更多的解释，但是能够作为同一理论中基本的和一致的教义而得到说明。对现代学者来说，当廊下派思想家主张"神是一种能动的本源"的时候，他们所言及

---

①　参照西塞罗，《论神性》2. 154；和《论法律》（De leg）1. 23 = SVF 3. 339。

②　晚期的廊下派思想中的神部分地保留了廊下派的图式。塞涅卡所写的真正的"普遍共同体"是诸神与人之间的共同体，这一看法与论题（HG）十分一致。

③　关于廊下派神学不同资料的讨论见 Myrtô Dragona-Monachou，《神之存在与恩典的廊下派论证》（The Stoic Argument for the Existence and the Providence of the Gods，Athens，1976）；还可参见曼斯菲尔德的《神学》，载《剑桥希腊化哲学史》（The Cambridge History of HellenisticPhilosophy），452—478 页。关于廊下派与宇宙论关系的一般性解释参见 A. J. Festugière, La révélation d'Hermès Trismégiste, vol. 2, Le Dieu cosmique，Paris：Gabada，1949 年。

④　参照菲洛德穆斯，《论虔诚》（De Pietate）卷 4. 13—20，Henrichs 1974 年版，根据克律西珀斯，宙斯是理性，它引领万物，并是整个宇宙的灵魂。

⑤　见阿尔格拉在《廊下派神学》（Stoic Theology）中的讨论，见因伍德，《剑桥廊下派指南》（The Cambridge Companion to the Stoics），153—178，169—170 页。关于相似的古代反对意见，阿尔格拉提到了拉克坦提乌斯（Lactantius）的《神圣创建》（Div. Iust.）7. 3（＝SVF 2. 1041），以及普鲁塔克的《评注》（Comm. Not）1085 B—C。

的多神是否具有多于隐喻的意义这一点,会让人感到更多的担忧。① 人们已经注意到,古人谈论神和诸神的时候,并不像我们这样感到不安。但是,廊下派神学并非仅仅是在单一神和多神的概念之间动摇。有问题的方面在别的地方:廊下派物理学使单一神的概念对于廊下派哲学如此根本,以至于,相对来说,他们谈论多神似乎仅仅是一种隐喻。

那么,廊下派思想家何以会获得多神的观念? 在某种较宽泛的意义上说,廊下派神学实际上就是物理学——神被理解为物理学两个基本本原中的一个(精气或能动的存在,与那种物质或被动的存在相对)并被视为物质性的实体(DL7.134)。② 此本原与构成世界的元素不同,它是非生成的、不可毁灭的和永恒的(DL7.134)。作为能动本原的神渗透于宇宙的物质之中(SEM9.75—76)。他被描述为世界的创造者(DL7.137)正如人类的灵魂是物质性的,神也是物质性的。神是创造之火,进行着对世界的创造。③ 神被等同于理性、理智和命运,因此"神"、"理性"、"命运"和"宙斯"都是同一事物的不同名称。最后,神也被等同于宇宙(DL7.131)。④ [139]世界就是神,由这一点可以得出,没有什么东西比世界更好。西塞罗在

---

① 关于确认一个主要的神但为诸多较小的神留下余地的理论之讨论参见弗雷德,《古代晚期的一神论与异教哲学》(Monotheism and Pagan Philosophy in Later Antiquity),载《古代晚期的异教一神论》(Pagan Monotheism in Late Antiquity,Oxford:Clarendon Press,1999)41—69 页;M. L. West 的《朝向一神论》(Towards Monotheism),载《古代晚期的异教一神论》(Pagan Monotheism in Late Antiquity),21—41 页。

② 苏达(Suda)的相应文本用"非形体的"取代"形体的",但根据廊下派物理学,只有形体性的实体才能运动,并且——作为能动的原则——神肯定是运动的,奥利金在《驳凯尔苏斯》(Against Celsus)4.14 中断言廊下派思想家把神设想为有形体的。另见塞得利(David Sedley),《廊下派神的起源》(The Origins of Stoic God),见弗雷德和拉克斯的《神学的传统》(Traditions in Theology),41—83 页以及弗雷德的《廊下派神学》(La Théologie Stoïcienne)。

③ Aetius1. 7. 33 = SVF 2. 1027 部分 = LS 46A。

④ kosmos 的第二种和第三种意义是:(2)世界秩序和(3)构成神与世界秩序的东西。

《论神性》中记述廊下派思想家所提到的芝诺主义的论证：

> "拥有理性的存在要比不具备理性的存在要好；但是，并没有什么好于世界；因此，世界是具有理性的。"以类似的方式还可以表明世界是智慧的、幸福的和永恒的。因为任何具有上述特点的事物要好于缺乏那些特点的事物，因此，没有什么能够好于世界。由此可以推出，世界就是神……他继续以更简洁的方式论证说："没有灵魂和理性的事物不可能从自身中产生任何有活力的和能够思维的事物；因此，世界是有活力（具有灵魂）并能够思维的。"（西塞罗，《论神性》2. 21—22）①

如果我们考虑到宙斯的含义——作为两个现实本原中的一个——在廊下派思想家的重新定义中经历的巨大变化，我们也就不必期待能够在廊下派思想家所提到的其他希腊诸神中发现这些神的传统形象。② 在西塞罗的《论神性》中，廊下派哲学代言人巴鲁斯（Balus）断言，廊下派思想家摒弃任何关于诸神的拟人形象（2.45）。但是，廊下派思想家对奥林匹斯诸神和其他传统希腊神的意义做了更大的修改。第欧根尼·拉尔修所记述的一段话为我们提供廊下派思想家何以从单一神的观念过渡到多神观念的一种说明：

> （他们说）神（theon）是不朽的生命，具有理性或能够思维、完美、幸福，不接纳任何坏的东西，对宇宙和宇宙中任何事物有着远见卓识。但是，他并不具有人的形态。它是一切（tô

---

① 被理解为——神圣存在的宇宙同样是智慧的（2.37）和有德性的（2.39）。对比《论神性》2.32；如果宇宙不是理性的，它将低于人类；但这是不可能的。

② 参见 DL 7.135—136 = SVF 1.102 部分 = LS 46B；普鲁塔克，《论廊下派的自相矛盾》(On Stoic Self-Contradictions)1052C—D = SVF 2.604 部分 = LS 46E。

holôn)的创造者,是万物之父,就总体而言或他的某一部分而言,他渗透于每一事物之中,并且[140]根据其作用力(kata tas dunameis)的不同他有着不同的名称。他们称他为(1)狄亚(*Dia*),因为万物都被(或通过)他而产生;他们称他为(2)宙斯,因为他是生命(zên)的原因或由于他"贯穿"在所有生命之中;(3)雅典娜,因为他延伸至大气(aera)之中;并且还称之为(4)赫淮斯托斯([译者按]火神),因为他延展入创造(或精湛)之火(technikon pur)中;还被称为(5)波塞冬(Poseidon[译者按]希腊神话的神,宙斯之兄),因为渗透进大海中;(6)得墨忒耳([译者按]司农业之神),因为他深入大地之中。(DK7.147)①

　　神的某一部分而不是神渗透于万物之中意味着什么? 也许我们可以按照理解人的灵魂的方式来理解它。灵魂渗透身体的各个部分,但是,严格地说,并非灵魂的主宰能力延伸到了身体的所有部位,延伸到身体各部分的只是感觉。② 同样,并非严格意义上的神渗透到了万物之中。渗透到万物之中的神的部分根据其作用力(dunameis)而被冠以多种名称。但是,神的某一部分仍然具有部分或仍能够渗入世界的不同领域。(1)和(2)所讲的是狭义上的神,即,我们可以认为是神之主宰能力的部分。但(3)—(6)看来指的是神之渗透于宇宙中的那些部分。奥林匹斯诸神只是神的诸部分,这些部分延伸到宇宙的万事万物之中——天空、大气、海洋、火和陆地。③

---

① 依希克斯的翻译,有改动。
② 灵魂的支配性能力对感官的记录作出判断;见 Calcidius 220 = SVF 2.879 部分 = LS 53G。关于灵魂的部分参见 Aetius4.21.1—4 = SVF 2.835 部分 = LS 53H。
③ 赫菲斯托斯(Hephaistus)是一个混合的例子。神的力量似乎是能够成为"创造之火"或设计/掌控之火。

我们还在另外一个语境中了解到廊下派的多神观念，即，廊下派关于"相继世界"（successive worlds）的理论，该理论认为，每一世界都将被周期性的大火所毁灭。在这些时期中，诸可毁灭的神被合而为一，或者，换句话说，世界的"主宰能力"把所有其他诸神吸收进自身。① 神继续存在于其主宰能力（hegemonkkon）之中（奥利金［Origen］，《驳克尔苏斯》［Against Celsus］4. 14）。②［141］世界的灵魂吞食着世界而不断生长，直到耗尽了自己的物质素材。③ 这种解释似乎赞同"世界灵魂的主宰能力和这一灵魂的诸部分"对应于"宙斯和诸神"这种观点。但是，至少在关于"周期大火"某些原始文本中，诸神并非"精气"（灵魂）的部分，而是和行星相等同。克律西珀斯在其《论诸神》（On the Gods）第三卷写到，尽管宙斯是永恒的，但是，"太阳、月亮和其他诸神"却是有生有灭的。④

根据菲洛德谟斯《论虔诚》，我们对于廊下派的多神概念获得了更深的洞见。⑤ 菲洛德谟斯概括廊下派的观点说，廊下派思想家"误导别人认为他们提出了多神"。但在他看来，"如果他们实际上为我们提出了任何神圣的存在"，那么，它们所提出的就是那唯一存在的神（《论虔诚》col. 10. 8—15）。⑥ 以下是菲洛德谟斯的确切说明：廊下派思想家以一种"表明他们的神学最终与单一、统一的神圣力量相一致"的方式来描述传统诸神：

---

① 塞涅卡，Ep. 9. 16 = SVF 2. 1065 = LS 46O。

② hegemonikon 也被描绘为在所有自然物中的支配性力量，万物中最好的部分，理应拥有力量并支配万物。

③ 普鲁塔克，《论廊下派的自相矛盾》1052C—D = SVF 2. 604 部分 = LS 46E。

④ 普鲁塔克，《论廊下派的自相矛盾》1052A。

⑤ 我使用的 Henrichs 的版本，但我更认同奥宾克在其《在伊壁鸠鲁主义那里，所有神都是真的》(All Gods Are True in Epicurus，载《神学的传统》，183—221 页)中的重建与翻译。

⑥ 见 Henrichs 1974，20—1，见奥宾克，《在伊壁鸠鲁主义那里，所有神都是真的》10a。

但际实上,克律西珀斯同样把万物视为宙斯,他在《论诸神》第一卷中说,宙斯是统治万物的理性原则并且是宇宙的灵魂;由于万物分有他,①万物——人、动物甚至石头——都具有了生气,正是因此,②他也被称为 Zena,由于他是构成万物的元素的本源和原因,他也被称为 Dia。他说,世界是一个有生命的存在、是神,世界的主宰性部分和灵魂也同样如此;同样,人们可以总结说,宙斯、万物的普遍本性、命运、必然性也同样是神。欧诺弥亚(Eunomia)([译者按]季节女神)、狄克(Dike)([译者按]公正女神)、忒西俄斯(Homonoia)([译者按]团结女神)、俄瑞涅(Eirene)([译者按]和平女神)、阿芙洛狄特(Aphrodite)([译者按]爱与美的女神)以及诸如此类的所有事物指的是同一存在。[142]正如城邦或德性没有男性、女性的区别一样,神也没有性别之分,不过却可以称他们具有男性特点或女性特点,尽管他们在本质上是相同的(正如月神塞勒涅[Selene]和月神美恩[Men])。他说,阿瑞斯(Ares)是战争、统治和冲突。③ 赫菲斯托斯(Hephaestus)是火,克洛诺斯(Kronos)是时间。瑞亚(Rhea)是大地。宙斯是天空,尽管有人(克律西珀斯)④也称他为阿波罗,得墨忒耳是土地或土地中的精气。在言谈、绘画或雕塑中把他们表现为人的形态,视为按照与我们同样的方式存在是幼稚的。他说,大地之上的空气被称为宙斯,黑暗是哈德斯(Hades),贯穿于大地和海洋中的,就成为波塞冬(Poseidon)。他把其他神都化为无生命的事物,并

① 正如奥宾克所评论的,"它"应被理解为指涉宙斯,并因而指涉理性和宇宙的灵魂(奥宾克,《所有神都是真的》,200 页)。
② 而且,正如奥宾克所说,它指涉理性的原则(《所有神都是真的》,200 页)。
③ 看来这和早先关于宙斯是战争的陈述之间有一种紧张。
④ 我再次认同奥宾克所提示的解读(《所有神都是真的》,200 页)。

且认为，太阳、月亮和其他星辰都是神，也是法；他还说人能够成为神。①（菲洛德谟斯《论虔诚》cols. 4.12—6.16；奥宾克，《所有神都是真的》[*All Gods Are True*]，卷 5，奥宾克译）②

菲洛德谟斯指出，克律西珀斯以几种相似的方式把不同的神划归为单一的神圣力量。这一观点看来出于廊下派基本的物理学的论题：世界是有生命的，它就是神，它的主宰能力和灵魂就是神。由此，菲洛德谟斯总结为，不同形式的传统神只是这种神圣实体的不同名称。第二，克律西珀斯似乎认为气是无处不在的神圣实在，它的不同名称依赖于它所贯注于其中的不同处所——这样，传统诸神看来就是这唯一的、物理性的神圣实体的诸部分。那么，更进一步说，菲洛德谟斯的记述就和第欧根尼·拉尔修那里提供的解释（除过在那里我们没有听到任何有关"力量"的这一事实）能够相对很好地吻合。一些（在某种意义上是相当传统的）神与物质元素相关联（在 DL7.147 中也是如此）。

根据廊下派的物理学，火通过一种气之凝结的方式转变为水，按照同样的方式转变为土，同样，按照气之稀释的方式，天空得以形成（普鲁塔克，《论廊下派的自相矛盾》1053A）。因而，在某种意义上，气或精气是[143]基本的，而且是一种元素向其他元素转变的关键。据此，似乎每一与各元素相关的领域（大地、海洋等）都代表着"神圣精气的一部分"；这样一种解读

---

① 最后这一评论很难与关于圣贤与神类似的其他文本相融贯：总体上而言，似乎人一旦具有智慧，他就不亚于宙斯，尽管他仍然是人而不是神（并因而，仍与神有别）。相似性指的是被认定为最重要的东西：圣贤理性的状态与神的理性状态是一样的。

② 这一文本在西塞罗时代被译为拉丁文，见《论神性》1.39—40。

对于第欧根尼·拉尔修关于奥林匹斯诸神的说明看起来也是合理的。最后,菲洛德谟斯还提到,克律西珀斯认为天体和法也是神。

尽管菲洛德谟斯的记述中有很多难点,但对于当前的目的来说,仍有着关键性的方面。① 根据所展示出的克律西珀斯的观点,传统的诸神以一种十分不同于传统的方式出现。不仅宙斯被彻底重新定义为物理学的第一本原,即遍及宇宙万物中的力量。和宙斯一样,其他神同样丧失了人类的形态和特点。甚至,他们似乎被化归为神圣本原的部分或这一本原的不同名称。菲洛德谟斯是在批判语境中表达克律西珀斯的观点,我们可以推测,他并没把克律西珀斯理论中更值得称道的一面表现出来。但是,我们从菲洛德谟斯的记述中所概括的主要观点和在其他地方被证明的廊下派神学的核心观点,即"宙斯或神是一种无处不在的、能动的、第一本原"是完全一致的。

根据菲洛德谟斯的记述,诸神已经很少留有传统含义的影子。如果我们不追随菲洛德谟斯对于"实际上只有一个神"以及"诸神只不过是这唯一神的不同名称"这些观点的指责,那么,我们所得到的就是两种有关诸神是什么的概念:宇宙灵魂(精气)的部分和天体。我们如何理解作为"公民-诸神"的诸神?考虑到诸神是天体这一观点,那么,上述问题也许就容易得到理解。② 菲洛德谟斯提到,根据克律西珀斯,星体是神。芝诺把太阳、月亮以及其他星体视为有理智和有智慧的,并且具有创造之火的本性。③ 在《论神性》中,巴布斯(Balbus)对廊下派神学进

---

① 不完全清楚的是,*Ares* 是关于战争、规划和冲突之神,他何以能够契合于单一的物理性的神圣实体,对于此物理性的神圣实体,我们或者用不同的名字指称或者把它划分为不同的物理部分。

② 关于作为神的星体,参见弗雷德(Michael Frede),《廊下派神学》(*La Théologie Stoïcienne*),230—232 页。

③ 斯托比亚斯 1.213,15—21 = SVF 1.120,部分 = LS 46D。

行了阐释,他从[144]宇宙何以具有灵魂和对理性的一般性说明转到对具有灵魂和理性的生命——天体的描述。① 他对神之存在的论证采用了"作为天体系统的宇宙所表现出的秩序性和完美性"这一证据。他坦言,任何仰望天空的人将会理解神的存在。如果我们不是从总体而是从这些个别的天体出发看待天体在运动中所表现出来的秩序,那么,正是这种运动的秩序提供了这些单个天体具有神圣理性的证据。天体运动的恒常性使它们令人崇敬和惊叹。它们的秩序性与恒久性表明他们进行着思维和感觉:

> 星体的秩序性和恒常性(ordo atque constantia)清楚显示出,星体具有感觉(sensum)和理智,毕竟,没有什么东西能够以有序、规范的方式行动而本身却不具有实际的思虑(sine consilio),在这种感觉和理智中,没有什么是不被考虑到的,没有什么是可变的和偶然的。但是,星体的秩序性和恒常性既非取决于自然②——因为自然是完全理性的,也非取决于偶然,因为,偶然喜欢变化而憎恨不变。因而可以得出,星体根据自身而运动,它的运动出于自身的感知和神圣性。(西塞罗,《论神性》2.43)③

---

① 有关他们神学的这一方面,廊下派思想家也许受到柏拉图《法律篇》(10卷)的影响;参见弗雷德的《廊下派的神义与神恩》(Theodicy and Providential Care in Stoicism),见弗雷德、拉克斯,《神学的传统》(*Traditions in Theology*),85—117页。关于廊下派神学怎样留有芝诺作为珀勒蒙(Polemo)学生时期思想痕迹的讨论,参见塞得利,《廊下派神的起源》(*Origins of Stoic God*)。

② 这里对"自然"的用法与廊下派哲学并不一致,在廊下派哲学中,自然本身是有秩序的。奥宾克令人信服地证明,西塞罗的解说并非在所有方面都是合理的(《所有神都是真的》,fn.36)。

③ 还可参见《论神性》2.56关于天何以具有秩序、真理、理数、恒久和心灵。

根据西塞罗的记述,廊下派思想家从作为整体的世界具有理性推出构成世界运动的天体也具有理性、灵魂和神圣性。① 同样,在圣贤和神相比较的段落中,其中一些段落我们在前面有所引述,诸神[145]被视为星体:圣贤和诸神都是"恒常性"的,在解释神之恒常性时,他们被暗指为天体。② 西塞罗在《论神性》中所提供的这一系列思想表明,廊下派在比较圣贤和神时,把神视作天体。天体以恒常的和有规则的方式运动,正如在圣贤那里始终如一的选择和行动。在它们那里,我们发现其运动和人类行动明显的类似性。像人类一样,天体是这样一些实体,它们的灵魂限于特殊的形体之中,它们的灵魂推动着他们形体的活动。

相比于精气(灵魂精气)的部分或提及奥林匹斯诸神的名称来说,天体看起来对于解读"公民-诸神"指的是什么这一问题更具吸引力。在某种意义上,它们居于宇宙之中,在其中运动,并且它们是宇宙中分离的实体。像圣贤一样,它们可以被视为具有恰当的理性但自身又不完全等同于理性的存在物。正是它们的完美运动,使得我们对之惊叹,并展示出了与自然相一致的理想生活。我认为,正是这样一种作为天体的"公民-诸神"观念,增添了我们对于廊下派公民、亲属理想的了解,这种更多的理解仅从对圣贤概念的研究中是不能获得的。由于圣贤比长生鸟还要稀缺,因此不适于我们的仰慕。但是,没有什么比星体能够更好地给我们留下"完

----

① 如果我们把西塞罗《论神性》中对于廊下派教义的解释视为廊下派本身一系列思想所表明的观念,那么看来,西塞罗记述中的廊下派代言人一直在考虑天体,尽管把诸神描述为有德性的,幸福的等。

② 多萝西亚(Dorothea)从对《法律篇》(*Laws*)10 卷的概括性说明开始其关于神意的讨论(《廊下派的神义与神恩》,88—95)。在他的分析中,柏拉图的概念也许对于廊下派思想家来说是一个重要参照点。有关天体具有灵魂、理智等的主张实际上让人强烈地回想到柏拉图的观念。还可参见弗朗西斯科(Francisco)的《柏拉图的法律及其历史意义》(Plato's "Laws" and Its Historical Significance),载《古代思想第一次国际会议论文选编》(*Selected Papers of the First International Congress on Ancient Thought*,Salamanca,1998)。

美地成为自然秩序的一部分、完美调控的运动、切入作为整体的宇宙之中"的印象。当我们仰视星辰，我们能够更好地理解什么是与自然相一致的生活或生命。

作为整体的宇宙通过其部分的运动而运动。完善理性以如下方式渗透于世界之中：其中有一些实体分得了完善的理性，还有一些具有的理性并不完善，或者其所具有的精气的禀性使得其处于廊下派所谓的理性事物的门槛之外。那些具有完善理性的实体[146]通过自身而运动，完美地契合于宇宙中的所有运动，构成整体秩序的一部分，并且，每一完美运动的部分都和其他部分相一致。不仅每一个体行星有序地运动，而且所有行星构成的总体也有序地运动。如果把宇宙思考为运动的实体，那么，行星的运动就是宇宙中最基本的运动。与例如野兔的奔跑不同，这些天体的运动是整个宇宙的骨干部分。正是在这一有规则运动的框架内，野兔才能够以这种那种的方式奔跑。我们可以通过行星和野兔的对比理解"与自然相一致的生活"意味着什么。理论上说，我们在宇宙中运动，不仅构成宇宙的一部分，而且，还维持着宇宙的秩序及其总体的运动。诸神是个体，但他们最终属于宇宙神。在周期性的大火中，他们被宇宙神吸收。而在另外的时期，星体保持着相对意义上的个体。他们并不是被总体的宇宙运动所吞没。毋宁说，他们自己运动并且构成了宇宙运动的一部分。我认为，星体的生命为具有完善理性的人类生活提供了一种最好的图式，即，一方面他们保持着自己的个体性生存，发出自己的行动，另一方面，又是整体不可分割的一部分。

但是，一旦我们承认，人们也许会把星体视作个体，认作完美行动（运行）的生命，那么，看来我们也可以把这一思路和"精气的部分"关联起来。宙斯的部分，或许被称作波塞冬（海神），也许和天体一样是宇宙的部分。正如人类的灵魂在其肉体中的情况一样,精气的这些部分被视为个体实体,他们渗透于特定的物理领域——海洋、大地等。也许,通过提出精气的部分来说明作为个体的诸神,与通过提出行星来说明作为个体的诸神一样能够理解。这两种理解图式都建立在一个物质性的、空间性的宙斯概念基础上,并且具有物质性的部分。这种物质性的、无处不在的神圣事物在不同的视角下能够划分为不同部分——或者如我们所见的个体天体,或者正如我们所划分出来的神圣存在的诸部分或宇宙的不同领域。

[147]按这种方式理解的诸神,为我们提供了一个"与自然相一致的生活和行动"意味着什么的具体模式。在几种关于终极目的的提法中,芝诺关于终极幸福就是"生命之善流"(a good flow of life)这一看法映入我们的思考。① 神圣的星体也许提供了一个"让自己的生活美好地流动"意味着什么的非常具体的模型。以这样一种与总体运动相和谐而不抵悖的运动,充分地成为宇宙运动不可分割的一部分。如果不是依靠审慎思虑,就不可能有规则的运动,巴布斯说,在星体的运动中,没有什么是不经考虑的或偶然的——他们的运动反映着他们的完善理性。并非似乎只要是自然的一部分就可以通过自身而使其运动规则有序。作为宇宙这一宏大生命诸部分的生命,仍然是个体,并且,只有对所有其他与之相关的事物加以很好的考虑,他们的运动才能够完美地成为总体运动不可分割的一部分。一旦如此,我们也可以认为他们的生命在宇宙中"美好地流动"。

根据克律西珀斯,与人类本性、与自然相一致的生活就是从不做共同法所禁止的任何事情,共同法指的是真正的理性和宙斯。与共同法和真正理性相一致的行动,在某种意义上说,就是和宙斯相一致的行动。按克律西珀斯的说法,这意味着"幸福之人的德性

---

① Stobeaus 2. 77, 21 = SVF 3. 16 = LS 63A.

及其生命之善流就是：做每一件事都与所有其他人对宇宙主宰者意志的维护相和谐"（DL 7.87,LS 译本,有改动）。①

如果他自己的理性能够与宙斯相一致，那么他的生命就能"美好地流动"，并且，由于人类理性如果通过恰当地调整可以成为神圣精气的一部分，我们也就能够以某种方式使人类的灵魂和神圣的事物（daimon）相沟通。幸福者的灵魂被认为是宙斯意志的沟通者和维护者或者是与宙斯意志相一致的神圣精神。

[148]（当然，这一解释导致进一步的问题：最为重要的是，考虑到廊下派的决定论，我们如何思考更坏或更好地契入宇宙整体的运动？ 如果存在某种事物的自然秩序，事物按此秩序接续运动，那么看起来，事物在宇宙中的运动难道不是被决定了？ 这些问题值得详细讨论，但它们超出了本书的范围。② 概略地说，廊下派思想家似乎在那些得到真正恰当思考的行为，因而是根据自身的行动[正像行星所做的那样，它们的每一运动反映着完善的思虑]和

---

① 关于不同的说法见斯特赖克（Gisela Striker），《Oikeiôsis 在廊下派伦理学中的地位》（The Role of Oikeiôsis in Stoic Ethics），载《希腊化知识论与伦理学散论》（*Essays in Hellenistic Epistemology and Ethics*,Cambridge University Press,1996），281—297 页；以及《安提帕特若斯，或生活的技艺》，见《自然的规范》（*The Norms of Nature*,Cambridge,1986），185—204 页；以及弗雷德，《廊下派善的概念》（*On the Stoic Conception of the Good*）。

② 有关涉及的诸多问题的讨论，参见博布青（Bobzien），《决定论与自由》（*Determinism and Freedom*），尽管我不能介入廊下派理论有关命运与决定论方面的难题，我提请注意与我们的特定讨论相关的一个方面。正如库珀（Cooper）所评论的，学界有关廊下派决定论的讨论常常不能充分估价人类灵魂是宙斯灵魂的部分这一观点。如他所表明的，我们不应把廊下派思想家所说的"在我们自身力量中"的理智的认可视为"外在于"——而且可能冲突于——宙斯对于自然的统理，考虑到我们是宙斯心灵的部分（尽管是分离的部分），宙斯的普遍原因（即命运）以及通过其规划而对万物负责并不抹杀我们自己的原因和我们对自己行为的责任。我们自己的原因及我们的人格责任，实际上是宙斯的一部分。见库珀，《廊下派的自主性》（Stoic Autonomy），载《知识、自然与善》（*Knowledge,Nature,and the Good*,Princeton,N. J. : Princeton University Press,2004），204—244,240 页。

那些由于没有平静和理智的决定而仅仅是随波逐流的行动之间设想了一种根本性的区别。)

六、友　　谊

廊下派的"友谊"概念受到远比"公民"和"亲属"概念更多的学术关注。① 这也许可以归功于我们对"友谊"有着相对详尽的证词这一事实。但同样可信的是,这也许是因为近年来哲学上对友谊理论兴趣的增长,而且这种更多的关注还与下面这一令人困惑的事实有关,即,在廊下派思想中,与[149]友谊相伴的情感被视为愚蠢生活的一部分,然而"友谊"本身在廊下派思想中却是一个积极的概念。廊下派思想家所设想的友谊并不涉及为了朋友的利益而忍受,也不涉及为友谊的丧失、朋友的去世而悲伤,以及不因为朋友团聚而兴奋,也不为朋友的成功而骄傲。这样一种友谊对我们来说似乎不是友谊。我将只在一个较为狭窄的限定范围内讨论与友谊相关的论题,讨论所有与友谊相关的证词将需要一本书的文字才能完成。但对我来说清楚的是,我们不能(也不应尝试)通过把廊下派友谊学说阐释为某种通常友谊理论的"修正"以挽救廊下派理论。论题(S)表明,廊下派的友谊与通常所讲的友谊的含义有着太大的差异:像公民和亲属的概念一样,友谊也是一种理性的成就,或者如我们所说,表现着一种智慧的维度。

与成为公民和成为亲属一样,成为朋友首先也最重要的是一种心灵的状态,而非一种人际关系。但这种灵魂的倾向是一种"关系"的倾向:圣贤是朋友这一事实,肯定与他对每个人都友善

---

① 见 Anne Banateanu, *La Théorie Stoïcienne de l'Amitié*: *Essai de Reconstruction* (Fribourg: Editions Universitaires Fribourg Suisse, 2001)。Banateanu 提供了广泛的文本,包含希腊文和法文译本。

有关,正像圣贤把每个人都视为宇宙中的居民同伴而在一种有着共同连属的意义上与他们相关一样。但是,她所关联并对之友好的并非公民和亲属本身,并非严格意义上的朋友。由于圣贤也是那些作为她朋友的人的朋友,因此,她必定是其他具有朋友身份的人的朋友,也即,其他圣贤与诸神的朋友。值得一提的是,这一主张暗示,为了成为某人的朋友,人们无需和某人结交。圣贤之间互为朋友只是因为他们的智慧,而并非由于他们相互了解、彼此喜爱。成为所有其他具有朋友身份的人的朋友,途径就是使自己变得智慧。

如果某人成为圣贤,她就会获得一种不能被不幸所污染的生活。但在廊下派思想家的终极目的里并没有构想一种 autarkeia(自足性)——不管某人是否智慧,她都是宇宙这一巨大生命的一部分,在这一意义上,除了宙斯之外,没有什么是自足的。① 因此,我们可以追问,如果圣贤的[150]快乐不受任何幸运与不幸的影响,还有什么可以积极地影响她的生活? 廊下派思想家的回答是,这种影响是有的。按照法而生活,并且充分地连属于整个宇宙的圣贤,能够从宇宙中任何具有完善理性的存在者那里受益。智慧的成就并非超越世界的成就,恰恰相反,而是一种以最合理的方式成为世界整体不可分割的一部分。这样一个成为世界以及世界理性不可分割的一部分的人,将受到世界中一切善的事物的积极影响。

让我们更具体地看一看,世界上那些具有完善理性的部分之

---

① 神与圣贤的比较以及公民-神的概念与亚里士多德主义的"神不需要共同体"(见《政治学》1. 2. 1253a,26—29)的观念相悖。根据这一传统,城邦能使人生存并生活得更好。对从这样一种假定出发的人来说,公民-神这一概念是颠覆性的——它似乎放弃了神圣的"自足性"之观念。但在廊下派理论中,只有作为宇宙的神才可算作是自足的。参见普鲁塔克的《论廊下派的自相矛盾》1052D;"只有宇宙才可以被说成是自足的,因为只有它在自身中包含其所有的需要。它从自身中产生和维持,尽管它的各部分之间处于相互影响之中。"

间何以相互受益。有趣的是,廊下派思想家在定义善的语境中把圣贤的朋友视为"有益者"(benefit)。① 善被定义为"有益或不会不同于有益"(not other than benefit),德性或有德性行为是有益的;有德性的人和他的朋友不会不同于有益的人,成为有智慧的就是有益的。但是,圣贤对谁有益? 他也从别人那里受益吗?

德性是善,因为德性有益,这也就是说无论谁只要是有德性的,他就是有用或有益的,这一系列思想引出具有这一灵魂条件的智慧的人的概念。这些思想何以又能引出圣贤的朋友的概念? 智慧的人是有益的,处于圣贤周围的人一般都能够从圣贤的态度和行动中受益,圣贤这一具有影响力的品质就[151]是友善、慷慨、温和与仁慈。② 但是否圣贤自己也以某种方式从他人那里受益? 看来是可以的;但他只是通过与那些具有德性的个体相互作用的方式受益。只有德性有益,如果说智慧的人能从什么中受益,那么,他只能从其他有德性的人那里获得益处。如果某个人是有益的,由于他能够使别人受益,那他就是一位朋友。正如我表明的,在廊下派思想家那里,"使人受益"的能力是成为朋友的核心含义。

这一关于友谊的概念肯定会由于其高度的反直觉性而受到攻击。在这种关于友谊的说法中,爱、熟悉以及与他人分享生活等内

---

① 对于作为支配性能力之品质的德性以及作为与德性相一致的德性行为直接是有益的。但有德性的人及其朋友,尽管他们都属于善,却既不能说是有益的,也不能说成不是有益的。原因如下,廊下派弟子说,部分从来不与总体相同也不与总体有别;例如,手不同于整个人,因为手不是整个人,但它也并非不是整个人,因为整个人被视为包含着他的手。由于德性是有德性者及其朋友的一部分,并且,部分既不同于也不是不同于总体,因此,德性者及其朋友也被看作"并非不同于有益者"。因此,通过这一定义,每一善都被理解,不管它是有益的还是"并非不同于有益"的(SEM11.22—26 = SVF 3.75,部分 = LS 60G,LS 译)。有关廊下派相关于友谊的善理论片段之收集,参见,Banateanu, *La Théorie Stoïcienne*,第三章,45—84 页。

② 见 DL 7.116 = SVF 3.431 = LS 65F。

容被置于何处？在这些问题上，许多局部的证词之间存在着相互冲突。① 廊下派思想家似乎在此处放置了一个相关问题，即，根据他们的友谊概念，朋友之间是否彼此熟知。他们似乎以一种熟练的廊下派方式作出回应，即一方面坚持在他们的技术性术语与通常用法之间的基本延续性，另一方面又坚持他们高度修正了观点。据第欧根尼·拉尔修的记述，（廊下派思想家）把友谊描述为"属于生活中的事物（tônkata ton bion）的共有（community；koinônian)"(7. 124)。这一主张直接回应了那些坚持友谊是某种"共有"(koinônian)的人。是的，廊下派思想家同意，友谊是一种共有，但是，在廊下派心目中的共有并非分享生活的共有，在司托拜俄斯(Stobaeus)的记述中，我们会更清楚地看到这一点：

> 所有善对有德性的人都是共有的，而它们对低下的人都是坏的。这样，有益于他人的人也有益于自己，伤害他人的人也伤害自己。所有有德性的人之间相互受益，[152]尽管他们并不在所有情况下都彼此是朋友、互有好感、相互接受。因为他们并不经常接触，或许并不生活在同一个地方。但一般来说，他们之间是互有好感、相互友善和彼此接受的。愚人则相反。(Stobeaus,2. 101,21—102,3 = SVF 3. 626 = 60P,LS 译本)

"所有善对有德性的人都是共有的"这一主张有一定的误导

----

① 一些编著者的记述被先行设想的问题所塑造，这些问题并不是从廊下派理论本身必然引导出来的，而毋宁是从古代有关友谊的一些主导性问题中来。现代一些评论者也倾向于按照这一模式来讨论，有时把廊下派关于友谊的言说表现为似乎廊下派思想家围绕亚里士多德的问题而展开讨论而非按照廊下派本身的伦理学而展开讨论。在某种程度采纳这一视角研究廊下派友谊理论的最近文章可参见赖斯(Glenn Less)，《苦行朋友：廊下派与友谊》(Austere Friends：The Stoics and Friendship)，载 *Apeiron* 26. 1 (1993)：57—75 页。

性：它使人们想到财产的共享。但是，如果我们把"所有的善"替换为"德性"和"德性的行为"，我们就会看到，这一论题与财产无关。每一善的事物对有德性的人来说是共有的，是因为她们中的每一个都受到其他德性存在的影响。这样，我们能够从此段中了解到的第一点就是，正如在第欧根尼·拉尔修 7.124 中所看到的，"属于生活中的事物的共有"是对某种难以把捉的事物的共有，它和分享某人的生活或分享物质财富无关。毋宁说，它指示出这样一条途径，在其中，所有智慧的存在者都同样地被他们中的其他存在所影响，并指示出，在关于指引生活方面，他们何以具有相同的观点。

第二，我们应该注意记述中也使用了友谊的传统概念。所有圣贤彼此受益，尽管他们也许并非朋友。对此，我们可以将之转述为既包含"友谊"的传统用法又包含技术性用法的句子：所有圣贤都是朋友，尽管他们也许不是朋友。传统意义上在一定时间内彼此交往的朋友对廊下派技术意义上的"友谊"不是充分的。同样看法也可以从普鲁塔克的著名段落中见出。其中，如果在某一地方的圣贤明智地伸一下他的手指，寓居于世界中的所有圣贤都会受益。普鲁塔克说，"这就是他们友谊的作用（tesphilias ergon）"。我们也许会感到，这里所讲的"作用"是一绝好的反讽。普鲁塔克似乎告诉我们，廊下派的朋友并非是当我们能陷入困境时希望拥有的真正朋友，而是，他们可以远距离地帮助彼此——他们只是明智地伸伸手指！普鲁塔克继续讲到，根据廊下派，圣贤可以从"其他圣贤的德性[153]行动中收获令人惊叹的好处"，尽管他们不在一起而且互不相识。①

可见，友谊的技术性概念有着极大的修正性。但是，正如在"只有圣贤才是 X"这一主张中所涉及的其他身份概念一样，它也

①　普鲁塔克，《论一般概念》1068F—1069A，谢利斯（Cheriss）译，有改动。

与传统概念间存在着重要的连贯性。友谊是相互性的,朋友尽管不需要相互了解,甚至不需要认识,但在彼此之间有着一种相互受益的联系。圣贤之所以是其他圣贤的朋友是因为只在圣贤之间存在着"使彼此获得善"这样一种相互性的关系。廊下派友谊的这种相互性独立于朋友之间是否相识。这一概念为友好、体贴、仁慈的智慧主体本身能否受益——即是否有什么事物可以增进有德性者生活的益处——这一问题提供了一个答案。其答案是肯定的,其他拥有完善理性的存在及他们的行动能够使得这些智慧主体的生活受到更多的益处。

但是,这种情况也适用于宙斯吗?宙斯的生活能够通过人类圣贤的明智行为而更好吗?友谊是一种关系性的品质,它可以产生智慧存在者之间的相互受益,而且,廊下派思想家认同这一论题的所有暗指。一种暗指是,即使世界上不存在其他圣贤,圣贤仍是一个朋友,因为还有诸神和宇宙作为圣贤的朋友。并且这些"神圣的朋友"从圣贤的德性行为中受益。宙斯也能够从圣贤的行为中受益。这就是克律西珀斯论题所得出的结果,即宙斯在德性方面并不超过迪翁,并且还能从迪翁的行动中增获智慧和益处。①

我认为,宇宙中智慧个体之间相互受益这一观点能被融入宇宙城邦这一观点中。与完善理性的充分整合使某人成为世界上所有善的事物的益助者。这一观点使我们认识到,何以圣贤与诸神的完善理性之灵魂并未消融于宇宙的完善理性当中。廊下派思想家似乎认为,世界上每一具有完善理性的"部分"为总体世界的完善理性提供着自己的一份作用,绝非似乎某人一旦变得智慧,他的行为就被[154]吸收进神的完善运动之中。毋宁说,每一智慧个体保持着自身的运动,他们加强着总体的理性。宙斯从圣贤的行为中受益并非隐喻。

---

① 《论一般概念》,1076A = LS61J。

七、爱若斯(Eros)——友谊与和谐之神

廊下派思想家发展了和谐(concord;homonoia)这一技术性术语:所有智慧的人由于在有关"安排生活"的事情方面相互赞同而彼此和谐(Stobaeus 2.94,1—4)。和谐标示着圣贤间相互关系的特征。但廊下派思想家是否赞同传统政治理想中的和谐,即通过设计制度、政策以促进和谐、抵制内乱的观念? 对此,有两个著名的段落常被阐释。但我将表明,这是一种误导;对廊下派思想家来说,"和谐"并非像古代文学和政治思想的一般读者所预期的那样。我将通过对这些段落进行讨论来结束本章,并以普鲁塔克所记述的段落开始。

> 吕库戈斯(Lycurgus)的主要成就并不在于使其城邦能够领导诸多其他城邦。而是,他认为,整个城邦的幸福,像单个人的生命一样,来自德性和自身的和谐。[1] 为了赢得生活的自由与自足的形式,人们需要在生活中进行长时间自我克制的训练。据此观点,他对城邦加以规划并把和谐带入其中。这也是柏拉图所采纳的政制(或共和政体)的原则,同样也是第欧根尼和芝诺以及所有努力在这些方面加以论说并因此被称道的人们所采纳的原则,尽管他们留下的只是一些作品和理论。(普鲁塔克,《吕库戈斯传》31 = SVF 1. 263,261;斯科菲尔德译)[2]

---

[1] 根据 H. C. Badry,这句话是"唯一的一般性原则",在我们关于芝诺的《政制》之证据中有所提及;见《芝诺的理想城邦》(Zeno's Ideal State),载 *Journal of Hellenic Studies*79 (1959):8 页。

[2] 厄斯金(Andrew Erskine)讨论了为何有关吕库戈斯这一点也许是普鲁塔克的杜撰,正如我们在关于亚历山大的段落中所看到的,普鲁塔克对于比较哲学家的理论和政治家的实际业绩很感兴趣;见《希腊化政治思想与行为》(*The Hellenistic Stoa*;*Political Thought and Action*,Cornell University Press,1990),19—20 页。

[155]作为吕库戈斯持有的一种观念,灵魂与城邦的类比显然对柏拉图是重要的。① 根据柏拉图的《理想国》中苏格拉底的看法,灵魂和城邦在理想的意义上是同一的(或内在的一致性),即一种被描述为和谐有序的状态。多数学者也认为,诸多制度(如妇女共有)的设置就是为了增加内部的统一与和谐。普鲁塔克首先提到柏拉图,在我看来,他在提到第欧根尼和芝诺的时候就显得有些犹豫。对第欧根尼来说,也许并不存在灵魂的"结构"和城邦"制度"之间的类比。② 同样,普鲁塔克在提到芝诺时的语气比提到柏拉图时要轻。

就廊下派思想家在相关于灵魂与个体生活时采纳了"和谐"概念(或与之相关的概念)而言,他们讨论的是与自然相一致的生活理想以及构成圣贤知识体系的知识成分间一致性的理想。③ 这种一致性与柏拉图的和谐是有所不同的,他不是不同灵魂"部分"之间的和谐关系(廊下派思想家并不认为灵魂中存在着理性的部分和非理性的部分)。另外,就廊下派思想家把和谐视为人际关系的理想而言,他们把这种和谐定义为关于"共同的善"(Common good)的知识。④ 所有有德性的人之间之所以彼此和谐是因为他们在[156]关

---

① 考察城邦与灵魂的一致性之方法的段落见《理想国》368c—d;377c—d;402a—b;434c—d。

② 在第欧根尼关于 Politeia(政制)这一概念的思路中,一方面宇宙被说成是唯一真正的 Politeia(DL6.72),而另一方面,Politeia 实际又指"犬儒主义的国家"。关于这两种主张何以统一起来的问题,参见 Moles,《犬儒主义者》(*The Cynics*),426—427 页。因此,第欧根尼并没有在城邦和灵魂之间加以类比——没有城邦被讨论。相反,第欧根尼在宇宙的状态和人的灵魂之间提出了一种类比。

③ 这后一点,当然很难详细讲出。关于一致性理想的颇有助益的讨论,见弗雷德(M. Frede),《论廊下派善的概念》(*On the Stoic Conception of the Good*)。

④ "共同善"是一个困难的概念——某个"共同善"(a common good)或诸"共同善"(common goods)并未在廊下派伦理学中出现。我们可以认为他们都具有善的知识,并且所有善对他们而言是共同的(就他们都能从中获益而言)。或者我们认为该用语指涉这样一种观念,即他们都具有如何过一种好的生活的知识,其中,某人好的生活之道对所有他人也适用,在这一意义上,称之为"共同的"。

于如何生活方面有一定共识(Stobaeus 2.94,1—4)。确切地说,和谐是圣贤间心灵的相似性(like-mindeness)——使其灵魂处于某种本质上相同状态的"心灵相似"。圣贤、诸神和神因其灵魂的完善状态而和谐一致。这种和谐概念看来无需借助于在良好管理下的城邦和平生活来理解。另外,和谐看来属于圣贤之间的关系或圣贤与世界之间的关系。圣贤和世界,因其德性而和谐一致——他们与世界上所有其他具有完善理性的事物保持和谐。

当然,这并不意味着芝诺并没有在日常意义上谈论过和谐。我们多次看到早期廊下派思想家在使用其核心术语时在他们的技术性术含义与日常含义之间摇摆。在许多例子中,廊下派思想家讲到,按圣贤的建议所制定的城邦政策、经过改善的城邦法律可以使城邦居民彼此更为和谐。这里的和谐就是在日常意义上被理解的,但这是一种较弱的主张。我们反对的是一种较强的论题。该论题认为,例如,关于服饰与"妇女共有"的主张表明廊下派思想家希望在现实的城邦中进行一种制度的变革,以实现传统意义上的和谐理想。①

但是,"妇女共有"(community of women)这一短语看来与柏拉图《理想国》中的"妇女共有"所指的是不同的观念——芝诺或克律西珀斯看来并不是建议我们取消家庭这一重要的共同体,它所反映的是,"与这一个人或那一个人具有性关系何以是没有区别的"这样一种问题,这些问题在芝诺和克律西珀斯的许多其他论题中被提及。有关服饰的主张,在廊下派者那里是建立在这样一种观点的基础上,即传统中男女有别因而应该以不同的方式生活这

① 见厄斯金(Erskin),《希腊化时期的廊下派》(*Hellenistic Stoa*),22—27 页。斯科菲尔德在其研究的第二部分以关于芝诺《政制》的第三种一般性观点之间的区分开始。芝诺的政治主张可以表现为反律主义(anti-nominanism)、修正主义(revsion-ism)或共产主义。斯科菲尔德支持第三种选择:"使芝诺的共同体具有理想性的地方在于,通过其公民的德性来取得和谐水平,而这一点由共产主义者的政治直觉所蕴含。"(《廊下派的城邦观》,22 页)

些看法并非合理。[157]这些圣贤(如果他们是国王的忠告者)可能提出的思考似乎并没有具体地讲到和谐,但它们反映了一系列哲学上的洞见。我们并没有证明芝诺或克律西珀斯论及"对城邦而言,和谐是善"的相关资料,似乎这一观点无需论证——难道对于防止内部冲突的制度和政策的需要不是显然的吗?在一种弱的意义上,即,我们认为圣贤的建议有助于改善人们在城邦中的共同生活的意义上,上述观点也许是显而易见的。但是,如果我们想到柏拉图《理想国》中的某些极端措施,那么,每一增强统一性与和谐的政策是否值得欲求就并非显而易见。并且,似乎肯定的是,如果谁认为不论何种法律和实践,只要能加强城邦的统一性就应该被实行,那么,他就应该对此提出强有力的论证以为之辩护。在柏拉图主义和廊下派哲学——也许最重要的是,与廊下派心理学的一元论之间的主要差别表明,廊下派关于统一与和谐的理想与柏拉图《理想国》中的相应理想不可能是相同的类型。①

让我们转到有关芝诺观点的另一些证词:"庞天纳(Pontianus)说,芝诺把爱若斯视为友谊、自由、供给以及和谐之神,而非其他。爱若斯为城邦带来安全。"②正如普鲁塔克有关芝诺和柏拉图的对比一样,这段话也常作为一些人的主要论据而被引用,这些人认为,芝诺所讨论的是圣贤的城邦、有德性的和谐城邦(因其居民是智慧的)、其法律和制度增加其和谐性的城邦。

对斯科菲尔德而言,这一城邦是"爱的城邦"③。廊下派诸多关于"何以与这一或那一人发生性关系不多不少同样适当"的主张以及爱若斯至高无上地位的主张,似乎都能证明这一看法。

---

① 注意,宇宙城邦当然不是理想的。宇宙是一,其灵魂与所有完善理性的存在"处于和谐之中"。

② Athenaeus 561C = SVF 1,263 部分 = LS 67D。该语境表明,这是从《政制》中选取的引文;但我们不能完全确定这一点。

③ 这是斯科菲尔德的表述(《廊下派的城邦观》,22 页)。

为了对此观点作出评价,我们必须更为仔细地考察芝诺关于爱若斯的陈述。考虑到廊下派关于奥林匹斯诸神的看法,[158]那么,引入爱若斯只能是一种隐喻。① 但这一隐喻代表着什么? 芝诺明确地告诉我们:代表友谊、自由与和谐,"除此无它"。这最后一点引文不应被忽视。在此,芝诺所做是以激进的方式重新定义爱若斯是谁。爱若斯并不代表情欲。考虑到廊下派有关情感(pathê)的思想,这种看法看来是使爱若斯整合进有德性的廊下派式生活的唯一途径。而作为情欲的爱欲(erôs)与圣贤的生活是不相适宜的。

但是,廊下派思想家是否真的持有这一决定性的看法,即把爱欲视为一种情感并因而在善的生活中毫无地位?② 四种基本的情感是欲望、恐怖、快乐和痛苦;爱欲是一种欲望。③ 很明显,廊下派

---

① 但是,它也许是一个很有力的隐喻。正如 Paul W. Ludwig 在《爱若斯与城邦:古希腊政治理论中的欲望与共同体》(*Eros and Polis*: *Desire and Community in Greek Political Theory*,Cambridge University Press,2002)中所论证的,古希腊大量关于政治学的著作提到爱若斯。

② 纳斯鲍姆(Martha Nussbaum)在斯科菲尔德书第二版的前言中评论说,芝诺和克律西珀斯都把他们所写的理想政治学理论冠以《政制》之名,这些著作在某些方面可以说是追随柏拉图,但也与柏拉图有尖锐的分歧,尤其在对于欲望、性、身体的看待方式上。在表述斯科菲尔德的阐释中,她继续说,"廊下派思想家的理想城邦由强劲的爱欲之纽带所联结,公民也被鼓励同其他公民形成有力的爱的关系,这种关系的建立以德性和德性的潜能为基础。所有其他的情感在廊下派中都受到指责。廊下派的公民将既无愤怒也无恐惧,既无自豪也无嫉妒,既无悲伤也无怜悯。但爱欲却可以免除批评。"(《廊下派的观念》,xi, xii.)在其最近关于廊下派理论的阐释中,斯科菲尔德写道:"在他(芝诺)的立场和柏拉图立场的对比中,没有什么比在性关系问题上的差别更引人注目,特别由于芝诺表面上把他关于爱和性的主张置于整个理论的中心。"见《伊壁鸠鲁与廊下派政治思想》(*Epicurean and Stoic Political Thought*),载《古希腊罗马政治思想》(*Greek and Roman Political Thought*,Cambridge University Press,2000),435—456,444 页。

③ 在关于欲望的条目中,廊下派思想家列出"强烈的情欲、渴望、企盼(*erôtes sphodroi kai pothoi kai himeroi*)"(Stobaeus, 2. 90, 19—91, 9 = SVF 3. 394 部分 = LS 65E)。但这并不意味着他们并没有把爱欲(erôs)视为传统意义上的强烈欲望。在任何传统的意义上,爱欲都伴随着渴望与企盼,并伴随着折磨与痛苦,内在的焦灼与烦乱,从而使得这种情感并不适宜于成为圣贤生活的一部分。

思想家并没有把性关系排除于圣贤生活之外。[159]但是,作为欲望的每一爱欲的形式肯定属于一种情感。廊下派思想家不愿意为了给传统方式理解的"爱欲"在城邦生活中以重要地位而破坏自己的情感理论。① 实际上,如果传统意义上的"爱欲"在圣贤的生活中拥有地位,那么,圣贤就并非自由(因而也就不再是圣贤)。按照此种廊下派的观点,传统意义上的爱欲使我们受所爱者的奴役,它使我们以一种无谓的方式行动而不能追随理性。② 通过把爱若斯定义为友谊、自由和和谐之神而非其他,芝诺重塑了爱若斯。这种作为圣贤生活一部分的"爱欲"就是友谊、自由以及与其友人的和谐。这就是圣贤之爱的意思:他的爱即友谊。③

---

① 斯科菲尔德写道,芝诺并没有把爱欲设想为一种情感,因为他看到了困难(《廊下派的城邦观》,29页)。

② 塞涅卡引用了 Panaetius 的回应来追问圣贤是否会陷入爱河:"至于智慧的人,正如我们所看到的那样。你我这些仍然与圣贤有很远距离的人所关心的是,如何能使我们不要陷入那些烦恼的、恭顺于他人以及对我们自身无价值的事件当中"(Ep. 116.5 = LS 66C,LS 译)。关于何者应被避免的描述显示了为何爱欲不可能是圣贤生活的一部分。它还表明,对于爱欲,除了痛苦与烦恼,还有一种是与自由相悖的:爱欲使我们受牵累于他人(爱比克泰德,《对话》4.1.15—18 以及史蒂芬斯[William O. Stephens],《爱比克泰德论廊下派的圣贤如何爱》[Epictuetus on How the Stoic Sage Loves],载 Oxford Studies in Ancient Philosophy 14[1996]:193—210,206 页)。关于自由的概念,参见第四章。

③ 参见 DL 7.129—130 = SVF 3.716 和 718 页。类似的定义在不同的语境中传播。廊下派思想家把爱欲描述为对于还未充分发展但自然地倾向于德性的年轻人的"追求"——这样一种追求并不涉及情感。普鲁塔克抱怨这一定义与通常的观念相悖——人们应该把那些所有人都称之为爱的东西称之为爱(《论一般性概念》,1073C)。

　　史蒂芬斯给出了一个廊下派何以按照我们所表明的方式爱的解说,见《廊下派的圣贤如何爱》(How the Stoic Sage Loves)194—197 页。但是,他的分析局限于爱比克泰德,并且他认为,尽管爱比克泰德赞同塞涅卡和西塞罗以及 Musonius Pufus,但他并不赞同早期的古希腊廊下派思想家。但是,塞涅卡和爱比克泰德都从未声称在这一点上他们不同意早期廊下派教义。史蒂芬斯提到朋霍费尔(Bonhöffer)关于爱比克泰德的阐释,该阐释认为爱比克泰德赞同早期廊下派思想家;见 A. Bonhöffer, Die Ethik des Stoikers Epiktet,Stuttgart:Frommann,1894,66 页。

但在前述引文中,芝诺是如何使用友谊、自由与和谐这些基本概念的? 他是在日常的意义上合理地使用它们吗? 如果是的话,芝诺将会说,爱若斯[160]代表着平常人们之间所具有的友谊、传统意义上公民所具有的自由以及与内战相对的和谐。他将会说,所有这些事物使城邦变得安全。但是,芝诺却认为传统意义上的朋友实际上是敌人,传统意义上的"自由民"实际上是奴隶等。在说明神代表什么的时候,看来他并没有在日常意义上使用这些概念。如果他并非在日常意义上使用这些概念,那么,芝诺的主张就意味着一些十分抽象的事物。它就会意味着,爱若斯代表我们如何与他人相关、我们如何有益于他人、如何理解自己与世界相关所涉及的具体智慧之维度。一个现实的城邦将通过使友谊、自由与和谐作为它们真正所是的理想来追求,以此荣耀爱若斯。这将是一个以其居民的德性为目的的城邦。

第四章 法与理性

[161]三个主要的早期廊下派思想家把法视作"共同法",在普鲁塔克的文字中,全人类都生活在共同法之下是芝诺的梦想。①克勒昂忒斯在他的《颂宙斯》(*Hymn to Zeus*)中说:"没有比永远公正的赞颂共同法更为荣耀。"②对克律西珀斯来说,与自然相一致的生活意味着不做任何共同法所禁止的事情,而共同法就是贯穿于万物之中的正当理性,它与统摄一切存在物的管理者宙斯相同—(DL7.87—88)。

早期廊下派共同法(koinos nomos)概念是后来形成的所谓自然法概念的源头。廊下派思想家所理解的法,对全人类来说是共同的,并且独立于现实城邦中实际的法律、习俗而存在,在此意义上,我们也可称之为"自然法"。但尽管后来的自然法概念部分地来自廊下派思想,但它们同样与廊下派的"共同法"有所分别。③

---

① 普鲁塔克,《亚历山大传》(*De Virt Alex*),329A—B = SVF 1. 262 = LS67A。

② 这是克勒昂忒斯的《颂宙斯》的结尾(Stobaeus 1. 25,3—27,4 = SVF 1. 537)。

③ 关于"自然法"通常含义的概括性解说参见斯特赖克(Gisela Striker),《自然法概念的起源》(Origins of the Concept of Natural Law),载 *Boston Area Colloquium in Ancient Philosophy* 2 (1987):79—94 页,收录于斯特赖克的《希腊化伦理学与知识论文集》(*Papers in Hellenistic Ethics and Epistemology*,Cambridge University Press,1996),209—220、209 页。

法，如廊下派思想家所认为的，是自然的基本成分——它渗透于宇宙之中，并等同于物质性的神。① 共同法的这一物理性的维度对于后来的自然法理论是陌生的。②

[162]廊下派思想家把法等同于理性。③ 法或理性渗透于宇宙，管理着宇宙并且与宇宙同一，这是廊下派物理学的基本主张。④ 法和理性具有规范性是廊下派伦理学的基本主张。由于"自然法"概念经常被认为表示诸多法律，还由于"共同法"观念是自然法观念的鼻祖，因此，理解这种具有规范性的共同法最自然方式就是把它设想为"一套规则体系"（a body of rules）。⑤ 我把这一对廊下派理论的理解图式称之为"规则阐释"（rules-interpretation）。个别的规则能够对我们的各类行为加以规范、禁止或许可。或者，它们可以教导我们应该追求什么，应该避免什么，但是，我将论证，廊下派思想家并没有提供这类规则。无论是前种形式

---

① 宙斯即法，见菲洛得穆斯，《论虔诚》（*De Pietate*）col. 7. 7；A. Henrichs 编订的《PHerc c. 1428 中廊下派神学批判》（Die Kritik der stoischen Theologie in PHerc. 1428），载 *Cronache Ercolanesi* 4（1974）：5—32 页。

② 见沃森（G. Watson）的不同观点，《自然法与廊下派》（The Natural Law and Stoicism），载《廊下派中的问题》（*Problems in Stoicism*，London，1971），216—238 页，根据沃斯顿（Waston）的观点，廊下派思想家发明了自然法概念，Phillip Mitsis 认为，克律西珀斯把自然法等同于宙斯的段落（（DL 7. 88）以及把法称为"主宰者"（Marcian, Inst. 1 = SVF 3. 314 = LS 67R），使得"自然法概念在廊下派非常早的时期就发展起来这一点显得十分清楚"，见《廊下派哲学主题》，第 153—177、163—164 页。

③ 有关这种"同一性"的陈述的地位，见博布青（Susanne Bobzien），《廊下派哲学中的决定论与自由》（*Determinism and Freedom in Stoic Philosophy*，New York，1998），45—46 页。

④ 显然，法与理性的同一性，严格讲，指涉着完善理性，克律西珀斯把法与完善理性视为相同的（DL 7. 87），见西塞罗，《论法律》（*De leg.*）1. 23 = SVF 3. 339，另外，法被说成是善（Stobaeus 2. 102，11—12）。

⑤ 规则阐释在斯特赖克那里看来十分合理，见《自然法概念的起源》，斯特赖克认为，自然法的内容可以通过自然在使人之为人的过程中所遵从的明显目的中推导出来，自然给了人类自我保存的第一驱动和社会性，"显然"，斯特赖克说，"还需要许多内容以从这两种基本倾向中获得具体的道德原则"（出自《论文集》[*papers*]，219 页。）近些年来，Phillip Mitsis 关于规则阐释给出了一个比斯特赖克要更为具体的论说。

的规则还是后种形式的规则都没有提供。

但是，如果不是通过规则使法具有规范性，那么，是否还有其他可能观点对此作出说明？另外一种观点也有相当的合理性，即考虑到廊下派的认识论和行为理论，圣贤不论何时决定从事其活动，其理性对其发出的指令都具有法的地位。我把这一观点称为"指令-理性阐释"(prescriptive reason-interpretation)，它可以从廊下派对完美的恰当行为的说明中得到支持。愚蠢者可以恰当地行动，但圣贤在这样做的时候是根据其完善理性的品质，这使她的行为具有完美的恰当性与合法性，正如我们看到的，只有圣贤是合法的(lawful；nomimos)，[163]并且只有圣贤才能追随法，正如律法师(nomikos)一样(stobaeus 2. 102,4—9)。不论圣贤的理性所指令的是什么，都具有法的地位。尽管这是正确的，但指令理性阐释却忽视了一个重要方面：廊下派的法是实质性的，指令理性阐释不能够解释这样一个事实，即关于"与自然相一致的生活"的思想，廊下派思想家所持有的是一种实质性的观点——他们持有着一种何者有价值，何者无价值的观点，这些观点对于其恰当行为的理论来说是根本性的。①

规则阐释和指令理性阐释都不能使问题得到化解或取得我所希望的结果，如果我们希望理解廊下派思想家所讲的合法的行为

---

① 规范理性阐释由范德瓦特大力推出，正如他所论证的，恰当行为和圣贤的完美行为之间的区别相关于行为者的品质，按照范德瓦特的看法，自然法并不发布规则。毋宁说，法规定着一种品质(或倾向)，即德性的品质；廊下派思想家所"提倡的是对自然法的倾向性模式而非对其规则的服从模式。""自然法规定着一种德性行为的内在特征而非外在特征"；见《芝诺的〈政制〉与自然法的起源》(Zeno's Republic and the Origins of Natural Law)，载《苏格拉底主义的运动》(The Socratic Movement, Ithaca, N. Y. ; 1994)，第 275 页。范德瓦特写道："这一法有三方面特别相关的特点：(1)它由圣贤的理性品质所构成而非由立法的或规则的具体准则所构成；(2)它指令恰当行为，该行为的道德正当性由这种内在品质所保证；(3)这种指令足以保证圣贤获得其自然的目的，即"一致的生活"和"与自然相一致的生活"(287 页)。约波洛(Anna Maria Ioppolo)提出了一种观点来解释正当行为的内在性方面；见《塞涅卡的原理与准则》(Decreta e praecepta in Seneca)，载 La Filisofia in Eta Imperiale, Naples, 2000, 15—36 页。

(lawful action),我们就需要理解,恰当行为理论在不借助建构诸规则的情况下何以能够容纳关于价值和人性的实质性主张。本章的主体部分将主要涉及对多有争论的恰当行为理论的讨论——此理论的重点将特别地涉及对廊下派共同法观念的阐释。我的核心论题是,恰当行为理论对于"在行为中,何种考虑因素应被视为重要的"这一点提出了主张,并且以此方式提供了一条对于生活的实质性指导。我将通过把恰当行为理论与廊下派的理性概念联系起来的方式对此论题加以论证。长期以来,学者们都承认,廊下派思想家提出的是关于[164]理性的实质性理论。① 以人类获得理性的方式"获得理性",在廊下派思想家看来,涉及对诸多"内容"的掌握。以此方式理解,理性的主要成分是前概念,即那些生命早年中自然获得的概念,它们构成着人类理性(reasonableness)的成分。自然引导着我们获得前概念,一旦这一过程完成,一个人就是有理性的。我将论证,正是在这种自然引导下,自然对于我们理性灵魂的塑造,我们才能过一种充分属于我们自己之本性的生活。以这种方式,自然使我们形成关于什么是有害或有益的,以及什么是恰当行为的前概念,这种发展的过程只是获得理性的一部分。如果圣贤的灵魂发布指令,她完善的理性灵魂就作出了一个具有法之地位的决定。但指令不只是因为圣贤以其完善理性作出决定并且只对那些应该认

---

① 见弗雷德,《廊下派理性概念》(The Stoic Conption of Reason),载《希腊化哲学》(*Hellenistic Philosophy*,Athens,1994),50—61 页。我关于廊下派理性概念的观点受弗雷德的影响很大。参见弗雷德,《希腊思想中的理性》(*Rationality in Greek Thought*,Oxford,1996),1—28 页。在《廊下派的自主性》(Stoic Autonomy),载《知识、自然与善》(*Knowledge*,*Nature*,*and the Good*,Princeton,2004),第 204—244 页中,库珀(John Cooper)认为,我们可以通过研究廊下派理性概念的事实性来理解廊下派的法概念何以是事实性的。尽管某些细节上我不赞同库珀,但这和我提出的思路非常接近,库珀从廊下派思想家在讨论"自我行动"(self-action)时,是否思考了"自主性"(autonomy)开始,他的主要论题是,尽管廊下派思想家并未使用"自主性"这一词语,但他们的确认为,圣贤"按照他们每个人自己的法,在那里,法实际上也植根于宙斯或自然法"(212 页)。

可的印象坚定地加以认可;还因为圣贤完善了这些最初的价值性和
规范性概念,因而能够根据"事物之所是的存在类型"来更充分地思
考对人类来说什么是有价值、什么是无价值的。

　　我首先通过对廊下派理性与行为理论之一般性方面的讨论来
开始本章的阐释(1—4 节)。在此基础上,我将尽力说明,廊下派思
想家所设想的法何以在某种评价性与规范性的方式上,既是规范性
的而同时又是实质性的(5—9 节)。最后,我对我的阐释加以总结,
说明何以全人类由共同法所联结——法何以是共同法(10 节)。

一、人类具有理性

　　人类具有理性(逻各斯),或他们是理性的(rational)。因其具有
理性(reason)而是理性的意味着他是这样一种生命,其认识活动涉
及理性的(rational;logikon)[165]印象,即具有语言对应项的印
象。① 这些语言的对应项被称为所言内容*(sayables;logikon)。廊
下派思想家可以通过引用印象所对应的所言内容来谈及印象,例如,
"这是白天"的印象。严格地说,"这是白天"是这是白天这一印象所
对应的所言内容。理性的印象产生思想(thought;dianoia)。②

　　虽然在此意义上,人被定义为理性的,但他们的理性状况并不
被认为是天生的。人们具有理性印象的能力依赖于其已经发展了
的理性。③ 根据廊下派思想家,理性是在人们生命的最初几年中
通过一个自然的进程所取得的。这一进程涉及前概念的获得这一

---

① SE M 8.70 = SVF 2.187 部分 = LS 33C。

* [译按]:廊下派的 sayables 即语言所表达的思想内容,相当于"概念"或"含义"。

② DL 7.49 = SVF 2.52,部分 = LS 33D;DL 7.55—6 = LS 33H。

③ 见阿弗罗狄亚的亚历山大(Alexa - 4nder of Aphrodisias),《论灵魂》(*De anima*),
150 页 = SVF 3.183。关于这一段的讨论,见布伦瑞克,《原初的根据》(The Cradle
Argument),载《自然的规范》(*The Norms of Nature*,Oxford,1986),133 页。

重要方面。①

[166]廊下派思想家说，当一个人刚一出生时，他灵魂的
主要部分就像一张等待书写的白纸，在其上，他刻进每一个概
念。刻入概念的第一条途径就是感觉。因为知觉到某物，如
白，当他们与之分离时，就有了关于这一白的记忆，并且，当许
多类似记忆发生时，我们就可以说，他有了关于白的经验。因
为诸多类似的印象就是经验。某些概念就以上述非设计的方
式自然地产生，另外一些则通过我们自己的学习和注意而产
生。只有后者才被称为"概念"（conceptions；ennoia），前者也
被称为"前概念"（preconceptions；prolepseis）。理性（我们因
之而被称为理性的）被认为是在我们最初的七年中从前概念
阶段开始发展完成的。（Aëtius 4. 11. 1—4 = SVF 2. 83 = LS
39E，LS 译本）

在获得理性印象意义上成为理性的，涉及对许多内容的掌
握，这种掌握使我们能够在语言和思想上指示我们周围的事物并

---

① 克律西珀斯把前概念定义为"自然的概念"，即我们在一种自然的过程中获得的关
于某种"一般性"的东西的概念(DL 7. 54)。当我们，例如，获得前概念"白"时，我
们开始能够把一系列不同的白色之物，不管它们形状上有如何差异，都称之为白
的，等等。关于这些问题的讨论见桑德巴奇(F. H. Sandbach)，《廊下派知识理论
中的概念与前概念》(Ennoia and Prolepsis in the Stoic Theory of Knowledge)，载
《廊下派中的问题》(*Problems in Stoicism*)，22—37 页，以及 Ralph Doty，
Ennoêmata，Prolêpseis，and Common Notions，载 *South western Journal of Phi-
losophy* 7. 3（1976）：143—148 页。关于廊下派概念与前概念的最近讨论，参见
Charles Brittain 的《常识：廊下派内外的概念、定义与意见》(Common Sense：Con-
cepts，Definition and Meaning in and Out of the Stoa)，载《语言与意义：希腊化时代
的语言哲学》(*Language and Learning：Philosophy of Language in the Hellenistic
Age：Proceedings of the Ninth Symposium Hellenisticum*，Cambridge，2005)，
164—301 页。因伍德以关于概念和前概念的一个非常有帮助的资料汇集开始其
讨论，该讨论最终涉及了廊下派善的概念。

且获得世界中事物的基本图式。在此意义上的理性也能够使我们进一步发展理性。例如，树和灌丛的前概念为我们追问"树与灌丛的区别是什么"这类问题提供了一个起点。很难说前概念的获得主要是或完全是建立在感觉经验的基础上。① 即使前边所提到的"白色"的例子，对我们来说也是如此。要使这一观点变得合理，就不得不对感觉经验做更为宽泛的理解。一个孩子所听到的任何事物都要被归入感觉经验当中。他所听到的主要是父母、兄弟姐妹、老师等的话语，这个孩子不仅听到这些话语，而且逐渐地理解了它们。在某种程度上，前概念的获得必然涉及语言的学习。廊下派并没有关于语言学习以及语言学习对前概念之获得的作用方面的特殊理论流传下来。在廊下派早期的发展背景中，廊下派思想家也许正是把语言视为人们成长于其中的世界的一个特征。但获得理性肯定涉及从非理性的印象（［167］动物也会有的那类印象）向理性印象的进展。理性印象具有一个语言的对应项。看来，对孩童来说，不论是保存印象还是逐渐形成理性印象，她都必须能够逐渐地理解她的父母、老师所说的话，例如，当他们说到花园里的树和灌丛时，孩子能够理解父母说的这些词语指的是什么。②

　　更进一步来说，即便更宽泛地解释感觉经验，认为它不仅指知觉或"感觉"，感觉经验的内容对于前概念的形成来说，仍然是十分狭窄的，通过与他们相互交往，一个孩子学会发现，她妹妹吃掉所有蛋糕的行为是不公平的，她的爸爸和她做游戏是一种关爱等等。

---

① 因伍德认为如此，但设定的条件是，感觉经验必须在广义上被理解。按照这一阐释，例如，人们将通过与有德性的人相遇并见到其行为才能发现德性的例子。

② 关于这种发展的中间阶段以及关于是否动物和儿童（在他们具有理性之前）具有这种类型的"准概念"的问题，参见布里顿（Charles Brittain），《廊下派和奥古斯丁的非理性知觉》（Non-rational Perception in the Stoics and Augustine），载 *Oxford Studies in Ancient Philosophy* 22（2002）：253—307 页，尤见 256—274 页。

"白色"的例子表明的是,前概念为我们提供了"描述性"的内容,但这并不完全是廊下派的立场。廊下派思想家提到"神"这一前概念,并通过如下论证反对伊壁鸠鲁主义:不包含"恩典"的神观念是与神的前概念相违背的,廊下派思想家说,神的前概念中包含着神是关怀的、慈爱的和友善的。① 看来,只要存在神的前概念,就需要有"关怀"、"仁慈"与"友善"的前概念。这些都是评价性的概念。② 通过与其家人的生活,儿童将发展出表示关怀、仁慈或正义的基本观念。这些观念是发展理性的一部分,正如获得"白色"的前概念是发展理性的一部分一样。

廊下派思想家对于发展理性需要多久并没有一致看法,但流传下来的两种看法都认为这种向[168]充分理性的转变是在一个相对较晚的年龄——7 岁和 14 岁。③ 当然,这里的较晚年龄是相对于开始能够讲话或开始对其所需求的东西(食物、休息等)和所要避免的(寒冷、炎热、饥饿等)有了最基本的感知的年龄而言。到了 7 岁和 14 岁,人们通常掌握了相对较多的词汇量,运用并能够理解完整的句子(例如:这是一棵树而不只是"树")及基本的逻辑关系,他们能够进行数的加减运算,能够根据正义的观念来进行选择(例如:分配给自己和兄弟姐妹同样份额的蛋糕等)。当然,在被称为学习与注意的结果与"成长进入世界"(growing into the world)的自然过程之间并没有一个截然的转变。在某种程度上,能够在一棵树与多棵树之间做出区分,以及开始计数,并且认识到,例如在花园的两侧各有两棵树,那么,花园里总计有四棵树,也是属于成长进入世界的自然进程的一部分。

---

① 见普鲁塔克,《论一般概念》,1075E = SVF 2. 1126 = LS 54K。

② 桑德巴奇(Sandbach)强调,前概念并不限于价值性或规范性概念,但是,如果我们以因伍德的假设,即前概念从(扩大化了的)感官经验中获得,那么,似乎对于价值性或规范性前概念说明要比描述性的前概念的说明要更为困难。

③ Aetius 4. 11. 1—4 = SVF 2. 83 = LS 39E 中讲到的是 7 岁,DL7. 55—6 中则是 14 岁。

二、驱动印象(Hormetic Impresions)

人类具有理性,首先是由于他们的印象是理性的。但他们具有理性这一事实也决定着他们如何对印象做出反应——也即,相比于其他事物而言,他们如何做出运动(move)。最低级的事物是这样一类事物,它们的运动来自外部的推动。而所有有生命的事物则在它们自身内部包含着运动的原因。植物的运动出于它们自身(如生长),而动物通过对印象的反应来使自己运动。理性的动物除了具有"印象的本性"(impressionistic nature),还具有理性。通过理性,[169]他对印象进行判断,拒绝一些并接受另一些,据此引导自己的活动。① 因此,理性的动物被定义为不仅仅受其印象引导的动物,人类根据对印象的接受与否来行动。

与行为有关的认可(assent)必然是对于一种特定类型的印象的认可。例如,对"天正下雨因而不便外出活动"这一印象的认可。② 只有对那些呈现出来的一套需要完成的行动之印象的认可才能产生对人的行动的引导。为了与当代学界的称呼相一致,我把这种印象称为"驱动的"(hormetic)印象。对这一驱动印象的认可即驱动(horme)。驱动本身不是行动或身体的运动,它被定义为思想朝向行动领域之事物的运动。③ 根据克律西珀斯,"人的驱动是理性对他

① 奥利金(Origen),《论原则》(On principles),3. 1. 2—3 = SVF 2. 988,部分 = LS 53A。"判断"这一词语可能会误导性地暗示,我们首先仔细考察而后对印象加以判断。廊下派的观念是,通过对某种印象的认可,我们接受某物是真的——严格地说,我们并不接受印象,而是接受印象所表现的真理。关于这一点,参见布伦南(Tad Brenna),《廊下派道德心理学》(Stoic Moral Psychology),载 The Cambridge Companion to the Stoics,Cambridge,2003,257—294,262 页。
② 我的所有关于廊下派行为理论的讨论,从因伍德的《早期廊下派中的伦理学与人类行为》(Ethics and Human Action in Early Stoicism,Oxford,Clarendon Press,1985)受益颇多。
③ Stobaeus 2. 86,17—87,6 = SVF 3. 169 部分 = LS 53Q。

的行为发出的指令"(这就是行为者的理性或理性灵魂)。① 通过对驱动印象的认可,我们决定采取一个行为。② 如果没有外界的妨碍,驱动将开启人的行为。正如我们所看到的,人类具有的所有印象都是理性的,并且具有语言的对应项。廊下派思想家在不同类的所言内容(sayables；leka)之间进行了区分。句子(如"现在是白天")表达的是自身完整的或完全的所言内容。③ 但所言内容也可能是不完全的或不完整的,例如,谓语表达的就是不完全的[170]所言内容(如,"写",对于它所对应的观念,我们可以问"谁写"。见DL7.63)。

廊下派思想家把驱动定义为"认可的行为"(acts of assent)。④ 回想廊下派关于灵魂的看法,认可也是一种物理性的运动,并且,在某种意义上,驱动就是这一运动。⑤ 但当对于驱动印象的认可

------

① 普鲁塔克,《论廊下派的自相矛盾》,1037F = SVF 3.175,部分 = LS 53R。

② 直到这一点上,这种说明——受因伍德重要研究的激发——成为廊下派学术研究中或多或少的共同基础,我也一直默认着这一看法。见因伍德,《伦理学与人类行为》(*Ethics and Human Action*),45—66页,尤见55—66页；还可参见因伍德,《廊下派论行为的规则》(The Stoics on the Grammar of Action),载 *Southern Journal of Philosophy* 23,(增刊)(1985):75—86。

③ 我认同博布青(Susanne Bobzien)对 axioma 和 lekton 的译法。博布青使希腊语的可信度超过了它通常给人的印象,并在自身完整的所言内容与残缺的所言内容之间作出区分；许多作者讲的是完整的和不完整的所言内容,见因伍德,《剑桥廊下派指南》(*Cambridge Companion to the Stoics*),85—123页。

④ Stobaeus 2.88,2—6 = SVF 3.171 = LS 33I.

⑤ 据普鲁塔克的记述,驱动由认可产生,见普鲁塔克的《论廊下派的自相矛盾》(*On Stoic Self-Contradictions*)1057A = SVF 3.177 部分 = LS 53S。因伍德关于驱动是认可或由认可所产生的讨论,参见《伦理与人类行为》(Ethics and Human Action),第61页。尽管在此我不能讨论这一点,但我认为,驱动在这一方面可能类似于意见,意见是弱的认可,但同样正确的是,被理解为对印象的最初接受的弱的认可产生了意见。同理,驱动是对于驱动印象(hormetic impression)的认可。(假如有一种对行动的外在妨碍:在这种情况下,驱动仍坚持着,随后的对于"某人应该 φ"的印象之认可就可以和最初的认可区别开来。)关于认可与意见,见麦因沃尔德(Constance Meinwald),《廊下派知识论中的无知与意见》(Ignorance and Opinion in Stoic Epistemology),载 *Phronesis* 50 (2005):215—231页。因伍德进一步论证说,认可被给予所言内容,而不是给予理性的印象本身。弗雷德(转下页注)

与驱动被分开考虑时，其结果就是看到它们有着不同的对象。当我们认可的时候，我们是对那种具有完整所言内容作为其语言对应项的印象的认可；但驱动却被导向某个谓语，因而不是完整的所言内容。① 我可能认可"由于看起来天要下雨，我应该带上雨伞"这一印象，而驱动就其与[171]认可相区别而言，它指向某个谓语，即"带上雨伞"。这就是当我认可"由于看起来要下雨，我应该带上雨伞"这一印象所选择采取的行动（带上我的雨伞）。（认可这一印象可以被看作两件事："由于看起来天要下雨，我应该带上雨伞"这一观点以及"带上雨伞"这一驱动。）

通过对驱动印象的认可，我们使自己行动或如廊下派思想家所说，我们的理性发布指令。对于驱动印象的认可具有我们所说的规范性的力量；它"推动我行动"（假定没有外在的阻碍）。廊下派哲学的一个重要特点是对灵魂是一个整体的充分肯定；人们认为是正确的东西可以直接转化为行为的动机。如果我认为我应该带上伞是正确的，我也就被推动去带上我的伞。

（接上页注）反对这一观点：原始文本表明，认可是给予印象而非针对所言内容（或，认可只是间接地针对那些依赖于、对应于印象的所言内容）（SE M 8.70）。见弗雷德，《廊下派有关灵魂情感的教义》(The Stoic Doctrine of the Affections of the Soul)，载《自然的规范》，第 93—110，103—107 页。参见因伍德，《塞涅卡与心理学上的二元论》(Seneca and Psychological Dualism)，载《情感与知觉：希腊心灵哲学研究》(Passions and Perceptions: Studies in Hellenistic Philosophy of Mind, Cambridge, 1993)，第 150—183 页、168 页。

① "认可的行为和驱动在对象上有着差别：整个陈述是认可行为的对象，但驱动则直接指向包含在陈述中的谓词"(Stobaeus 2.88, 2—6)，见塞涅卡 Ep. 133.18，根据他的看法，例如："出去散步"就是驱动直接指向的。

理性的印象具有完整的所言内容作为其对应项，但也有不完整的所言内容，而没有"理性的不完整的印象"，例如：人们并没有"红"或"走路"的印象，有的是"X是红的"或"A在走路"的印象。理性的印象具有包含着命题结构的语言对应项，关于这一思考，我的理由是：(1)理性的印象是认可的对象；(2)我在原典中发现所有理性印象的例子都具有与之相应的完整所言内容；(3)存在着不完整的所言内容如"写"的主张并不表明某人曾有过"写"这一印象。

对廊下派思想家来说,对于相关于行动的某物的理解,意味着被
其所推动。①

　　主体认可那些呈现出来的需要做某事的印象,这一思想被廊
下派思想家以如下方式表达:驱动的原因(to kinoun)是关于某一
恰当事情(kathêkontos)的驱动印象(Stobaeus 2.86,17—18)。②
[172]因此,驱动印象不仅表象为一套行为过程,而且,表象为一套
需要被完成的行为过程,并且,通过对它的认可,我们对自己发出
行动的指令或规范。就这一指令来自主体的理性而言,正是主体
的理性给她发出命令,告诉她应该做什么。认可某一驱动印象在
此意义上就是指令自己应去做某事。在最低程度的意义上,每一
行动都由理性所指令。这一最低程度的意义与所有人以及所有人
类的印象都是理性的这一事实相一致。在此意义上,即使是对呈
现出的一套愚蠢行为的驱动印象的认可也是理性的。理性是一种
作出决定的能力,而作出决定的能力,大略地说,就是告诉自己该
做什么。因此,廊下派的行为理论对于理解廊下派法的概念具有
根本地位:完善理性能够与法相同一,是因为理性是指令性的。这
一点即使对于愚人的理性来说也是如此。圣贤的完善理性发布能

----

①　因伍德认为,在廊下派理论中,谓词与命令紧密相关,按其解读,行为者认可某物
　　如同自己发布命令,就此而言,驱动指向谓词(例如:走)(《伦理与人类行为》[*Eth-*
　　ics and Human Action],第 62—65 页)。这就是因伍德对认可何以具有动机或规
　　范的力量的解释,但正如我所证明的,考虑到廊下派心理学,在判断和动机之间并
　　不存在需要按此方式解释的裂隙。

②　kathêkonta 一词的翻译不可避免在某种程度上显得造作并带有潜在的误导,塞涅
　　卡和其他罗马作者已经面对过这一问题,他们对这一词的处理影响到对它的接
　　受,似乎没有更多的翻译问题会比下面这一情况以如此根本性的方式影响了伦理
　　学的历史,塞涅卡把 kathêkonta 翻为 officia,这样 kathêkonta 出现在关于"义务"
　　的道德哲思的起点上,很可能康德主要是与这种意义上的廊下派相遇,当我们看
　　到廊下派对康德思想的影响,我们应该意识到,这种影响与一种由希腊向拉丁语
　　的翻译而产生的术语转换有关。部分是由于这一原因,才可以说,康德深深地受
　　廊下派影响,但早期廊下派思想家又绝非是康德主义的,这两方面都是正确的。

够满足严格意义上的法之标准的指令——这些指令能够在每一种情况中告诉主体真正应该去做什么。

我们也许认为这一看法已经回答了有关廊下派法的所有问题。如果圣贤按其完善的本性进行认可，并且只认可那些真正应该认可的印象，那么，她在相关于驱动印象时肯定也是如此。圣贤对于每一驱动印象的认可都具有法的地位。他指令智慧的主体以一种类似于法的方式去做某事。这一观点我称之为法的指令理性阐释。只要我们不认为这就是廊下派法概念的全部含义，那么，这一观点就是正确的。

在对廊下派思想家学说的阐释中，认为"圣贤只认可认知性的印象，即清晰地表达着事物真实情况的印象"这一看法广为人知并且能够前后一致。我们可以认为，下面这一点是圣贤何以知道应该做什么的原因：她的驱动印象以其自身特有的品质清楚地显示出，实际地表象出来的这一套行为就是真正应该做的行为。但廊下派思想家是否论证存在有"认知-驱动"印象？根据廊下派思想家，认为认知印象只发生于感觉-知觉当中肯定是不对的。认知印象同样发生于思想之中；一种认知印象可以是感性的，也可能是非感性的。但认知-驱动印象又如何呢？① [173]如果我们立足于圣贤只认可认知印象这一核心论题，那么，看来就必定存在驱动性的认知印象。但是我不确信我们可以完全解决这一问题。根据我们

---

① 布伦南(Tad Brennan)认为存在。他论证说，如果不存在驱动的认知性的印象，此印象可以表明，当圣贤，例如：认可"这是一只苹果是合理的"，他即是对某种驱动印象的认可，那么，在廊下派思想家和怀疑主义者之间的争论就是无意义的。廊下派思想家和怀疑主义者之间的争论是关于把某物表象为苹果但实际上只是一只假的苹果这种印象——并非关于圣贤对于驱动印象"我应吃掉它"的认可方面的争论。见布伦南，《廊下派中的理性印象》(Reasonable Impressions in Stoicism)，载 *Phronesis* 35 (1996)：第 318—334, 324—325 页。参见梅恩(Stephen Menn)，《作为德性的物理学》(Physics as Virtue)，载 *Ancient Philosophy* 11，(1995)：13 页。

所掌握的证据,在圣贤行为中形成的事实性判断(例如,给她的这一苹果事实上是一个苹果)显然是对认知性印象的认可,但不清楚的是,圣贤对于"我应该吃它"的认可是否可以算作对于认知印象的认可。

　　抛开我们在此问题上的立场,对我的讨论重要的是,指令理性阐释隐含地立足于对圣贤之认可的不太合理的看法之上:圣贤对于一种驱动印象的认可只是对于此印象之性质的单纯反应。正如我们所认为的,这是不合理的。如果我们(假如我们能够)搁置下面这一问题,即印象的性质是否对圣贤来说清楚地表明,在印象中显示为需要完成的行为实际上就是需要被完成的行为,那么,我们也就不能对圣贤对于驱动印象的认可获得充分的理解。如果我们希望理解当圣贤认可时她为什么会认可并且因此在实质性的方面来理解廊下派法的概念,我们就需要对促使圣贤作出决定的思虑方式加以研究。我们需要追问,以圣贤的观点来看,何种考虑因素对行为来说应该被视为重要的。

三、思忖好的行为

　　正如我们看到的,驱动印象将一套行为展示为恰当的(appropriate;kathêkon)。当然,在关于一套看起来是恰当行为是否真的是恰当的方面,我们可能犯错。但即使是愚人也[174]常常能够恰当地行动。在这种情况下,她的行为可以在反思中给出一个思忖好(well-reasoned;eulogon)的正当性。适应于自然作用方式的行为,因而是恰当行为,被定义为"生活中的效果"(consequentiality in life),也就是说,它一旦被做出,就具有一个思忖好的正当性(well-reasoned justification)。①

―――――――――

① 　Stobaeus 2.85,13＝SVF 3.494＝LS 59B,LS 译本。

　　廊下派的恰当行为理论提供了大量困难和矛盾的问题。① 我带着如下问题开始对此理论加以讨论:(1)我们应该如何阐释 eulogon? 我把这一词语翻译为"思忖好的",但传统上把它翻译为"合理的";(2)何种应该考虑的因素与慎思和正当性有关?

　　对于第一个问题的回应,有这样一种对于何者可以算作思忖好的正当性的解释:人们可以通过解释说,根据某种行为与生命相一致(in accordance with life)来表明此行为是正当的,生命同样贯穿于动物和植物中(DL 7.107)。我们能够容易地看到,这一解释并不适用于愚人的行为。与"生命相一致"的概念以及"生命同样贯穿于植物与动物之中"的提法是高度理论化的,并且,涉及物理学和伦理学的认识。正如布伦南(Brennan)令人信服的论证,合理性的标准并非我们通常认为的"论证好的"(wellargued,按照这一标准,在某一给定处境中,几组不同的行为都可以看作是合理的,但按照廊下派的假定,只有一组行为是合理的),只有圣贤的行为才适应于这种解释。布伦南说,在恰当行为方面的合理性标准就是圣贤的理性,②因此,eulogon 最好翻译为"思忖好的",并且"好"在此体现着"善"的充分力量。思忖好的实例只能由圣贤来提供。"愚人的行为也可以是恰当的"这一说法表明,廊下派思想家在很大程度上是采取了一种拓展性的和自主行为主体(agent-independent)的视角。在这一视角中,对行为的评价并非根据是否以深思熟虑的[175]方式作出决定,不管主体以何种方式获得做出恰当行为的决定,只要行为是恰当的,它都能获得"思忖好的正当性"。

---

① 由于恰当行为的概念对所有廊下派伦理学来说是基础性的,我不可能讨论与之相关的每一方面。关于终极目的的惯用语(如"与自然相一致的生活")可以被解读为某人一贯的恰当行为之生活的说明。

② 布伦南令人信服地对一直有着巨大影响的阐释提出了挑战,见《理性的印象》(Reasonable Impressions),第 328 页。

克律西珀斯把有德性之人的生活描绘为恰当行为的生活:"进展到最高点的人无一例外地采取恰当的行为。"①实施恰当行为的圣贤和作出恰当行为的愚人之间的差别在于他们的总体灵魂状态。如果这种行为出自知识,那么,它就不仅是恰当行为,而且更重要的,还是正当的或正确的。② 正确(correct action; katorthôma)的行为像恰当行为一样(也作为恰当行为),具有思忖好的正当性。③ 使圣贤在采取某一特定行为时的思考与在反思中给予其行为思忖好的正当性时的思考都涉及相同的考虑因素。

恰当行为被定义为理性指令的行为。④ 决定采取一种行为就是对"某人应该 φ"的印象的认可。正如我们在许多文本中可以看到的,从句"我应该 φ"是"对我来说做 φ 是恰当的"的另外一种说法。就愚人决定做 φ 而言,那也是其理性命令她去做 φ。但是,从句"理性命令"并非指的是向愚人显现的恰当行为,尽管这些行为也许事实上就是恰当的。正如"思忖好的正当性"概念一样,这一从句必然用来指示完善理性(宇宙的理性或圣贤的理性)。

考虑到廊下派把愚人描绘为完全的不幸与厄运,并且过着一种坏的生活,那么看来,她的所有行为都称[176]不上"应该去做"的。但并非所有情况都是如此,至少在她的行为在一种拓展了的意义上,在不指涉其灵魂状态的时候不是如此。愚人甚至

---

① Stobaeus 5. 906,18—907,5 = SVF 3. 510 = LS 59I,LS 译。

② 廊下派理论由于"居间性"(intermediates)这一概念而更为复杂化,对于我们目前的目的,还没有必要介入这一概念。见 Stobaeus 2. 85,13 = SVF 3. 494;西塞罗,《论至善与至恶》,3. 58 = SVF 3. 498; Stobaeus 2. 86,12 = SVF 3. 499。

③ 见 M11. 200— 201 = SVF 3. 516 部分 = LS 59G 部分。恰当行为包括正义行为——完美的恰当行为即正义行为,见 Anna Maria Ioppolo, *Aristone di Chio e lo Stoicismo antico*,Naples:Bibliopolis,1980,96—101 页。关于不同的观点,见因伍德和 P. L. Donini,《廊下派伦理学》(Stoic Ethics),载《剑桥希腊化哲学史》(*Cambridge History of Hellenistic Philosophy*,Cambridge),1999,729 页。

④ DL 7. 108—9 = SVF 3. 495,496 = LS 59E。

可以做许多恰当的行为。下面这一观点看起来十分合理：不管
一个人如何之坏，他仍然能做出许多廊下派意义上的恰当行为。
某人可能是一个罪犯，但仍然能够在下雨的时候披上雨衣，吃、
喝一些十分利于健康的东西，等等。尽管人们在日常生活的大
量活动是恰当的，但仍然存在使之远离德性的内容。我们可以
看到为什么坚持一种自主行为者的视角对下述行为加以评价是
十分重要的：愚人在做这些行为的时候，并不是建立在一种推理
的基础上，而这种推理是"为了认清这些行为何以是恰当的"所
最终需要的。最终，人们必须理解自然以及自己本性以充分揭
示为何吃饭、保暖等（在一定的环境中）是恰当的。它是那些适
应于自然作用的活动（DL7. 108）。恰当的活动来自生命之自然
本性；它充分地适应于生命的存在和维持。① 当然，人们也可能
是部分地理解这些本性，并且在许多情况下这种部分理解足以
带来恰当的行为，但为了解释为什么这一行为是恰当的，还需要
更多的东西。

　　回应第二个问题：让我们思考与慎思（deliberation）和正当性
相关的是什么。廊下派思想家把健康、疾病、生命、死亡、财富和贫
穷视为中性物（indifferent）。② 即那些对我们的幸福和不幸无关
紧要的事物，但又不同于，例如一个人头发的数目等不重要的东
西。这些中性物与人的行为有关（DL7. 104）。中性物为行为提供
了考虑因素。正是由于对中性物的这一界定，才使得中性物相关
于行动，并使得作出决定的领域与中性物有关（DL7. 105）。

　　[177]关于中性物的理论可以从廊下派思想家对终极目的（te-

---

① 不仅人类，而且动物都能够按此方式行动：它们的行为也表现出"跟从它们的自然
　　本性"（Stobeaus 2. 85, 13 = SVF 3. 494 = LS 59B。有关行星的类似主张，见 DL
　　7. 107 = SVF 3. 493 部分 = LS 59C。

② 其复数是 adiaphora，由于说 indifferret things 有点蹩脚，通常习惯说 indifferents
　　或用希腊的说法，adiaphora。

los)的解释中获得。目的是一种和谐的生活或与自然相一致的生活，或与自然发生的经验相一致的生活。① 一些中性物与自然本性相一致，另一些则与自然相违背，还有一些既不与自然相一致也不与之相违背。诸如健康、强壮一类事物是与自然相一致的；疾病、羸弱等则与自然相违背；既不一致也不违背的例子是灵魂和身体的状态，因为，灵魂可能接受错误的印象，身体也可能受到伤害。② 那些与自然相一致的事物需要被接纳（taken；lêpta）；那些与自然相违背的将不被接纳（not to be taken；alêpta）。③ 前者有价值（value；axia），后者无价值（disvalue；paxia）。④ 有价值的事物有价值多少之分，无价值的事物也有无价值多少之分。具有较多价值的事物是可欲的（preferred；proêgmena），那些较无价值的事物是不可欲的（dispreferred；apoproêgmena）。可欲之物根据求取的理性（preferential reason）被加以选择，也即，根据理性来引导我们朝向所欲求之物。⑤

　　如果我们补充上述这些定义，那么我们会看到，可求的中性物就是有价值的东西并且同时也是与自然相一致的事物。⑥ 可求的中性物影响行为，它们与自然一致这一事实可以说明理性何以

----

① 见第三章。关于克律西珀斯是否意在对芝诺的思想作出他自己的解释，或以某种根本性的方式不赞同芝诺，一直存在争议，参见斯特赖克，《跟从自然：廊下派伦理学研究》，4—5 页。

② Stobaeus 2. 79，18—80，13 = LS 58C 部分。

③ Stobaeus 2. 82，20—1 = LS 58C 部分。

④ Stobaeus 2. 83，10—84，2 = SVF 3. 124 = LS 58D. 我采纳 LS 译本对 apaxia 的翻译。"无价值"（disvalue）是一个很生硬的词汇，但它把握了 apaxia 与 axia 相关这一方面。

⑤ Stobaeus 2. 83，10—85，11 = SVF 3. 124，128 = LS 58D，E. 我非常感谢塞得利（David Sedley）对这一用语的讨论，这一用语在 LS 那里被翻译为"在一种可追求的理性之基础上"（on the basis of preferential reason）。塞得利自己在对话中认为，廊下派思想家并没有为在理性（没有复数的理性概念）的意义上使用"逻各斯"留下空间。

⑥ 见巴尼（Rachel Barney），《廊下派伦理学中的谜团》（A Puzzle in Stoic Ethics），载 *Oxford Studies in Ancient Philosophy* 24（2003）：333 页，该文对我们是否应该以这种方式把这些概念相等同提出了质疑。

[178]欲求它们。① 自然告知我们什么是可求的,什么是不可求
的。恰当的理性理解这一自然本性之事实,并且据此欲求那些可
求的中性物,不欲求那些不可求的中性物。慎思就是对与特定处
境相关的可求与不可求(或自然与反自然)的每一事物的看法所进
行的一种权衡。

值得注意的是,"所要接纳的"或"不被接纳的"不是一组行动,
而是中性物——诸如健康或强壮的状态或得了感冒或继承财产而
发迹这类事件。引人注目的是,在有关廊下派慎思观念的记述中,
重点都放在对中性物的选择和摈弃方面,而不是放在对一组行为
的考虑以及随后决定某一特定行为的执行上。决定何种行为是恰
当的,似乎就是对于中性物的选择或否弃。

四、恰当行为、法与自然

完满的、恰当的生活,因而是与自然相一致的生活即是根据共
同法而引导的生活。② 廊下派思想家的共同法是实质性的,因为
它与廊下派有关价值的思想,即关于在行为中何者应该算作相关
的考虑因素的思想是一体的。就不管有价值还是无价值的事物都
是一种自然的事实(a fact of nature)而言,法"由自然而生"。当圣
贤考虑有价值和无价值的事物时,她考虑的是适合自然和违背自
然的事物——对人类而言的适合自然或违背自然。就法与理性相
同一而言,法同样由自然而生。因为,正如我们看到的,人类理性
由自然而生。人类在一种自然的过程中获得前概念,这些前概念

---

① 廊下派思想家认为,中性物的理论出自"与自然相一致或相违背的首要事物"(Sto-
baeus 2.80,6—8)。这意味着:尽管"有价值之物"、"可欲之物"、"与自然相一致的
事物"这些词指的是相同的事物,但有价值之物之所以是有价值的,可欲之物之所
以是可欲的,是因为它们与自然相符合。

② 见 DL7.87—88 关于与自然相一致的生活和与法相一致的生活的统一性的观点。

构成着他们的理智或理性。[179]因此,法可以视为一种自然获得的理性的完善化。能够合法的生活即是完善其自然获得的理性。廊下派法概念的这一方面正是我们现在所要面对的:圣贤的完善理性从人类行为的倾向中发展而来,这种行为倾向由自然贯注于人类之中,并作为自然本性构成人类理性存在的一部分。圣贤的完善理性由于与法相同一,因而是实践性的。

　　一直为人所赞同的是,在廊下派思想家那里,"自然引导"人类,而"连属理论"以及"第一驱动"(first impulse)解释了这一"引导"的重要方面。不过,很少有人把有关理性之取得(acquisition of reason)的观点与连属理论视为紧密相关的。有关人类通过获取理性从而获得价值性和规范性概念之方式的讨论十分稀少。但是,如果自然在人类之中注入了某种特定的行为倾向,那么,这必然是自然引导人类灵魂发展的一部分。在廊下派思想家那里,人类的灵魂并非具有诸多部分或力量,其中的某个与理性相关,另一个与行为动机相关。灵魂的主导部分(leading-part)是理性的,如果自然为人注入一种行为倾向,那么,将此倾向描述为人类认知发展的一部分肯定是可以的。但是,只要某人还不是理性的,他的第一驱动就不能通过概念的形式或与人类理性相关的其他方式来解释。但就自然在行为倾向上引导着人类而言,这一引导最终使我们能够掌握价值性和规范性的概念。这种自然引导的结果必定能够在理性灵魂的形式中,也就是,在获得前概念、并且能够具有理性印象、能够思考、认可等意义上的理性灵魂的形式中得到解释。

　　正如有人已经表明的,廊下派理论的这一领域也许对我们来说并不比其他领域更易于理解。① 在此,我想达到的一个有限目标是要表明,根据廊下派思想家,人类自然地获得价值性和规范性

---

① 见查理斯(Charles),《非理性的知觉》(Non-rational Perception),尤其是第一节为相关文本的重建作出了非常有益的贡献。

的概念——当然,最重要的是,获得关于有益与有害、恰当性(某事应该被完成)以及"连属性"的前概念。我们可能[180]认为,这一系列概念对于解释那些仅仅具有基本理性的人,即在获取理性方面仅具有较低程度理性的人的行为来说是不必要的。众所周知,根据廊下派思想家,愚人也能把健康、财富等视为好的,疾病、贫穷等视为坏的。看来,难道不是自然指引我们发展出好与坏的前概念? 按此看法,一个具有较低理智的年少者能够把一些事视为好的,另一些视为坏的。我们还可以补充说,把某物视为好的意味着被推动去追求此物,将某物视为坏的,意味着被推动去躲避某物。① 但是,存在着诸多与这一看法相关的难题。最重要的一点,对早期廊下派来说,人们是否总是在视某物为好的时候就被推动去追求该物就是一个很复杂的问题。② 我们已经看到,行为驱动产生于对表象出的一套恰当行为的认可,而非对表象出的一套善的行为(或善的对象)的印象的认可(Stobaeus 2. 86,17—18)。③ 看来,在很重要的意义上,对行为推动力的讨论至少涉及看来是恰当的事物而非善的事物。④

---

① 这大体上是库珀所认为的(《廊下派的自主性》[*Stoic Autonomy*],216—218 页)。库珀的分析很大程度上以爱比克泰德(《对话》3. 2. 2)的记述为基础,根据爱比克泰德,"赞许"(nod to)真实是人类的本性,同样,带着对善的欲求而行动也是人类的自然本性。爱比克泰德讨论了人类何以具有善的前概念,何以在关于如何应用它们时意见不一(《对话》2. 17. 1—13)。我非常感谢库珀在这些方面的讨论。在《论廊下派的善概念》(On the Stoic Conception of the Good,载 Ierodiakonou,*Topics in Stoic Philosophy*,71—94 页)中,弗雷德认为,根据廊下派,被推动即是发现作为善的事物。

② 关于在此问题上不同立场的简要讨论参见布伦南,《廊下派道德心理学》(*Stoic Moral Psycholgy*),尤见 283—290 页。

③ 这一点也由查理斯·布里顿(Charles Brittain)在回应弗雷德时所提出,见《论廊下派的善概念》(On the Stoic Conception of the Good),见《理性,规则与正义》(Rationality,Rules,and Rights),载 *Apeiron* 34. 3 (2001):247—267,247—253 页。

④ 当然,这并不意味着对行为者显现为善与恶的事物在廊下派行为和动机理论中没有地位,对此我虽有怀疑,但是为了我们眼下的目的,我们无需探讨这(转下页注)

[181]让我们回顾一下"连属理论"的一些方面：人产生了把她的身体和体质、她的家人以及世界上所有他人视为"属于"她本人的一种倾向(DL 7.85)，不管这种"属于"是从属于她还是为她所喜爱。自我保存相关于对自己体质(constitution；suum statum)以及对与保持其体质相关的事物的爱，也相关于对其死亡以及那些看似会导致其死亡的事物的排斥(西塞罗，《论至善与至恶》3.16)。根据西塞罗的说法，"灵魂功能"就像肉体功能一样重要：知识(katalêpsis)当然是被追求的，正像对保存身体的追求一样。一旦在人类之中产生自我保存的第一驱动，自然也就使人类对其亲近的人产生喜爱之感。普鲁塔克抱怨克律西珀斯在每一本物理学和伦理学的书中不厌其烦地告诉我们，我们一出生就具有一种把自己、我们的伴侣、子女视为是属于我们自己的倾向(《论廊下派

(接上页注)一问题。很难说根据早期廊下派思想家，我们是否获得某种善的前概念，正如我在《善即是有益》的文章中所论证的，我认为他们肯定认为我们可以获得善的前概念。克律西珀斯主张，廊下派善的概念，"与我们的前概念很好地相关"；他并未提出善的前概念，但他提出的是其他的前概念，正如他所说的，与善的观念相一致的前概念(普鲁塔克，《论廊下派的自相矛盾》1041E ＝ SVF 3.69 ＝ LS 60B；关于克律西珀斯的作为标准的前概念的观点见 DL7.54)。我们不能从中总结说，并不存在善的前概念，并且看来由于愚人也能把健康、财富等视为善，那么，他们必然具有某种类型的善的观念，但并不是真正意义上的善概念，但早期廊下派思想家在讨论理性的早期发展时避免提到某种善的前概念。毋宁说，他们引导我们逐渐从有益与有害、恰当行为的概念中引出善的概念。我猜想他们这样做的原因是，要讲清善的前概念如何与真正意义上的善的概念的关系是相当复杂的——但并非不能被讲清。但是这要涉及相当大的困难。在善的例子中，为了理解先前显现为善的事物没有一个是真正的善，需要一种视角的彻底转变。可以把这一点与树的前概念相比，对于树的概念，生物学专家与仅仅具有理性的儿童有着巨大的差别，但是，至少在最基本的方面，他们都把同样类型的对象称作"树"，善的情况并非如此，一旦我们看到善是一致性或完善理性之类的事物，我们就理解那些我们通常视为善的(如健康等)，实际并非真正的善，廊下派思想家对于我们如何获得善的概念给出了详细的解释，在我看来，他们意识到相关于善的前概念的具体困难(见塞涅卡，《论至善与至恶》3.20，3.33—34)。塞涅卡(Ep. 120.3—5，8—11 ＝ LS 60E)说，自然并未给我们提供善的概念；需要付出大量的思考才能获得它。

的自相矛盾》,1038B)。

[182]在这一过程中,我们在何处找到类似概念的内容和概念的形式? 最初的第一驱动还不是理性的驱动。在其中,人不是通过对印象的认可而进行活动,其中所呈现的东西也非在理性印象中表现的内容。年幼者还不具有前概念,但清楚的是,廊下派思想家设想了一种逐步的进展;他人认为,婴儿和儿童意识到某种类似于"准知识性的内容",并且,他们逐渐地发展出前概念,这些前概念出现于理性完全获得的过程之前,必然是某种类似于"准概念"的事物。①

西塞罗所记述的廊下派理论的代表论证说,如果让人们去选择,我们所有人都希望自己身体的各部分是健全的而非有缺陷的。这一类判断被视为存在着"自然在每一生命中所创造的第一驱动"这一事实的证据(《论至善与至恶》3.20)。在婴儿中,这一"判断"不可能是对理性印象之认可意义上的判断。但这一理论似乎认为,存在着某种与这种判断相关、自然获得的对应物,类似于对于身体各部分健全无损的前理性的偏爱。这种偏爱(以及相应的嫌弃)的形成可以通过爱慕(endearment)和连属(affiliaton)的形式来解释:自然引导婴儿亲近于其身体和那些对他最亲近的人们。这样一种情感倾向同样是理性灵魂结构的一部分。理性灵魂必定包含着类似于"连属于"或"疏异"于自身的准概念。正是在"连属"这一基础上,前理性的存在才能够拒斥对他有害的而接纳"连属于他的"(belongs to it;ta oikeia)那些东西(DL 7.85)。值得一提的是,这里的 ta oikeia 是有害事物的对立面。下面这一说法看来是相当充分的:有益之物这一与有害之物的标准对立形式实际上就

---

① 见布里顿,《非理性的知觉》(Non-rational Perception),布里顿讨论了印象还并非理性,但已经具有某种内在结构的居间(in-between)的发展状态。他讲到我们应如何思考这种中间阶段的难题,并论证说,根据廊下派思想家,存在某种类似于感觉的"准概念"的事物。

是"属于"(belongs to)动物或前理性的人类的事物,也就是那些能够维持它们处于自然赋予它们那类存在所应具有的状态的事物。当一个人首先开始喜爱她的身体、能力,同样的,开始喜欢与之[183]亲近的人的时候,她因而也就进入到获得对她意味着有害或有益的事物之概念的过程之中。对我有益或有害的最早概念就与看起来具有这些效果的特定事物相关。健康、疾病、强壮、赢弱等显现为对我们有益或有害的事物;它们作为"可爱的"或"殊异的"因而是有价值的或无价值的而表现出来。① 与此密切相关,它们也显示为应该追求或应该避免的事物,那些保障它们或躲避它们的一组行为在某种最初的意义上就表现为恰当的或表现为对属于我们的东西的维持。

通过对知觉与意识的讨论也许会使我们更好地理解这一过程中的认知因素。第一驱动涉及对自己体质(constitution)的知觉以及对于何者可以维持它、何者可能伤害它的意识。这一自我保存的第一驱动出自以直觉为基础的某种认知过程。希耶罗克勒斯(Hierocles)指出,动物一出生就知觉到其身体。② 它不仅知觉到它的各个部分,而且还知觉到各部分的功能。例如,一个人要看清某物,他就收紧其眼睛,因为他不仅知觉到他具有眼睛,还知觉到他用眼可以做什么(如看)。③ 希耶罗克勒斯还把人类和那些意识到身体某一部分,如犄角可以同做武器的动物相比较。他似乎讲出了在早期廊下派理论中可被称之为"关于自身体质之意识"的观点。在初读这些文献时,"意识"看起来是一个有些奇

---

① 根据塞涅卡,"对于身体健康的熟知"是我们认识发展的起点,这种发展并逐渐达到对善的理解,尤见 120,3—5,8—11 = LS60E。
② 希耶罗克勒斯(Hierocles)1. 34—39,51—57,2. 1—9 = (JLS 57C),关于早期廊下派的论证方式比希耶罗克勒斯更为简洁的讨论,见布伦瑞克(Brunschwig),《原初的根据》(*The Cradle Argument*),第 139 页。
③ 这一类型的知觉可以被称为"恰当性";见布里顿,《非理性知觉》,第 267—269 页,以及布伦瑞克,《原初的根据》。

妙和神秘的概念；关于廊下派早期理论的文本对此都没有做过
多解释。但类似希耶罗克勒斯的解释很有可能是被默认的。在
这看法中，人类对其体质的意识属于"爱慕"（endearment）的一部
分。由自然所赋予的对自身的爱慕将涉及自己对身体以及手臂、
腿、耳等功能的知觉。在知觉自身及不同器官和身体各部分功能
的基础上，[184]人们才能够保护自己免遭其害以及追求那些对
维护其体质有益的东西。更重要的一点是，我们倾向于在认知的
发展（逐渐意识到什么）和情感的发展（逐渐喜爱什么）之间所做
的区分并不适合于廊下派的思维图式。灵魂的情感倾向即是灵
魂的认知倾向；它们深深地关联在一起并且以判断为基础，或在
生命早期阶段，以前理性的雏形判断为基础，对自己体质的意识
似乎就属于这种雏形判断。

由于缺少早期廊下派在此方面的任何详细证据，我们也许可
以通过塞涅卡的《书信》（Letters）121①来补充这一看法。整个书
信所涉及的问题是，有生命的存在是否对于他们的体质有所知觉。
塞涅卡把"体质"定义为"以某种特定的方式与身体相关的灵魂的
主要能力"（principale animi quodam modo se haben erga corpus，
《书信》121.10）。对于某人体质的意识涉及对于灵魂的主要部分
与某人身体处于何种关联的意识。例如，对于眼睛之功能的意识
即是对于眼睛以何种方式与灵魂的主要部分相关的意识。不严格
地说，即是对于"视觉来自何处"（即通过眼睛一个人才能看）具有
某种意识。塞涅卡提出一些类似于希耶罗克勒斯的观点。他说，
没有人在推动自己行动方面会遇到困难（如让他的腿运动起来）；
动物"以这种知识开始其生命"。对于自身体质的意识类似于四脚
朝天的乌龟希望爬起来所具有的"知识"。当然，这种"知识"并非
严格意义上所讲的知识。但它的确提供了某种内容，即追求某物

---

① 布伦瑞克在《原初的根据》中详细地讨论了这封信。

时需要何种指导。① 塞涅卡把这一讨论和有益与有害的概念结合起来。动物感觉到它由肉体构成，还感觉到肉体能被灼伤、割裂等;因而动物必得"理解"何者可能伤害它，它就具有对它而言是敌对的有害之物的印象。通过这样一种发展，动物开始回避对它有害的事物，追求那些对它有益的事物(EP 121.21)。

[185]这样，看起来在廊下派思想家那里，自然使我们获得的那些最基本的价值性和规范性概念是从有益和有害的观念中，也即从连属于我们和疏异于我们的观念中，从我们应该去做什么的观念中发展出来。总的来说，这些准概念形成了一种关于恰当性的感觉，一种对于我们来说做什么(避免伤害)是恰当的感觉。② 恰当行为，至少在某种意义上必须与我们在自然引领的过程中获得的价值-规范性内容相一致，正如知识与前概念相一致一样。正如我所表明的，与恰当行为(法)相关的价值-规范性的前概念即有益与有害的早期观念，即是什么东西属于我们以及我们的哪一部分具有何种功能的观念，也就是一组恰当行为所意味的观念。这些观念是人类初级理性的一部分。如果它们进一步发展和完善，它们就将成为对圣贤的认识及其完善的、合法行为具有本质意义的内容。

五、规范理性与自由

在我们转到廊下派的法是否包含诸法规(laws)这一问题之前，让我们更近距离地审视廊下派归之于圣贤的决定所具有的类

① 布伦瑞克称之为一种"驱向，一种我们行为的引导性原则";《原初的根据》，第137页。
② 布里顿认为，"塞涅卡和希耶罗克勒斯告知我们非理性知觉之意识的唯一可靠例子是动物关于其本性以及有益与有害之外在对象的感觉"。见《非理性知觉》，第271页。

似于法的特征(law-like quality)以及恰当即是理性之命令(rea-son dictates; logos laiei)这些观念。恰当即是理性之命令这一观点引出理性的规范本性:恰当性的行为即是那些理性(正当的理性)所选择、命令并作为应该完成的事情而呈示给我们的东西。考虑到法与理性的同一性,正当理性所命令的即是法所指令的。让我们引述克律西珀斯《论法》(*On Law*)的著名开篇段落开始讨论:

> 法是一切人和神的统治者。① 法必定掌管(preside over; prostatên te einai)一切高贵的事物和低贱的事物,作为统治者和引领者,它是正当与错误[186](dikaion kai adikôn)的标准,指令(prostaktikon)那种本性是政治的动物做其应该做的(hôn poiêteon),并禁止他们不应做的事情(hôn ou poiêteon)。(Marcian 1 = SVF 3. 314 = LS 67R,LS 译本)

正如我表明的,这一文本的主要论点是,法是规范性的。值得一提的是,该文本并没有暗示,存在着一些特定的规则。(1)克律西珀斯的论著被称为"论法"(peri nomon),而非"论规则"(peri nomôn)。(2)在整个文本中,法都是以单数的形式出现,我们并未听说一些规则被命令另一些被禁止。(3)Kanôn 一词,朗(Long)和塞德利(Sedley)翻译为"标准",绝不应该被解释为类似于法典中的准则。该词在古希腊哲学中的使用与"尺度"非常接近。②

---

① 法是君王这一主张在古希腊思想中,几乎广为传颂,它可以追溯到品达(Pinder),并且在许多作者,包括如希罗多德那里被重新阐释,克律西珀斯采取一种诗的语式,对之给出了另外一种阐释。
② 伊壁鸠鲁在真理标准的意义上使用 Kanon,随着希腊化真理标准问题讨论的发展,kritêrion 成为较为标准运用的词汇。在希腊化哲学中,该词不仅被运用于知识论的语境:某物可以是行为的标准,而不仅仅是真理的标准。

圣贤的完善理性指令她应该去做什么。但它又如何禁止行为？首先，审慎（圣贤的一种理性情感）被定义为"禁止性的理性"（普鲁塔克，《论廊下派的自相矛盾》，1038A）。第二，圣贤被设想为忠告者（advisor），他向低下者发布禁令。廊下派思想家似乎认为，每一禁令也是一种指令，如，"不要做 φ"就是不应该做 φ 以及反对 φ 的指令，（1037D）。这种形式的禁令只是指令的另一面。（应该注意的是，在两种情况中，重点都不在于指出某种普遍性的禁止性的规则。当圣贤处于审慎之时，她是在某一特定的处境中，"她的理性阻止"其卷入某种特定的活动。如果她是在教导愚人时提出禁令，她也是在某一特殊的情境中，对于特殊行为的禁止。）

芝诺宣称，只有有德性的人才是公民、朋友、亲属和自由人。在第三章，我们讨论了公民、亲属和朋友，但推迟了对自由的讨论。自由乍看起来，似乎把我们带入现实城邦的背景中——城邦中的自由人就是那些具有特殊政治地位的人。但像作为公民、亲属和[187]朋友一样，作为自由人同样涉及并且来自灵魂的状态。[①] 在廊下派行为以及恰当行为理论的基础上，我们现在能够看到自由意味着什么。第欧根尼·拉尔修记述了这一主要论题：[②]

> 只有他（智慧的人）才是自由的，而低下的人是奴隶。因为自由是一种自我行动（self-action；autopragia）的力量[③]，但

---

① 在理解某一重要概念时所做的这种修正，在早期哲学中也有先驱。在本例中，我们可以回想起柏拉图《理想国》中苏格拉底关于僭主灵魂的类似讨论，在其中，自由与受奴役被表现为一种灵魂状态，一种能够掌控自己或受自己欲望所控制的方式。我们还可以想到苏格拉底在《美诺篇》中的评论，尽管美诺不能够统治自己，但却想统治苏格拉底。

② 对这一记述可以由许多着重于讨论"圣贤何以不管其生存的外在环境如何，仍然是自由的"的简洁文本所补充。见普鲁塔克，《论诗歌》（*On Listening to Poetry*）33D（SVF 1. 219，LS 67O），以及菲洛德谟斯，《所有正义的人都是自由的》（*Quod omnis probus liber sit*）97（SVF 1. 218，LS 67N）。

③ 我认同库珀对该词的译法，《廊下派的自主性》。

受奴役的状态所缺少的就是这种自我行动。(DL 7. 121 = LS 67M)①

　　圣贤的自由与她如何行动,即"她从自身发出行动"或"通过自身而行动"相关。奴隶(作为完全缺少智慧的人)即是不能按上述方式行动的人。Autopragia(自我行动)这一概念很难被翻译和阐释,但如果我们回想一下廊下派的 Scala nature(自然的阶梯),我们就能够想到,愈是高级的生命,就愈能根据自身运动或行动。植物生长中的运动在某种意义上是出自其自身的。动物根据其自身的印象而使自己运动,而人根据对其印象的认可而运动。作为我们对 autopragia 的翻译,"自身施动性"(self-agency)似乎是这一系列等级的完善与完成。根据自身而行动在最高可能性的意义上,即是完善理性之目的。我们可以通过加入一些关于廊下派情感理论方面的证据来对这些思考加以补充,圣贤的自由可以被描述为其深思熟虑的品性,这种品性使之不受情感的干扰。② 伽伦(Galen)引述克律西珀斯的话说:智慧的动物自然地追随其理性,[188]使他背离理性的正是被定义为"过度驱动"的情感。没有任何情感不是对某种印象的认可(例如,"他冒犯了我")。对这种印象的认可产生了一种过度的驱动——它同时产生了一种情感(如愤怒)和一种行动(寻机报复)。这一驱动如此强大以至于产生某种类似冲动的现象——即使在那一刻,施动也

────────────

① 该记述接下来解释何以只有圣贤才是君王、法官等。

② 我还不能详细讨论这些问题,尽管这些问题是值得讨论的——廊下派对情感的解释一直是学者详尽细致的讨论主题,我自己关于这些矛盾的问题的观点,参见我的《廊下派的情感理论》(Die stoische Theorie der Emotionen),见 *Zur Ethik der älteren Stoa*,ed. Barbara Guckes(Göttingen:Vandenhoeck und Ruprecht,2004),69—93 页,以及《愤怒,塞涅卡〈论愤怒〉中现在的不正义与将来的报复》(Anger,Present Injustice and Future Revenge in Seneca's De Ira),载 *New Developments in Seneca Studies*,Leiden,2006,57—74 页。

许已经看到不同的事物和不同的认识，她也受这一冲动的推动，带着她的情绪化的行动向前驶去。① 在这一语境中我们可以看到，圣贤何以"根据其自身而行动"。对圣贤来说，没有情感就是在她的施动中保持自由——即她能够自己做出行动以至能够随时立即终止或改变行动的轨道。她是自己行动的主人。而对愚人来说，廊下派以跑步者的形象加以类比：那些快速奔跑的人不能够立即停下来，她在停下来之前不得不跑出许多步子。这些多跑出的步子正像愚人之不自由的症候，她不能完全控制自己的驱动和行为。

"只有圣贤才是统治者"的主张与"只有他才是其行为的完全主人"这一观念相关，并因而与"只有他才是自由的"这一主张相关。② 只有有德性的人"统治"（archei），尽管不是在现实上，而是在其本性中和一般意义上的统治（kata diathesin de kai pantôs）。也只有圣贤才能服从于法（peitharchikos）并追随法的给出者（akolouthêtikos ôn archonti）（Stobaeus 2. 102，13—14）。如果法的给出者恰恰是那法的接受者，我们所讨论的必然是自我统治③的观念。廊下派自由概念的核心是[189]自我统治的概念，这一概念指出，人们何以能够根据其知识不受干扰地做出行动的决定。圣贤的行动不受任何"灵魂之痛苦"的"妨碍"，在这一意义上，圣贤

① Galen, *Plac.* 4. 2. 10—18 = SVF 3. 462 部分 = LS 65 J。

② 克勒昂忒斯把 enkrateia——字面意思是"掌控自身的状态"——描述为一种灵魂的力量，同时又用力量描述完善灵魂的张力（普鲁塔克，《论廊下派的自相矛盾》1034D），见阿莱西（Francesca Alesse），《廊下派的苏格拉底传统》（*La Stoa e la Tradizione Socratica*，Naples，2000），309—312 页。

③ 参见柏拉图的《理想国》：最优秀的人在自身之内有着一位神圣的统治者（590c8—d1）。在斯托比亚斯的段落中，我们可以进一步看到，智慧的人并不被设想为统治他人的人："他（智慧的人）从不受他人强制，也不强制任何他人；他既不遭受妨碍，也不妨碍任何别人；他从不遭受来自任何他人的暴力，也不施暴于任何他人；他从不统治，也不被别人统治……，那些低下的人在所有这些方面都相反。（Stobaeus 2. 99，19—100，6 = SVF 3. 567）

是自由的。①

六、恰当行为与规则

廊下派的行为理论和灵魂理论解释了何以完善的、恰当的行为是类似于法的(law-like),并解释了何以圣贤的驱动对她本身而言是一种合法的指令。这是廊下派法概念中规范性的一面。但是,我们要更具体地转向这一概念的实质性一面并且进一步检审我们前面已提出的论题——法并不包含诸规则。为此,我们需要对廊下派有关恰当行为的例子做一番研究。恰当行为(kathêkonta)是指荣耀自己的父母、兄弟和祖国,或花时间与朋友在一起。与恰当行为相对的是那些理性告知我们不要去做的行为,如忽视自己的父母。既非恰当的也非不恰当的行为是那些既不被理性命令去做也不被理性禁止去做的行为,例如捡起一根树枝。涉及自己健康、感官等的行为是恰当行为的一个亚类:即并不依赖于一定环境的恰当行为。依赖于一定环境的恰当行为如损伤自己的身体、散尽自己的财富。② 而且,维护保存自己的自然体质被认为是第一性的恰当行为,第二性的则是追求与自然相一致的事物,避免与自然相悖的事物。③

这些例子向我们提出这样的问题,即是否廊下派思想家把某一类行为视为恰当的。看起来他们确实如此。如果他们这样做了,那么看来,恰当行为理论将涉及诸规则——即对于[190]被廊下派思想家视为恰当的每一行为类型,都存在着某一规则使之清

---

① 当然,还有许多相关关于这些事情的问题需要我们仔细考察,它们既相关于廊下派对于"自我行动"本身的解释,也相关于自我立法和自主性这些后来发展起来的观念的解释。有关这些问题的详细讨论见库珀的《廊下派的自主性》。

② DL 7. 108—9 = SVF 3. 495 和 496 行 = LS 59E。

③ 西塞罗,《论至善与至恶》3. 20 = LS 59D。

楚地表达出来。① 例如,将存在某个规则,它规定人们应该关心自己的健康。以这种方式来阐释恰当行为的例子符合规则阐释。但正如我们看到的,廊下派的行为理论非常明显地表明,廊下派思想家关心、思考的是特殊行为,是对于每一特定的情况和特定的行为主体来说,某人的行为是恰当的。如果这是正确的话,那么,看起来就不存在规则:在每一给定的情况中,恰当行为是由圣贤完善的判断所决定的。按照这种看法,廊下派所举的恰当行为的例子只是看似指示某种行为类型,实际上,他们提供的只是一些象征(例如,是在某一给定的情况中,对 A 来说,荣耀其父母是恰当的)。② 这一关于廊下派法概念的观念构成了廊下派法概念的指令理性阐释:在某一给定的处境中,圣贤所决定去做的即是恰当的。

廊下派关于"何者是恰当行为"的概念提供了一种"我们应该做什么"的处境性说明。指令理性阐释看来极有可能是正确的。但廊下派文本在廊下派的价值理论和恰当行为理论之间描绘了一种紧密的关联。尽管"什么是恰当行为"的主张不能理解为诸规则,但它们却反映了什么是有价值的、什么是无价值的,因而,它们超越了对特殊处境的追踪。我们需要理解的正是,在何种方式上,廊下派关于恰当行为的概念为我们提供了一种应该如何生活的实质性指导。

---

① 这也是塞得利所提出的:"存在着 kathêkonta(恰当行为)和 praecepta(准则)之间确切的一对一的对应。也即,对于每一恰当的行为,都对应着一个可明确说出的规则推荐那一行为;反之亦然。因此,例如,对于无条件的义务'尊敬你的父母',将对应着一个准则,'你应总是尊敬你的父母',对于在特定环境中的义务'放弃你的财产',将对应着一个或更多以'如果……你应放弃你的财产',这类形式的规则"。《廊下派—柏拉图主义对恰当行为的争论》,见《廊下派哲学主题》,第 128—152 页。

② 这是布伦南的新看法(《理性印象》,第 331 页)。按他的解读,"描述型"仅仅是说明性的。布伦南并未在这一语境中讨论廊下派的法概念。但他的阐释挑战了传统的观点,按传统观点,恰当行为的例子即是廊下派规则的例子(例如"人们应该荣耀自己的父母")。

让我们更细致地考察这些例子。首先，我们需要注意，这些例子并没有实际地讨论行为类型。关心自己的健康并不是行为类型，而且，对任何特定的主体而言，关心自己的健康将表现为做特定的事情，这种特殊的行为也许[191]对其他人并不适用。同样，荣耀自己的父母也可导致十分不同的行为。在某种极端的情况中，它可能表现为和自己的父母断绝关系。另外，像"忽视"这样的动词，在其本身中就包含有关价值的观念。圣贤无论做什么都不会导致忽视某物或某人（即使她将不再能看望其父母，她也并非忽视其父母）。① 在所有这些情况中，廊下派的例子看来都不是指令或禁止某种行为的类型——实际上，他们并未提及行为类型。（这意味着，当他们谈论那些行为时，正如指令理性阐释所认为的，他们并不是指示某一类的行为。）它们最好被理解为，例如，健康以及感官具有价值，当我们决定做某事时，它们应该得到相应的考虑。

但这似乎是以一种新的形式重新引入规则阐释。廊下派思想家关于恰当行为的例子并不能转换为指定某种行为类型的规范，但也许它们规定了对于有价值和无价值事物的追求与避免？为什么我们不应该把"关心自己的健康"重述为"人们应该追求健康"？联系到塞涅卡所称之为"第二位的恰当行为"，廊下派思想家似乎讲到了追求和避免等诸如此类的活动（努力把握某物等）。但我们应该注意的是，塞涅卡关于最早的恰当行为的解释是整个理性发展图景中的一部分。发展者将选择（select）那些与自然相一致的事物不选择（deselect）那些悖逆自然的事物，即选择有价值的事物不选择无价值的事物。因此，当我们说，根据廊下派思想家，追求健康、避免疾病，选择恰当行为时应格外谨慎。我们毋宁是说，以某种方式完善地选择有价值的与放弃无价值的事物是恰当的行为。这种差别

---

① 接近于行为类型的例子是那些依赖于特定环境的恰当行为，截掉自己的肢体和抛弃自己的财产，我将在后文详细讨论这些例子。

尽管细微，但很关键。考虑到健康与疾病等既非善也非恶，"追求"和"避免"这些词语显得过强，并且，在最终的意义上，我们不应该把生命花费在追求和避免那些仅仅是有价值和无价值的事物上。其他例子的[192]表达方式显示了这一差别。关心我们的健康、感官等是恰当的，廊下派思想家似乎是说，我们在行为中应该充分认识到健康、感官的完好等的价值，而不是我们应该追求这些事物。

如果这就是廊下派思想家为恰当行为举例的方式，那么，他们既没有构造行为类型意义上的规则，也没有构造应该追求或避免中性事物的规则。当然，我们也许会认为，这些还不是追问廊下派思想家是否设想了规则这一问题时我们应该考虑的所有规则的形式。他们也许形成了实践理性的纯形式规则。也许我们可以认为，"不要草率认可"就属于这种实践理性的形式规则。但不管我们是否把此种理性原则描述为规则，清楚的是，此种原则并未通达廊下派法概念的核心问题——即法是否包含诸规则的问题。若廊下派的法包含了诸规则，我们将不得不在其中发现在强的意义上引导行为的规则——即能够以一种富有内容的方式告诉我们应该做什么的规则。在我看来，廊下派哲学中有两种貌似合理的候选项可以满足这种意义上的规则，一个是指令（允许或禁止）某种行为类型，另一个是指令追求什么和避免什么的规则。但这两种看似相对合理的解读方式都并非符合廊下派的理论图式。让我们简要地看一看对此看法的三种反对意见。

首先，第欧根尼·拉尔修记述了恰当行为（Kathêkonta）之间的区分，有些恰当行为是总需要完成的，另一些则无需总要被完成（7.109）。这是否与我们对恰当行为的判断相冲突？据说总是恰当行为的事情是过一种有德性的生活，但是，这并非行为类型。更宽泛地看，一切种类的行为都可以是有德性的生活的一部分。我们这里有一个比较具体的记述完美行为的清单：审慎（phroein）、节制（sôphorein）、公正的行事（dikaiopagen）、欢乐（chairein）、做善事

(euergetein)、良好的心态(euphreinesthai)、依据正当理性做每一件事(kata ton orthon logon)(Stobaeus 2. 96,18—22 = LS59 部分)。但这一清单无非是把关于单一的德性的讨论转变为对多种德性(审慎、节制、公正)以及属于圣贤之[193]理性情感或心态状况(欢乐等)的讨论。说有德性的生活总是恰当的与说进入不同德性形式的生活是正确的是一回事。并且每一给定的行为类型,如果明智地实施,都能够是德性生活的一部分。因此,那些总是应该被完成的恰当行为并不与廊下派并未构想规则的看法相冲突。

第二种考虑是,也许存在在任何情况下都是不恰当的行为类型。① 在第欧根尼·拉尔修的记述中,有一些行为被列为是"违背恰当性"的行为,如:不敬父母、忽视朋友等(7. 108)。难道在某种特殊情况下,圣贤可以做这些事情? 注意这一点很重要。"对自己父母不敬"并非是一种行为类型,毋宁说,它体现的是一种对父母所关心之事物的冷淡态度,因而没有认识到一种价值——那些与我们相连属的人(见第 7 节)所关心之事物的价值。我们应该在所有特殊处境中考虑这些价值,但这并未形成指令行为类型意义上的规则。我们所讨论的上述主张,实际上涉及何者是有价值的,并且,相应的,何者是我们在行为中要加以考虑的东西。

第三,最近学界把塞涅卡书信 94 和 95 中的两个中心概念——decreta(原则)和 praecepta(准则)视为评价法在廊下派伦理学中之地位的关键性起点。(由于塞涅卡讨论的是他认为的早期的争论,因

---

① 朗(Long)和塞得利(LS,1:365)认为,根据西塞罗《论至善与至恶》3. 32)的段落,诸如"向自己父母施暴"的行为是与恰当行为相悖的,"但是,这种行为不管做了什么,都表明了一种道德和情感上坏的内在品质"。但并不清楚西塞罗是否与早期廊下派教义一致,西塞罗关于错误行为的例子是过于道德化的:从神庙里偷盗,对自己父母施暴等,这些类型的行为并不很好地契合于早期廊下派讨论,廊下派思想家可能会问,是否可以有这种情况,在此情况中,某人应该从神庙中带走一些财产,而他们可能会说,存在这种情况;或者他们可能会问是否存在某种情况,其中某人应该截去他母亲的手臂,他们同样可能会说存在这种情况。

此,书信在某种程度上很可能反映的是廊下派的早期观点。)①[194]
如果我们希望了解廊下派伦理学中有关规则的问题,看来我们需
要理解塞涅卡是如何规定 decreta 和 praecepta 这两个概念的。
根据基德(kid)颇有影响的研究,decreta 和 praecepta 经常分别被
翻译为"道德原则"和"准则"。② 道德原则和准则看起来都像是规
范。按照这种方式理解,decreta 和 praecepta 对于规范阐释就显
得十分关键。③ 密茨斯(Mitsis)认为,对廊下派思想家来说,道德
判断及其发展在每一水平上都由规则所构成。廊下派思想家"确
信道德发展仅仅依赖于对普遍性和必然性规则的深层认知性把
握"。④ 根据密茨斯,decreta 和 praecepta 都代表规则,前者是普
遍性的规则,后来是相对特殊的规则。⑤ 在早期廊下派思想家抽
象地讨论理性、自然等之后,很有可能他们进入到"在特殊处境中,

---

① 关于廊下派思想家是否设想某种规则的新近讨论,主要由基德(Ian Kidd)开启,
见《廊下派中的道德行为与规则》(Moral Actions and Rules in Stoicism),载《廊下
派思想家》(*The Stoics*,Berkeley,1978),247—258 页。基德指出,很难说清到底
塞涅卡是如何使用这些概念。但在讨论的过程中,基德认为,两者都可理解为某
种类型的规则,Praecept 相关于可欲之物,在他的解读中,它们是"人类行为的概
括性描述规则";它们是准则(Precepts),并不把所有情况都加以考虑。另一方
面,Decreta 则"类似于原则或一般性真理","更像是实践的规则",第 252—253
页。

② 见基德,《道德行为与廊下派中的规则》(Moral Actions and Rules in Stoicism)。

③ 密茨斯(Mitsis)的最新文章《廊下派自然正义的起源》(The Stoic Origin of Natural
Rights),载《廊下派哲学主题》,第 153—177 页。也可见 Phillip Mitsis,《道德规则
与廊下派伦理学的目的》(Moral Rules and the Aims of Stoic Ethics),载 *Journal
of Philosophy* 83 (1986):556—558;以及布伦瑞克、纳斯鲍姆,《情绪与准则》
(*Passions and Perceptions*),第 285—312 页;对 Mitsis 的重要讨论,见布里顿,《理
性、规则与正义》(Rationality,Rules and Rights)

④ 见密茨斯,《塞涅卡论理性》(Seneca on Reason),第 290 页。

⑤ 密茨斯还论证说,廊下派思想家考虑的个体正义(《廊下派起源》[The Stoic Ori-
gin]),很大程度上依赖于我们对正义概念的理解。我们可能希望说,作为宇宙"成
员"(fellow-parts)的全人类的观念使他们像是平等的主体,这一点也可引出宽泛
意义上的正义观念。但是,正如我的讨论将会表明的,我不认为我们能够在早期
廊下派政治哲学中发现较为确定意义的正义观念。

对于不同身份的主体以及不同生命阶段的人来说,怎样的行为才是恰当的"这一问题的详细讨论当中。① [195]显然,即使是早期的廊下派思想家在其著作中也在致力于我们可能称之为实践道德的教导。② 相应的,关于在廊下派伦理学中规则的地位的讨论必定需要处理那些看起来不同的理论指向:确切意义上的伦理学;以及包含建议与"个案研究"的讨论和对这种较低水平伦理思考之有用性的反思。③ 廊下派思想家似乎认为,愚人也能从哲学思考中获益,这种哲学思考不仅是抽象的和一般的,而且通过大量特殊的处境引导他们思考自己的行为方式。

在心中记住这种区别之后,让我们转到塞涅卡的书信 94 和 95。④ 塞涅卡的主题不是行为理论或对圣贤和发展者(progressor)作出决定方式的分析。书信 94 和 95 让我们设想普通的发展者所过的混乱生活,他们被周围所见之各种肤浅的生活方式所烦扰。他们需要哲学来帮助自己找到一种更好的生活。塞涅卡的问题因而是,对于行为者来说,是否具有 decreta(原则)就足够了,或

---

① 见塞得利,《廊下派-柏拉图主义者争论》(*The Stoic-Platonist Debate*)。尽管我们知道,早期廊下派论文的题目表明,有专门致力于恰当行为的整部著作,但我们对这些著作内容的了解不多。西塞罗的《论义务》(*De officiis*)可能就是这类专论,如果是的话,这类专论有着一个广泛的领域,讨论涉及非常一般的问题和较为具体的问题。西塞罗的讨论可能在很重要的程度上得益于帕奈提乌斯(Panaetius)有关恰当行为的论文。这样我们拥有一些帕奈提乌斯看待这些问题的观念。但是,很难评估帕奈提乌斯与最早的廊下派思想家之间的关联程度。

② 见塞得利讨论芝诺的《廊下派-柏拉图主义者争论》,第 130 页。

③ 正如塞得利指出的,关于准则的用处与实例教导的用处相关的问题上,存在着根本性的哲学分歧,这种分歧似乎最终依赖于哲学心理学方面的假定。

④ 与当前广泛的共识相一致,我把塞涅卡视为更具传统性的。对塞涅卡关于抽象哲学问题上的洞见如何影响德性发展这一观念的讨论,参见库珀,《道德理论与道德发展》(Moral Theory and Moral Improvement),载《知识、自然与善》(*Knowledge, Nature and the Good*),第 309—334 页。关于塞涅卡的讨论还见 Ioppolo, La Stoa and Aristone di Chio,以及怀特(N. White),《廊下派伦理学中的自然与秩序》(Nature and Regularity in Stoic Ethics),载 *Oxford Studies in Ancient Philosophy* 3 (1985):289—305 页。

者 praecepta(准则)发挥着尽管有限但却是有益的作用。塞涅卡
把前种立场与芝诺的异端弟子阿里斯托(Aristo)相关联,把后种
立场与克勒昂忒斯相关联。①

[196]但什么是 decreta 和 praecepta？在书信 95 的开篇,塞
涅卡说,decreta(或 scita 或 placita)就是希腊人所讲的 dogmata
(95.10),即哲学教义(在 94.4 中,塞涅卡讲到 the decreta ipsa
philosophiae et capita[哲学的教义与头脑])。从总体上来看这两
封书信,很明显,把 decreta 翻译为"原理"(principles)并不十分恰
当。尽管我们可以说某一理论的主要教义,就是它的原理,但它们
并不是实践的原理。正如因伍德(Inwood)评论的,decreta 似乎是
指廊下派一般性的物理学和伦理学论题。② 在此,价值问题显然
是一个重心:和好与坏相关的事物看来属于 decreta 的核心内容
(见 95.58)。但任何理论主张都可被算作原理。塞涅卡评论说,
那些认为准则(precepts)就已足够而无需 decreta 的人在讲出这
一原则时使自己陷于自相矛盾(95.60)③。Decreta(原则)看来并
非类似于规范(rule-like)。当它们被说成是"一般性的"时,并非
它们意指某种普遍性规范的观念。Decreta(原则)是普遍性的是
因为它们并不采取一种较低水平的视域以分析特殊的行为处境,
而是以一种一般性的视角尽力理解事物实际上是怎样的。

但 praecepta(准则)也许可以合理地作为廊下派主义规则的
候选项。我首先指出塞涅卡有关 praecepta 的例子的三方面的规
定,正如我们将会看到的,这三种意义上的准则都不能构成相关类

---

① 我们不知道,塞涅卡在何种程度上建立起这些立场;克勒昂忒斯看似只是传统廊
　　下派立场的坚持者,正如塞涅卡所看到的,类似的评论见因伍德,《廊下派伦理学
　　中的规则与推理》(Rules and Reasoning in Stoic Ethics),载《廊下派哲学主题》
　　(*Topics in Stoic Philosophy*),第 113 页。
② 因伍德,《廊下派伦理学中的规则与推理》,第 118 页。
③ 正如任何理论论题可被称为某个 decretum 一样,任何建议可被称为某个 praecep-
　　tum,那些说"不要把准则严肃看待"的人讲出了一个准则(95.60)。

型的规则。

1. 对于特殊行为的建议。有人告诉我们作为丈夫应如何走路、如何吃饭,如何作为丈夫而行动等。忠告者(advisor)也许劝告我们一些极为特殊的事情,例如,今天下午,考虑到我们的储备、天气、健康等,我们应该吃一些西瓜,这样一些建议肯定不能算作——为了说明廊下派思想家的慎审行为要涉及"规则的应用",我们需要在廊下派伦理学中发现规则。毋宁说,它们向我们表明,廊下派思想家设想了一种人,即"忠告者",[197]他能够在某一特定的情况下,做出一组恰当的行为。①

2. 与可欲(preferred)和不可欲(dispreferred)的中性物,也即有价值之物和无价值之物相关的准则(见书信 94 结尾和书信 95 的前几节)。如果在哪里可以找到廊下派规则的例子,那么,廊下派思想家对待健康、财富等的方式似乎可以算作这样的例子。但塞涅卡关于准则的例子并不是教导我们关于如何保持健康和财富。而是,与我所讨论的关于追求可欲之中性物的非恰当性相一致,这些例子是要使我们意识到,我们不应该追求健康、财富等。考虑到我们所生活于其中的纷乱世界,我们需要一些人在我们的耳边告诫,例如,让我们意识到,金钱并非真正的善也并不能给我们带来幸福。因而,忠告者并不鼓励我们追求财富、避免贫穷(或其他中性物)。当我们把这些中性物视为真正的善或恶而可以追求时,我们处于风险之中。正如塞涅卡所表明的,诸如"财富并不能给人带来幸福"的格言,其中所诉诸的是我们更正确的知识并以此使我们得到帮助,不管这种知识如何平凡。

---

① 似乎即使是这种直接的指导,廊下派思想家也坚持认为教师的建议是省略性的。例如:如果某医生告诉他的学生下刀,他隐含的意思是说"在恰当的时间以及以某种方法"下刀,如果学生不能很好地执行老师的指导,他可能被批评——做这做那的指导实际上是"正确"地做这做那的指导(普鲁塔克,《论廊下派的自相矛盾》1037E)。

3. 由教师而不是忠告者所提出的准则。在一些段落中，我们看到，某一学生可能面临这样一些准则（praecepta），这些准则是相关于他可能处于其中的处境，而不管他当前是否处于这类处境之中。这一观念似乎是说，如果一个人把关于丈夫或妻子在不同情况中被建议的所有事情都加以考虑，那么作为结果，他也就能够有很好的婚姻。在这一例子中，一个人所要学的也许就是类似于规则的事物。但在这种意义上的规则并没有告诉我们与廊下派思想家"作出行为决定"相关的任何东西，或至少它们没有告诉我们作出决定将要涉及这样的规则。这些段落对我们理解廊下派慎思观念的作用在于，它表明培养慎思的一个重要方面是，看出事物间的差异何以至关重要（例如：能够认识到，已婚男人对于[198]已婚夫人和未婚小姐何以应该有不同的行为方式）。至少在某种程度上，我们所面对的是思考差异之重要性方面的一般性练习。这样一些可能作为规则而被讨论的准则如果学生有所发展，应该被一种"当处境一出现就能对之作出判断的能力所取代"。①

七、恰当行为与对他人的关心

让我们转到恰当行为的例子所提出的另一个问题。理性命令人们荣耀自己的父母、兄弟和祖国，或花时间与朋友一起，这些例子也许看起来令人惊奇。在第三节，我们审视了关于何者为行动提供了相关的考虑因素——即有价值和无价值的事物，与自然一致和相悖的事物——的原始文本，这一说明使得为何关照自己的健康是恰当的问题变得易于理解。但他人如何能够进入这一认识

---

① 在某一点上，塞涅卡似乎是说：那些掌握了哲学核心教义的主体能够在任何给定处境中"形成某个准则"。这反过来似乎意味着，此人为其自身形成了处境所需要的准则。但是，这并非塞涅卡所说的，塞涅卡使用 praecipere（94.3）。以一种字面的方式释义塞涅卡，具有知识的主体"能够为其自身指令应该去做什么"。

图式之中？为什么需要关心我们的父母或兄弟或本国同胞？他们与有价值之物或无价值之物有何关联？

对于恰当行为的讨论吸引我们思考这样一种处境，在此处境中，行为主体，例如，会权衡其健康这一因素而超过考虑财富这一因素。同样，一旦他人进入这认识图式当中，还会吸引我们思考，若德性成为主体的需要，那么，德性必然会成为对抗健康和财富的另一种考虑因素，并且，作为唯一善的德性最终会战胜其他价值。但是，这种思考是一种打乱时间秩序的看法，会造成早期廊下派的善与价值概念的误导。① 在我们转到对于他人的关心何以在慎思中建立起来这一问题之前，我们必须把这一点讲明。

[199]圣贤在其每一和所有选择中都是在中性物中进行的选择。智慧的任务在于，在那些与人们如何生活相关的事物中进行选择；如果在这些事物之间没有相应的差别，那么，也就很难理解选择意味着什么。② 只有这些事物之间有所差别，才有智慧的特定任务，也即，对那些有价值或无价值之物的选择或摒弃。相关于中性物的慎思形成着规定圣贤之特性的"一贯性"（consistency），从根本上说，这种一贯性才是其自身就是值得欲求的唯一事物（solum per se expetendum）和善（solum bonum）（《论至善与至恶》5. 20）。

十分重要的是，圣贤并不在中性物和善之间权衡。③ 她在中性物中进行着"一贯性"地选择，并且只相涉于这些中性物。④ 公元二世纪的廊下派思想家安提帕特若斯（Antipater）和第欧根尼

---

① 这种年代错置的认识与道德与非道德之间关系的现代观念，以及道德理性的论题胜过非道德的论题有关。

② 西塞罗，《论至善与至恶》3. 50 = SVF 1. 365 = LS 58I。

③ 讨论这一关于廊下派伦理学的解读，见巴尼，《廊下派伦理学中的一个谜团》（*A Puzzle in Stoic Ethics*），第330—332页。

④ 智慧的任务不仅包括不关心仿佛是善的可欲之物和不可欲之物，而且包括不去选择那些并不具有可欲和不可欲地位的事物，例如：快乐。见巴尼，《廊下派伦理学中的一个谜团》，第314页。

关于终极目的讲法更清楚地表明了这一点。他们都把终极目的定义为"在选择与摒弃自然事物方面的充分思考（eulogistein）"。①安提帕特若斯还提出了"靠自己的力量一贯地和坚定地做一件事，以获得可欲的自然事物"。尽管这些讲法和早先一些的讲法是一致的，但这些讲法更侧重于"善的生活即人们能够一贯地在中性物中加以选择"这一—[200]观念。② 智慧与德性并非超越于在中性物领域中的行为，并非好像某人一旦变得智慧，就将在"通过拒斥中性物而选择善"的意义上来"选择善"，而是说，她通过完美地在中性物中做选择而选择善。③

　　圣贤最终朝向的是一贯性，并因而朝向德性和善。她理解为何一贯性或一致性（homologia）是唯一值得追求的；这一洞见影响着她所有的决策（塞涅卡，《论至善与至恶》3. 21—22）。有价值之物是选取（selection；eklogê）的对象，但只有善才是选择（choice；hairesis）的对象。④ "选择"（choice）这一术语描绘了圣贤与善的关联方式。但作为这种在学理意义上的选择的对象，善

① 注意，根据这一定义，我们有时选择、有时不去选择自然的事物。（而非经常选择自然的事物，经常抛弃违背自然的事物。）这似乎抓住了这一事实，即在慎思中，我们通常选择健康胜过选择财富，或选择我们身边的其他价值物。这一说法看起来也与第欧根尼的说法一致，最后，这种选择与抛弃目的在于获得可欲的自然物，或那些与我们作为人之能力得到良好发挥相关的自然事物。有关廊下派终极目的之惯用语的不同版本的总览参见 Stobaeus 2. 75, 11 = SVF 1. 179, 1. 552, 3. 12 = LS 63B。参见斯特赖克，《安提帕特若斯，或生活的技艺》（*Antipater, or the Art of Living*），第 187 页。

② 关于不同的惯用语以及它们的基本共识，参见斯特赖克，《安提帕特，或生活的艺术》。

③ 我在《早期廊下派的价值理论》（Die frühe stoische Theorie des Werts，载 *Abwägende Vernunft*，Berlin：de Gruyter，2004）中详尽地发挥了这些观点。学者对于价值之物与善的关系的不同形式的讨论，见布伦南，《廊下派的生活：情感，义务与命运》（*The Stoic Life：Emotions, Duties, and Fate*，Oxford，2000）。

④ Stobaeus 2. 75, 1—6, 2. 78, 7—12, 2. 79, 15—17. 同样的区分也为西塞罗以"应被选取的"以及"需要追求的"方式记述。同样，爱比克泰德解释了灵魂有一种对于善的自然欲望（《对话》3. 3. 2—4））。

并不与中性物处于同一水平。圣贤并不通过摒弃一些中性物的
方式来选择善，而是她以在中性物之中进行完满选择的方式来选
择善。

  但如果对他人的关心不能够通过人们对德性的需要而进入到
慎思之中，那么，它们又能如何与人们的行为相关？那些与他人相
关的中性物（如生命、健康、财产等）如何能够进入这一理论图式？
在第三章，我证明早期廊下派政治哲学的基础并不建立在关于人
们之间正当交往的解释之上。我已表明，它建立在"全人类何以在
一种较强的意义上相互连属并属于宇宙这一宏大生命的一部分"
这一观点的基础上。我们现在可以通过考虑"廊下派有关价值与
无价值之物的理论与 oikeiôsis（连属）的联系"来补充这一看法：有
价值之物是那些自然一开始就指引我们去发现的那些事物的
延伸。

  自然引导我们过一种自然的生活，在其中，我们自己必定学到
如何跟从自然的指引以及如何进一步发展自然所赋予的第一驱
动，从而过一种理想的与自然相一致的生活。我们自己的健康、财
富等可[201]追溯到与自我保存的第一驱动的关系，这种第一驱动
帮助我们避免伤害以及保护我们需要保留的东西。廊下派思想家
把自我保存的第一驱动和另外一种同样根本的驱动，即对我们子
女的喜爱直接联系起来。①　显然，这一论题的要点不是说，我们一
出生所具有的第一驱动就包括对子女的喜爱，没有谁一出生就有
子女。如果说对于自己子女的爱和自我保存的第一驱动具有同等
"自然"的地位，那么，看来自然所赋予我们的是某种存在于我们之
中的作为灵魂主要装备（equipment）一部分的东西。②　并且看来

---

①　见普鲁塔克，《论廊下派的自相矛盾》1038B；西塞罗，《论至善与至恶》3. 62。我在
　　这些问题的观点从斯特赖克（Gisela Striker）的《追随自然》以及布伦瑞克的《原初
　　的根据》中获益颇多。
②　参见布伦瑞克，《原初的根据》，第 113—144 页。

很有可能,在初生的婴儿中,相应的驱动必定是朝向那些关心它的人,这些人是它为了得以保存所要依赖的人(尽管这种驱动以某种方式与父母对其子女的喜爱有所不同)。这一论题的部分要点必定是,把自己的近亲视为属于自己是像自我保存的驱动一样的基本驱动,并且这一点也是通过自然而获得的,自然为我们装备了两种行为的首要倾向,并且,如果我们不假定正是这两种倾向的拓展为慎思的行为提供了相关的考虑因素,我们也就很难理解廊下派的那些原始文本。

我们可以看到这一点将会如何出现。根据自然的引导,那些与我们最亲近的人被视为"属于我们"。由于他们属于我们,他们所关心的东西也会成为我们行为的相关考虑因素。这正像我们的健康会产生某种与之相关的考虑因素一样。自我保留的驱动同样也涉及爱慕——涉及对自己身体以及其所有功能、能力的爱慕。作为这种爱慕的结果,人们不希望它们遭到任何伤害。健康、生命、财产、力量等之所以具有价值,是因为它们帮助我们保持这些功能和能力。更概括地说,不论何时我们把某物(我们的身体、兄弟等)视为"属于我们的",我们把那些维持它们或伤害它们的事物视为我们慎思的相关考虑因素。如果情况正是这样,我们能够看到,例如,为什么"荣耀我们的父母"是理性的命令,正如"关心自己的健康"是理性的命令一样。

[202]根据这一看法,健康、财富和生命等为行为提供了相关考虑因素,但不仅仅是我们自己的健康、财富和生命。当我们说"价值和无价值的事物为行为提供了相关考虑因素"时,这句话应该是"那些属于我们的人的健康、财富和生命等是我们行为相关的因素"的简写。但为什么关心自己的兄弟、父母和本国同胞是恰当的? 难道关心所有人不是更为恰当吗? 在后期廊下派思想中,主要是在爱比克泰德那里,我们发现了以下述方式思考这一问题的

暗示①：照顾自己的父母之所以是恰当的，是因为我们除了是世界的一部分之外，还处于世界中的特定位置之中，在这个位置上，我们被给予了一些"特殊的义务"，这些义务相关于我们作为父母、兄弟、姐妹等的身份。严格地讲，我们将把那些属于我们的人的关切视为自己的关切，而所有人都属于我们。这一思路可能涉及我们在特殊的生活中所具有的诸身份在针对某一情况下所作出应对上的冲突。我们像所有其他人一样，是世界的一部分，但我们也是其特定的一部分，处于特定的位置上。这并非是说，我们应该照顾自己的父母而不考虑所有他人的生命、健康等。我们对所有他人的关心涉及我们在生活中担当的特定身份及与此特定身份相关的人们。这些评述只能是尝试性的，关于早期廊下派对此问题思想的证据十分缺乏。但足够清楚的是，早期廊下派思想家对这两个观念都是认可的，即所有他人都属于我们；并且，我们应该关心那些在传统意义上与我们亲近的人。

八、价值物的等级

因而，在廊下派价值理论中可以发现廊下派的法具有实质性的一面，而不是通过有关诸规则的原理发现这一方面。在本节及下一节，我将考虑另外两种对此阐释的反对意见：[203]第一种涉及也许存在着某种固定的价值物等级的观念；第二种反对意见是，廊下派的"环境"概念可能表明，廊下派思想家设想了关于规则或法规的原理。我们以廊下派思想家是否设想了某种固定的价值物等级这一问题开始。这样一种等级也许不能说明"指令行为类

---

① 爱比克泰德讨论了何以一个人首先是人类成员，其次是世界性公民，然后第三是一个儿子；第四是兄弟；第五也许是城镇的管理者；他是一个年老者或年少者，父亲或不是父亲……等等（《对话》2. 10. 1—12 = LS 59Q）西塞罗在《论义务》（De officiis）中讨论了同样的问题（见 1. 16—18；1. 30）。

型"或"指令某种追求"意义上的规则的存在,①但它也许可以表明存在着某种不同类型的规则——像"偏重于生命要甚于健康"这类关于偏重性程度方面的规则。

廊下派思想家讲过事物有或多或少的价值性或无价值性,这一点似乎可以表明他们对价值作出了级别的划定。但是,价值是一相对性的概念这一事实并不能得出存在固定价值等级这一结论。一个表明"存在某种价值等级"的著名记述讨论了对于有价值之物或无价值之物需要面对的类似于阈限的东西:有一些事物虽然有价值,但不足以属于我们喜爱或追求的东西,只有那些价值相当大的事物才为人们所偏爱;只有那些无价值程度相当高的事物才为人们所厌弃。② 所有与自然相一致的事物都是有价值的,都是"需要被接受的",并且是可欲的;所有与自然相违背的事物都是无价值的,"不应该被接受",并且是不可欲的。③ 由于一些有价值(或无价值)的事物并未达到与某人的自然生活相关的阈限,因而,有价值之物和无价值之物是一个相对的概念。④ 但这并非是在有价值之物和无价值之物之中引入了某种等级。

[204]看来这是唯一合理的看法,我们可以通过追问"中性物在何种一般的或特殊的水平上在我们的慎思中发挥着作用"这一

---

① 如果我们不认同我所给出的反对上述两种类型的规则,某种价值物的等级可能被提出以支持斯特赖克所考虑的那种版本的规则-阐释。在对其文章《自然法概念的起源》的口头答辩中,因伍德提出了这样一点:如果我们设想廊下派的法包含着诸法规,那么,这些法规必定是允许例外的。在这一发表的论文的一个总结性注释中,斯特赖克回应了这样一种情况,在其中那种看似规则的例外可能被解释为对规则的反对,但斯特赖克认为,在这种情况中,有一种更高级别的规则被运用着,这种规则的等级看似可以在价值等级的形式中得到解释。

② Stobaeus 2. 82, 20—1; 2. 83, 10—85, 11.

③ 还可见第欧根尼·拉尔修那里(7. 105, 106)的简要记述。这些记述说,每一有价值或无价值的事物都是应该追求或抛弃的。

④ 有关这些段落的不同解读,见 Gretchen Reydams-Schils,《人类的纽带与罗马廊下派中的家园》(Human Bonding and oikeiôsis in Roman Stoicism),载 *Oxford Studies in Ancient Philosophy* 22 (2002):221—251,229—230 页。

问题看出这一点。例如：行为是否在健康与财富之间进行权衡？对此只有设定某种特定的处境才有意义。如果我们考虑到这种设定，那么，行为者所关注的并不是抽象的健康，毋宁说是，例如，患上感冒的危险；同样，她权衡的也不是抽象的财富，而是，例如，其住房的毁坏。如果这就是健康、财富等进入慎思的方式，那么，很容易见出，关于固定价值等级的看法就是毫无道理的。在一些情况下，如果，例如，某人为了使他的房屋免遭大雪压垮，冒着患上感冒的风险到屋顶铲雪，那么，他的这种行为也许就是恰当的。如果他在屋顶铲雪时真的患上了感冒，那么，吃感冒药的行为也许就是恰当的。慎思所涉及的不是一般的健康和一般的财产，而是健康、财产等的特殊事件。

但是，也许在这些例子中仍然隐含着某种价值的等级。对大多数人来说，感冒是相对较小的麻烦，而其房顶的坍塌则是一件较大的事故。我们该如何做出这些较小和较大的关切相关的判断？难道，这些权衡不是最终建立在某种价值等级的基础之上？例如，建立在心灵伤害、肉体伤害、基本能力的伤害等，伤害程度的价值评级的基础之上？①

但是，即便是关于这种看似很好构筑的等级，同样的思考仍然适用。假如我们认为我们的认知能力比我们的身体健康有更多的价值。但是，在某种特殊的处境中，行为者似乎并不权衡一般的认知能力和一般的身体健康，面对愿意丧失记忆还是患感冒，她更可能选择后者。[205]另一方面，如果她只能同意接受麻醉注射而使其认知能力丧失几小时，才能做心脏手术，那么，接受麻醉也许是恰当的行为。

①　斯托比亚斯中的记述似乎表明这种类型的固定价值等级，但我认为它具有误导性。根据这一记述，存在着心灵所欲之物、身体所欲之物以及外在的所欲之物。心灵所欲之中性物比身体所欲之中性物和外在性的所欲之物具有更多的价值（Stobaeus 2. 80, 22—82, 4 = SVF3. 136）。但是，这三个方面的区分是可疑的——它与传统上关于心灵的善（内在的善）、身体的善以及外在的善之间的区分很好地一致，但这种区分对于廊下派哲学并没有根本性。

　　这样一种考虑并非建立在某种固定的价级等级的基础之上,而是建立在(1)关于事实的认定和(2)在每一给定情况中衡量中性物之重要性的标准的基础之上。关于事实的认定涉及人们的身体,何物以何种方式会影响到它,何种治疗是可行的等。标准则是,我服从于一种"自然的生活"或在某一特定境遇中,作为特殊的个人,其作为人的功能能够得到良好的发挥(过一种典型的人类生活,一种在各种不同活动中,作为人的体力和脑力被正常地运用的生活)。当圣贤在患上感冒的危险和丧失其房屋的危险之间进行权衡的时候,他是根据作为人类其功能能否良好发挥这一标准在中性物中进行权衡,他根据其对于人类之功能如何得到发挥的理解。或用克律西珀斯关于终于目的的准则说,他根据对于人类之本性以及作为整体的本性的理解而进行权衡。(也许我们应补充说:她根据其在一个共同体中的位置进行权衡;例如,对于从事 A 的人来说,赋予其右臂比右腿更多的重要性,而对于从事 B 的人来说,相反的评断则是正确的。)

　　考虑一下自杀的例子。圣贤采取自杀行为的一个理由就是不治之症(DL7. 130)。①　圣贤在权衡疾病和生命的时候,并不是抽象地考虑生命的价值大于疾病的无价值性,而是为了其"功能的良好发挥"这一目的,对这两种中性物加以考量(见西塞罗,《论至善与至恶》3. 60—61)。如果圣贤的健康状况糟糕到已经无法使其作为人的功能良好发挥的状态,那么,他将结束自己的生命。[206]如果在抽象的意义上把生命的价值等级评定为高于健康的价值,那么,圣贤的这一决定就是无法解释的。恰当的行为是那种保存和恢复需要最高水平上发挥其功能的自然物的行为;如果没有恰当的行为可以维持其功能的良好发挥,并且,在圣贤的生活中存在某种压倒性优势的违背自

---

①　库珀所提出的关于廊下派认为圣贤可能实施自杀的分析与我对廊下派理论的重建非常一致;见库珀,《理性与情感:古代道德心理学与道德理论论文集》(*Reason and Emotion: Essays on Ancient Moral Psychology and Ethical Theory*, Princeton University Press, 1999), 515—541 页。

然本性的事物(3. 60—3. 61),那么,对他来说自杀就是恰当的行为。健康和生命都没有更高的价值;圣贤所考虑的是,在某一特定处境中,它们能够以何种方式与其功能的良好发挥相关。

九、恰当行为与环境

下面,让我们转到最后一种使许多学者以某种方式支持规则-阐释的直觉:廊下派思想家显然是讨论了"例外"这一事实。如果存在例外,那么,看来这些例外肯定是对于规则的例外。关于这一点我们给出的阐释在许多方面与因伍德的观点接近。① 但是,我们一直认为,我们对廊下派理论后面的解读中存在着这样一种限制:并非每一种类型的规则都能算作构成共同法的规则;只有那些圣贤所坚持的(或适用于慎思的)才能算作构成共同法的东西。由于因伍德并未从这一限制出发,因此,按他的观点,某种不同类型的规则被视为与共同法相关。因伍德论证说,廊下派思想家设想了某种可超越的一般性的规则,并且,这些规则对普通的行为者有效,对那些普通的行为者来说,它们是限制性的规则"或"通常的、稳定的指导原则;圣贤却可以抛开这些规则。② 按照这一观点,这些规则被认为与人们决定行为时对于某一特殊处境的所有特点加以考虑的需要相一致。③

---

① 因伍德,《规则与推理》(Rules and Reasoning)。

② 因伍德,《规则与推理》,108 页。因伍德还指出作为可超越的非普遍性的概括规则,107 页。

③ 我在这些问题上的观点从因伍德的著作中受益颇多,还可参见因伍德,《解读塞涅卡:廊下派哲学在罗马》(Reading Seneca: Stoic Philosophy at Rome, Oxford: 2005)中的几篇文章,尤其是《塞涅卡的自然法》(Natural Law in Seneca),224—248 页;《塞涅卡〈自然的问题〉中神与人类的知识》(God and Human Knowledge in Seneca's Natural Questions),157—200 页;以及《塞涅卡的道德判断》(Moral Judgement in Seneca)201—223 页。在后两篇文章中,因伍德讨论了与知识论上的谦逊(为何人们应该意识到自己判断的可错性等)相关的问题。我对这一观念的简要讨论(但不涉及塞涅卡)受因伍德观点的影响。

[207]更具体的是,因伍德引入了两种"例外"。第一,我们可以把圣贤视为一种例外;规则适用于每个人,但圣贤除外。第二,规则是可以被超越的,因为它们不能适用于例外的环境;即使对于普通的行为者来说,规则也只是"通常的、稳定的指导原则",如果廊下派思想家设想了这样的例外,那么,看来我们应该考虑,他们是否形成了某种指令行为类型意义上的规则这一问题,大体上看,如果我们发现例外的证据,那么,这将表明必定存在着某种与例外相关的规则,正是因这种规则,例外才成为例外。我们应该进一步注意到,这两种关于例外的观念都涉及关于烦乱论题的阐释。似乎某些丑恶的行为如乱伦对于圣贤是被允许的,但对所有其他人是禁止的。或者,也许这些行为在某种例外环境的压力下是被允许的,在这一解释中,烦乱论题表现着对于规则的例外。

首先,让我们审视圣贤是一种例外这一观念。正如因伍德所评述的,廊下派伦理学就被分裂为两个部分,一部分讨论圣贤,另一部分关于愚人的生活,而这种看法已被表明是一个巨大的错误。① 我对于因伍德观点的采纳比较微妙。我们可以认为,只有那些知道自己具有完善理性的人才应该相信他对自己决定的判断,例如对采取自杀这一决定的判断。只要某个人不是圣贤,他就应该意识到,他有关中性物的选择是易于犯错的,并且他应该在对待自己的生活时放弃这种灾难性的手段(自杀),同样,他应该持守人类文明的一般性禁令并且不应该相信自己在某时可以吃掉自己手臂这类判断。② 圣贤由于能够完善地权衡所有中性物,因而不需要上述规则。但是对于普通的发展者来说,持守这些规则则是稳妥的。

① 《规则与推理》,95、99 页。

② 《规则与推理》,100 页。

　　因伍德关于"认知方面的谦逊"（epistemological modesty）的观点看来很重要。"慎思"的任务及含义延伸到获得这样一种认识，即如果自己不是圣贤，那么，他可能会陷入过度的悲伤，这种强烈的情感会蒙蔽他的判断。意识到这种歪曲和蒙蔽可以使他重新看待自己的估价或在应该做什么方面对自己的判断产生怀疑。[208]他可能形成如下看法，即由于自己以如此不幸的形式存在，那么，最好还是相信别人的判断并且采纳那些通常被人们所信任的人的建议。类似的，他可能坚持某一准则，并认为最好依靠于通常的准则而不是自己的判断。但是，就发展者的目的是成为有德性的人而言，她必定要在行为中效仿圣贤的慎思。从这一观点看，最重要的任务是冷静。更概括地说，在需要恰当地选择和放弃中性物的给定处境中，她应该努力获得一种能够完善地评估所有相关因素的能力。规则尽管包含在发展者的生活中，但就其作为努力效仿圣贤的发展者而言，规则又不包含在其生活中，对于廊下派法概念的阐释来说，这一点很关键。只有那些与完善的慎思相关的规则才能成为法的规则。

　　尽管早期廊下派思想家具体地讨论了圣贤的自杀，但他们似乎并没有禁止一般发展者自杀。① 他们只是合理地警告一般发展者不要相信自己草率的判断。但"获得德性"这一任务就是像理想主体那样努力和决定，尽管这意味着他可能失败。同样，廊下派思想家关于吃掉截去的肢体的主张，如果按照我们在第一章所表明的来解释，无非是指导发展者在估价某一给定处境的相关因素时不要受传统或迷信的制约。

---

① 斯特赖克在其讨论因伍德《理性、规则与正义》（*Rationality, Rules and Rights*）中的文章时指出了这一点。正如布里顿论证的，有关自杀的文本之所以关注圣贤，是因为它们涉及这一引人注目的观点，即对圣贤来说，自杀行为可以是恰当的，尽管他作为圣贤是快乐的（愚人是悲惨的）（西塞罗，《论至善与至恶》3.60—61；普鲁塔克，《论廊下派的自相矛盾》，1042C—D以及《论一般概念》，1063C—1064C）。

但是对于廊下派思想家在一般环境和例外环境之间作出区分这一假定又该如何看待？这一假定（在此我并没有指涉因伍德的讨论）把我们带回到恰当行为的例子中。

> 那些与驱动相一致的活动（所有行为在充分的意义上都由驱动所开启），有一些是恰当的，另一些是[209]不恰当的（para to kathêkon），还有一些两者都不属于。恰当的行为（kathêkon）是那些理性命令（logos hairei）的行为，如荣耀父母、兄弟和国家，花时间与朋友相处；不恰当的行为是那些理性没有命令去做的行为，如忽视自己的父母、不关心兄弟、对朋友缺少同情、不爱国等。既非恰当也非不恰当的行为是那些理性既不命令也不禁止的行为，例如拾起一根树枝，拿一支笔或拐杖等。一些恰当的行为并不依赖于环境（kathêkonta aneu peristaseôs），另一些则依赖于环境（ta de peristatika）。下面这些属于不依赖于环境的行为（aneu peristaseôs）：照料自己的健康、感官需要等。依赖于环境的恰当行为（kata per-stain）有截肢和抛弃财产。那些不恰当的行为也有这种不依赖于环境和依赖于环境的区别。（DL 7. 108—109 = SVF 3. 495, 496—LS 59E）①

这种不依赖于环境的恰当行为和依赖于环境的恰当行为之区分常被阐释为，这里似乎在例外的环境和通常环境之间作出了区别。一些行为通常应该被完成，但在例外的环境中就有了这些通常行为的例外。在例外的环境中，通常有价值或无价值的事物就不再是如此，有可能另外一套行为则是恰当的。我们可以按两种

---

① 见 LS 的翻译，有改动。在翻译 kathêkonta 中，我们需要补充"活动"或"行动"。我补充为"活动"，该词在记述的一开始就被使用。

方式理解这一思路,但这两种方式对我们来说都是缺少说服力的。①(1)如果善是关键的,那么,中性物就将由有价值或无价值"转变为"严格意义上的中性物了。通过消除有价值之物的可欲性,善胜过了有价值之物;[210](2)在例外的环境中,通常的有价值之物变成了无价值之物。② 按此解读,某物是否与自然相一致并因而是否有价值取决于环境。③ 例如,保持肢体的完好只有在特殊处境中,它在能够实际促进人类能力的发挥的情况下才是有价值的。

根据(1)和(2),环境影响有价值或无价值的事物,这些事物在某一给定的情况中是行动的关键。为了发现(1)的不合理性,我们需要回顾一下智慧体现于在中性物之中的选择而非在善和

① 在某种程度上,我建构了这些观点。标准的环境和例外环境之间的区分一直是阐释烦乱论题的重要假定,见奥宾克,《宇宙城邦中的廊下派圣贤》(The Stoic Sage in the Cosmic City),出自《廊下派哲学主题》(*Topics in Stoic Philosophy*,Oxford, 2001),178—195 页。因伍德在《规则与推理》中,也使用了"特殊环境"的概念,观点(1)隐于大量关于廊下派伦理学的较早文献中,并由布伦南在《廊下派的生活》(*The Stoic Life*)中详细讨论;还可参见巴尼的《廊下派伦理学中的一个谜团》330 页;观点(2)是我们可以加以考察的另一种理论选择。

② 正如我希望在《善即有益》中更详细论证的,廊下派思想家所设想的这种"转变"的观念,部分是由于第欧根尼·拉尔修的混乱章节(7.103)。在讲述善、恶与中性物之间的区别之后,该文本继续对中性物进行解释:(1)并不比有害的东西更有益,并且(2)可以以善的方式,也可以以恶的方式被运用。这些补充令人想到柏拉图的对话,并且被阐释为廊下派受苏格拉底主义影响的部分,但是,(1)与(2),正如其表明的,都不与廊下理论相一致(至少,如果不把并不比有害的东西更有益阐释为"即非有害也非有益"的话,就是如此)。严格地讲,中性物既不带来益处也不带来害处,而且,廊下派思想家并没有引入正确或错误的运用这一概念。只要我们把第欧根尼·拉尔修的这些评论视为该教义的重点,那么,似乎中性物可以有不同的价值(能够从有价值"转变"为无价值)。

③ 塞得利在《廊下派-柏拉图主义者论争》(*The Stoic-Platonist Debate*,132 页)中认为,人们应该,例如,关心自己的健康,"不是把它当作对这一或那一特殊环境的反应,而是作为一种一般性的原则。但另一方面,截掉自己的肢体,抛弃自己的财产等是依赖于'环境的'……尽管它们也有自然的价值,但只是作为对某种十分特殊环境的反应。"

中性物之间权衡。廊下派思想家并没有讨论过这样的例子,例如:在某一给定处境中,由于德性是根本性的,因此健康将由可欲之物变成(在相关于行为的意义上)纯粹无关紧要的事物。德性一贯地和正确地在中性物之中进行选择,而非对德性与中性物的分别考虑与权衡。因而所设想的可欲(或不可欲)的中性物向严格意义上无关紧要之物的转变并不会发生。为了见出(2)的不合理性,我们需要回溯关于何者与自然相一致或何者是自然地值得选择的东西的证据。我们在任何地方都没有听到自然事物可以随时变成违背自然的事物,同样,在任何地方也没表明或暗示具有价值的事物可能变成没有价值的事物。因此,我们需要对不依于环境的恰当行为(peristatika)和依赖于环境的恰当行为之间的区别作出阐释,这一阐释能够[211]考虑到价值之物和无价值之物能够保持其价值性和无价值性而独立于环境的变化,并且独立于应该做的事情。(这一点看来是唯一合理的,例如:为什么我们不应该继续认同健康的价值,即使我们决定采取一套可导致患上感冒风险的行动?)

　　第一种解读和第二种解读都设定,依赖于环境的恰当行为是依赖于例外环境的恰当行为,它们还设定,"独立于环境"的恰当行为依赖于通常的环境,但这并非是文本真正所讲的,廊下派并没有在通常环境下的恰当行为和与之相对的例外环境中的恰当行为之间进行区分。毋宁说,他们是在依赖于环境的恰当行为和那些不依赖环境的行为之间进行了区分,毫不奇怪,学者对此很难按字面意义加以理解;似乎它很难契合廊下派的行为理论。在廊下派的行为理论中,似乎所有慎思都必须对环境加以考虑——这一点从廊下派思想家对圣贤关于印象的认可和说明中表现得十分明显,正确的行为涉及对于处境能够作出充分、真实表达之印象的认可。因此,似乎不可能存在某种独立于环境的恰当行为的类型,这又促使人们思考通常的环境和例外的环境之间的区别。但这又并非是文本真正所讲的。

我们可以通过思考 kathêkonta（恰当行为）这一词汇实际上是以两种方式被运用而获得一个较为清晰的图式。在一些地方，它用来指示特殊的行为。在某一给定的处境中，某一特殊的行为对我们来说看来是恰当的。但正如我们看到的，这一词汇也出现在廊下派的另一些主张之中，这些主张最好被阐释为讲述我们应该如何考虑价值之物（例如：关心自己的健康是恰当的）。正如我所表明的，在依赖于环境与不依赖于环境的恰当行为之间的困难区分来自对 kathêkonta 这一词汇的两种不同用法。不依赖于环境的恰当行为的例子是诸如照顾自己的健康一类活动。依于环境的恰当行为的例子是在那些更为具体的水平上的活动（例如：割掉自己的肢体）。并且，显然，它们必定表现于最具体的层面即作为个体的行为的层面；只有在如此这般的具体情况中而非一般的情况中，某人割掉自己的肢体才是恰当的。

[212]因此，我将表明，说有某种独立于环境的恰当行为，是说我们在每一慎思的行动中应该把价值赋予那些有价值的事物，把无价值指派给那些无价值的事物，对人类来说，某些事物有价值，另一些无价值是一种自然的事实。就我们可以在一种并不卷入特殊处境的视角来思考价值与无价值之物而言，我们可以说独立于环境的恰当行为，只要我们可以独立于特定环境考虑我们的健康与生命，那么显然，这些活动是恰当的，独立于环境的恰当行为和依于环境的恰当行为之区分也有助于回答下面这一针对廊下派理论所提出的问题。人们也许会问，如何看待那些如果抽象地看是不恰当的行为（例如：因为它们有害于健康），但根据廊下派思想家，有时却成为了恰当的行为？ 现在，廊下派思想家可以回答说：这些行为是"依于环境的恰当行为"（peristatika），是那些只有当我们思量特殊的环境才可能将之描述为恰当的行为。缺少这样的

背景,我们将会说,存在着某种反对如此行动的相关考虑因素。正是在这种有限的意义上,某些而非全部特殊的行为的其恰当性依于环境。

让我们考虑这样一个例子,假定某一登山者发生了意外,她的胳膊夹在两岩石之间。她等了几天,希望援助出现,但没有救援者到来,这样,她面临死亡和用刀割断自己手臂之间的选择,她决定采取后者(即截断自己手臂),爬下悬崖,最终恢复并于一年之后,带着一支胳膊重新攀登山峰。① 根据廊下派思想家的分析,并不是说在这样一种处境中"保持肢体功能的完好"不再是有价值的。攀岩者并没有思考她的胳膊是有价值还是无价值,但在那种处境中她有所考虑的是,带着另一支剩下的手臂,她将仍然能够过一种某些最重要的功能得以发挥的生活。关心自己的健康(或"使自己的肢体完好")是独立于[213]环境的恰当行为:在其作出决定、攀下山崖以及返回后寻找药物等的所有过程中,攀登者从未停止把她的健康视为有价值的。截断他的手臂是恰当的取决于当时的环境,只有因为那种她在其中出现的环境,她切断自己手臂的行为才是恰当的。

现在看来,我们对廊下派理论的重构最后似乎与我们反对的阐释没有太大的差别。登山者的意外难道不是一种极为例外的情况? 在声称"切断其手臂是恰当的依赖于环境"(正如我所讲的)和声称"只有在例外环境中这种行为才是恰当的"之间有何区别? 一旦我们联想到廊下派的法是否包含法规(或规则)这一问题,这种区别就变得很重要。廊下派有关依于环境的恰当行为和不依于环境的恰当行为之间,关键并不在于通常的环境和例外环境之间的区分,因而,这种区分并非适用于如下推理,即,如果存在例外,就

---

① 类似的例子在媒体中已有报道,当然,我并没声称知道做出这一行为并且重返登山活动的现实登山者所思考的任何内容。

必定存在规则。这一区分的关键在于,在恰当行为中,考量(健康、财富等)有价值或无价值事物是独立于环境的,而,例如,置自己的健康和财富于危险之中的行为何以是恰当的,我们只有考虑某一特殊情况,在此特定情况中它才能够被解释。

十、共同法

尽管廊下派的法是"出于自然的",但早期廊下派思想家却选择"共同的",而不是"自然的"这一词语来修饰法。① 让我们通过对[214]"法是共同的"的评论来对我们的讨论加以总结。法的共同性这一特点与廊下派宇宙城邦之概念、世界何以具有理性以及法何以在不包含诸规则的情况下,现实地引导人们的生活这些方面相关,并且可以进一步启明这些方面。

与理性相同一的法就其是一种包含诸部分的"物理性"实体而言,它"自我分化"(divides itself up):它延伸到所有具有完善理性之存在——宇宙、诸神、圣贤——的灵魂中。但它不仅对那些完善的灵魂是共同的,而且,对所有人类来说也是共同的。每一理性存在所具有的这种与法相关的基本方面,构成着他的理性特征。它在所有人中间形成一种共同体,展示一种对于所有人的生活途径,作为理性的存在,所有的人都被那些对他们而言自然的和反自然的东西所牵连并因此被提供了行动的相关考虑因素。这意味着,"生活的这一正道"(one way of life),即与自然相一致的生活,是

---

① 我们最早在芝诺的《政制》中发现"共同法"一词——人类应该过同一种类型的生活并与一种律令一致,就像畜群被"共同的法"所培养,见普鲁塔克,《论亚里山大的命运》(On the Fortune of Alexander)329A—B = SVF 1. 262 部分 = LS67A. 关于这一段落的详细讨论,见第二章。《颂宙斯》(Hymn to Zeus)中,克勒昂忒斯采用了"共同法"这一概念。他讲到神的共同法以及正义性用以赞颂共同法,克勒昂忒斯把法和理性和特点视为通常的(koinos)、共有的(shared)。见 Stobaeus,1. 25,3—27,4 = SVF 1. 537 = LS 54I。

联系人类的纽带。对于所有人来说，存在着这样一个共同体，这个共同体奠基于在成就善的生活中分享着同一种生活之路——通过在有价值与无价值的事物中进行正确的选择。

在关于如何选取中性物方面，法是一种实质性的指导，中性物相关于行为并为我们提供了慎思的考虑因素。它们对行为主体有价值，但它们并非是在狭义上而言对行为主体有价值。每一"属于行为者"的事物都是行为主体在其行为中所关心的，并且最终，所有其他人都属于行为者。因而，他人的关切也成为行为主体在其恰当行为中的相关考虑因素。在许多慎思的例子中（登山者或自杀），所有或大部分的考虑因素涉及的是行为主体自身如何过一种与自然相一致的生活。但在另一些例子中，由于他人属于我们这一事实，那些有价值或无价值的事物对于他人的影响方式也成为我们慎思的考虑因素。将所有人视为在宇宙中的居民同伴也就是将他人视为"属于我们"的方式。以此方式看待他人，就我所能看到的而言，将涉及：（1）理解到：他人的关切影响着我们，以及（2）理解到：他人像我们一样，面对着过一种与自然相一致的生活这同一目的。自然为我们和他人追求这一目的所建立的正确轨道使得所有人共享"生活的正道"（one way of life）。

[215]让我们把这些关于法和理性的事实本性的观念与法和理性的规范方式关联起来。如果某个普通的发展者决定做某事，其理性就对她发布一个命令。就行为主体（理解为她的理性灵魂）发布命令开启其行动而言，①每一个行动中运用的理性对她来说都具有法一样的（law-like）性质。在这一意义上，她的理性即是她的法，因为它告诉她如何行动。但这并非技术的，廊下派意义上的"法"，尽管每一行为主体的理性通过人类行为的机制对行为者而

---

① 有关廊下派的自主性（autopragia）概念何以与自我立法（self-legislation）的观念相关，见库珀，《廊下派的自主性》（*Stoic Autonomy*）。

言是规范性的,但某人的理性在发布命令时却可能陷入错误,而法不会如此。

如果某一行为主体指令自己的行为是恰当的,那么,这一行为是在下述意义上由理性所指令的,行为者所决定的活动能够得到正当理性的辩护,这一被指令的行为是根据事物的本来存在方式而发出的。理性可以捍卫某一事物意味着,在某一给定的与行为主体的生活相关的处境中的中性物,其存在方式可以为行为者的行为提供正当的理由。在这一意义上,低下者的行为,如果是恰当的,那么,这种行为不仅是由他们的理性所指令的,而且也是由完善理性所指令的。在这些恰当行为中,行为主体的特殊决定(而非其灵魂的总体状态)与完善理性的圣贤或诸神或宇宙的理性——的命令是相合拍的。

法与理性最直接的同一性可以在具有完善理性的存在——圣贤、诸神、宇宙中发现,圣贤的每一决定都发布了一种事实上应该做什么的命令。由于圣贤的理性和宇宙的完善理性充分的一致,其理性所发布的命令就是真正的法。圣贤的理性灵魂在德性和智慧方面并不低于神;其灵魂所发布的命令与理性充分的一致正如它管理着宇宙。同样,由于天体的运动由其充分的理性灵魂所指引,我们可以在下述意义上,即这种运动恰是其应该如此之运动,并且作为宇宙总体运动不可分割的一部分的意义上,把天体的运动视为理性的。这就是 homonoia(和谐)之所是:那些智慧的存在者心灵的充分相似性。由于宇宙的灵魂是宇宙运动的根源,因此它决定着宇宙中每一事物的运动,尽管这一决定在某种方式上只表明宇宙作为一生命体自我推动这一事实。[216]但我们仍可把它视为"规范"(regulation)并因而视为法。在廊下派的另一方面的描述中,是宙斯和其思想推动着宇宙中的一切事物,并且,由于宙斯和理性同一,我们也可以把法视为宙斯的法。

但是,尽管法是宙斯的法则,但行动命令的发布必定由每一单

个的理性所发布,"服从"宙斯之法则的方式并非通过听从外在于
自身的事物告知自己应该做什么的方式进行。宙斯的法不是某种
来自神圣权威的律令(law-code)。使自己受宙斯法则之引导的方
式,即是使自己变得具有完善理性。完善理性并不是运用着某些
纯形式的理性原理,当然,某些完善的理性原则具有与任何具体内
容无关的特点——不要草率认可,只认可那些可知的印象等。但
能够依照法而生活即是能够充分地理解自然,获得那些将会构成
自己灵魂的完美结构、具有实在内容的知识。这和遵从外在于自
身的法令或坚持某种纯形式的原则是不同的。理解自然的知识既
构成着某人自己的灵魂状态,还形成着他认可和行动的倾向。智
慧的任务是在一种实质性的意义上变得具有完善的理性——充分
地理解自然。

参考文献

原始文献

说明：在引述下列书目版本的时候，一直使用了缩写：
DL：Diogenes Laertius，*Lives of the Eminent Philosophers*
DK：H. Diehls and W. Kranz，*Die Fragmente der Vorsokrater*
SE PH：Sextus Empiricus，*Outlines of Scepticism*；
SE M：*Against the Mathematicians*
LS：A. A. Long and D. N. Sedley，*The Hellenistic Philosophers*
SVF：Johannes von Arnim，*Stoicorum Veterum Fragmenta*

Aristotle. *The Complete Works of Aristotle*. Edited by Jonathan Barnes. 2 vols. Princeton, N. J. ：Princeton University Press，1984.

——. *The Works of Aristotle*. Edited by Sir David Ross. The Oxford Aristotle. 12 vols. Oxford：Oxford University Press，1908—52.

Cicero. *Rhetorica*，*De fato*，*Paradoxa Stoicorum*，*De partitione oratoria*. Text with English translation by H. Rackham. Loeb Classical Library. Cambridge，Mass. ：Harvard University Press，1942.

——. *De finibus bonorum et malorum*. Text with English translation by H. Rackham. Loeb Classical Library. Cambridge，Mass. ；Harvard University Press，1931.

——. *De legibus*. Text with English translation by C. W. Keyes. Loeb Classical Library. Cambridge,Mass. ;Harvard University Press,1928.

——. *De natura deorum* and *Academica*. Text with English translation by H. Rackham. Loeb Classical Library. Cambridge,Mass. ;Harvard University Press,1933.

——. *De officiis*. Text with English translation byW. Miller. Loeb Classical Library. Cambridge,Mass. ;Harvard University Press,1913.

Diogenes Laertius. *Lives of the Eminent Philosophers*. Translated by R. D. Hicks. Vols. 1 and 2. Loeb Classical Library. Cambridge, Mass. ; Harvard University Press,1991[DL].

Diogene Laerzio. *Vite dei Filosoff*. Translated and edited by Marcello Gigante. Bari;Laterza,1987.

Philodemus. *On Methods of Inference*. Edited with translation and commentary by P. and E. De Lacy. Naples;Bibliopolis,1978,2nd ed.

Philodemus. *On Piety. Critical text with commentary*,edited by D. Obbink. Oxford;Oxford University Press,1996.

—— . *Philodemi volumina rhetorica*. Vol. 2. Edited by S. Sudhaus. Leipzig;Teubner,1896.

——. "Filodemo. Gli Stoici (PHerc. 155 e 339). " Edited by T. Dorandi. *Cronache Ercolanesi* 12 (1982);91—133.

Plato. *Complete Works*. Edited by John M. Cooper. Indianapolis; Hackett,1997.

——. *Platonis Opera*. Edited by John Burnet. 5 vols. Oxford;Clarendon Press,1900—1907.

——. *Platon Werke; Übersetzung und Kommentar*. Vol. 5, *Lysis*. Translation and commentary by Michael Bordt. Göttingen;Vandenhoeck und Ruprecht,1998.

Plutarch. *On Stoic Self-Contradictions and On Common Conceptions*. In *Moralia*,vol. 13,pt. 2. Translated by H. Cherniss. Cambridge,Mass. ;Harvard University Press,1976.

[Annaeus] Seneca. *Moral and Political Essays*. Edited and translated by John M. Cooper and J. F. Procope'. Cambridge;Cambridge University Press, 1995.

———. *Philosophische Schriften*. Vol. 1. Dialogues 1—6. Translated with an introduction and notes by Manfred Rosenbach. Darmstadt: Reclam, 1989.

Sextus Empiricus. *Sesto Empirico: Contro gli Etici*. Edited and translated by Emidio Spinelli. Napoli: Bibliopolis 1995.

———. *Sextus Empiricus*. Translated by R. G. Bury[SE]. Vol. 1[PH 1—3] (1933); vol. 2[M 7,8] (1935); vol. 3[M 9—11] (1936); vol. 4[M 1—6] (1949). Loeb Classical Library. Cambridge, Mass. : Harvard University Press, 1933—49.

———. *Sextus Empiricus: Against the Ethicists*. Translated with an introduction by Richard Bett. Oxford: Clarendon Press, 2000. First published 1997. Citations are to the 2000 edition.

———. *Sextus Empiricus: Outlines of Scepticism*. Translated by Julia Annas and Jonathan Barnes. Cambridge: Cambridge University Press, 1994.

———. *The Sceptic Way: Sextus Empiricus's Outlines of Pyrrhonism*. Translated with introduction and commentary by BensonMates. New York: Oxford University Press, 1996.

Ioannis Stobaei Anthologii. Books 1 and 2. Edited by C. Wachsmuth. Berlin: Weidmann, 1884. Books 3 and 4. Edited by O Hense. Berlin: Weidmann, 1894—1909.

残篇汇编

Diehls, H. and Kranz, W. , *Die Fragmente der Vorsokratiker*. Zürich: Weidmann, 1952.

Hülser, Karlheinz. *Die Fragmente zur Dialektik der Stoiker: Neue Sammlung der Texte mit Übersetzung und Kommentar*. Vols. 1—3 (1987); vol. 4(1988). Stuttgart: Metzler, 1987—1988.

Long, A. A. , and D. N. Sedley. *The Hellenistic Philosophers*. Vol. 1. Translations of the Principal Sources, with a Philosophical Commentary. Vol. 2. *Greek and Latin Texts with Notes and Bibliography*. Cambridge: Cambridge University Press, 1992[LS].

von Arnim, Johannes. *Stoicorum Veterum Fragmenta*. Vols. 1—4. Leipzig: Teubner, 1903—24[SVF].

研究文献

Alesse, Francesca. *La Stoa e la Tradizione Socratica*. Naples: Bibliopolis, 2000.

——. "La Repubblica di Zenone di Cizio e la letteratura socratica." *Studii taliani di Wlologia classica*, 3rd ser., 16. 1 (1998): 17—38.

Algra, Keimpe. "The Mechanism of Social Appropriation and Its Role in Hellenistic Ethics." *Oxford Studies in Ancient Philosophy* 25 (2003): 265—296.

——. "Stoic Theology." In Inwood, *The Cambridge Companion to the Stoics*, 153—178.

——. "Zeno of Citium and Stoic Cosmology." *Elenchos* 24 (2003): 9—32.

Algra, Keimpe, Jonathan Barnes, Jaap Mansfeld, and Malcolm Schofied, eds. *The Cambridge History of Hellenistic Philosophy*. Cambridge: Cambridge University Press, 1999.

Annas, Julia. "AristotelianPolitical Theory in the Hellenistic Period." In Laks and Schofied, *Justice and Generosity*, 74—94.

——. "From Nature to Happiness." *Review of Papers in Hellenistic Epistemology and Ethics* by G. Striker. *Apeiron* 31. 1 (1998): 59—73.

——. *The Morality of Happiness*. New York: Oxford University Press, 1995.

——. *Platonic Ethics, Old and New*. Ithaca, N. Y. : Cornell University Press, 1999.

Annas, Julia, and Jonathan Barnes. *The Modes of Scepticism*. Cambridge: Cambridge University Press, 1985.

Athenassiadi, Polymnia, andMichael Frede, eds. *Pagan Monotheism in Late Antiquity*. Oxford: Clarendon Press, 1999.

Baldry, H. C. "Zeno's Ideal State." *Journal of Hellenic Studies* 79 (1959): 3—15.

Banateanu, Anne. *Le théorie stoïciennce de l'amitié. Essai de reconstruction*. Fribourg: Editions Universitaires Fribourg Suisse, 2001.

Barney, Rachel. *Names and Nature in Plato's "Cratylus."* New York: Routledge, 2001.

——. "A Puzzle in Stoic Ethics." *Oxford Studies in Ancient Philosophy* 24(2003):303—340.

Betegh, Gábor. "Cosmological Ethics in the Timaeus and Early Stoicism."*Oxford Studies in Ancient Philosophy* 23 (2002):273—290.

Bobzien, Susanne. *Determinism and Freedom in Stoic Philosophy*. Oxford:Clarendon Press, 1998.

——. "Logic." In Inwood, The Cambridge Companion to the Stoics, 85—123.

Bonhöffer, A. *Die Ethik des Stoikers Epiktet*. Stuttgart: Frommann, 1894; reprint, 1968.

Brennan, Tad. "Reasonable Impressions in Stoicism." *Phronesis* 41 (1996):318—334.

——. *The Stoic Life*:*Emotions, Duties, and Fate*. Oxford:Oxford University Press, 2005.

——. "Stoic Moral Psychology." In Inwood, *The Cambridge Companion to the Stoics*, 257—294.

Brittain, Charles. "Common Sense:Concepts, DeWnition and Meaning in and out of the Stoa." *In Philosophy of Language in the Hellenistic Age*: *Proceedings of the Ninth Symposium Hellenisticum*, ed. Dorothea Frede and Brad Inwood, 164—209. Cambridge:Cambridge University Press, 2005.

——. "Non-rational Perception in the Stoics and Augustine." *Oxford Studies in Ancient Philosophy* 22 (2002):253—308.

——. "Rationality, Rules and Rights." *Apeiron* 34. 3 (2001):247—267.

Brouwer, René. "Sagehood and the Stoics." *Oxford Studies in Ancient Philosophy* 2 23 (2002):181—224.

Brunschwig, Jacques. "The Cradle Argument." In Schofied and Striker, *The Norms of Nature*, 113—144.

——. "On a Book-Title by Chrysippus:'On the Fact That the Ancients Admitted Dialectic along with Demonstrations.'" *Oxford Studies in Ancient Philosophy supp.* (1991):81—95.

Brunschwig, Jacques, and Martha Nussbaum, eds. *Passions and Perceptions*:*Studies in Hellenistic Philosophy of Mind*:*Proceedings of the Fifth Symposium Hellenisticum*. Cambridge:Cambridge University Press, 1993.

Colvin, Matthew. "Heraclitus and Material Flux in Stoic Psychology. "

Oxford Studies in Ancient Philosophy 28 (2005): 257—272.

Cooper, John M. "The Emotional Life of the Wise. "*Southern Journal of Philosophy* 43, supp. (2005): 176—218.

——. "Eudaimonism and the Appeal to Nature in the Morality of Happiness: Comments on Julia Annas, The Morality of Happiness. " *Philosophy and Phenomenological Research* 55 (1995): 587—598.

——. "Eudaimonism, the Appeal to Nature and 'Moral Duty' in Stoicism. "In *Aristotle, Kant, and the Stoics: Rethinking Happiness and Duty*, ed. S. Engstrom and J. Whiting, 261—284. Cambridge: Cambridge University Press, 1996.

——. "Greek Philosophers on Euthanasia and Suicide. " In *Reason and Emotion*, 515—541. Princeton, N. J. : Princeton University Press, 1999.

——. *Knowledge, Nature, and the Good*. Princeton, N. J. : Princeton University Press, 2004.

——. "Moral Theory and Moral Improvement. " In *Knowledge, Nature and the Good*, 309—334.

—— . *Reason and Emotion: Essays on Ancient Moral Psychology and Ethical Theory*. Princeton, N. J. : Princeton University Press, 1999.

——. "Stoic Autonomy. " In *Knowledge, Nature, and the Good*, 204—244.

Coulmas, P. *Les citoyens de monde: Histoire du Cosmopolitanism*. Paris: Albin Michel, 1995.

Couissin, P. "Le stoicisme de la nouvelle Académie. " *Revue d'histoire de la Philosophie* (1929): 241—276.

Doty, Ralph. "Ennoêmata, prolêpseis, and Common Notions. " *Southwestern Journal of Philosophy* 7. 3 (1976): 143—148.

Dragona-Monachou, Myrtô . *The Stoic Argument for the Existence and the Providence of the Gods*. Athens: National and Capodistrian University of Athens, 1976.

Erskine, Andrew. *The Hellenistic Stoa: Political Thought and Action*. Ithaca, N. Y. : Cornell University Press, 1990.

Festugière, A. J. *La révélation d'Hermès Trismégiste*. Vol. 2. *Le Dieu cosmique*. Paris: Gabada, 1949.

Finley, M. I. "Utopianism Ancient and Modern. " In *The Use and Abuse of History*. London: Hogarth, 1975.

Fortenbaugh, William W. , ed. *Stoic and Peripatetic Ethics : The Work of Arius Didymus*. New Brunswick, N. J. : Transaction Books, 1983.

Frede, Dorothea. "Theodicy and Providential Care in Stoicism. " In Frede and Laks, *Traditions in Theology*, 85—117.

Frede, Dorothea, and André Laks, eds. *Traditions in Theology : Studies in Hellenistic Theology : Its Background and Aftermath. Papers presented at the eighth Symposium Hellenisticum*. Leiden : Brill, 2002.

Frede, Michael. *Introduction to Rationality in Greek Thought*, ed. Michael Frede and Gisela Striker, 1—28. Oxford : Oxford University Press, 1996.

———. "Monotheism and Pagan Philosophy in Later Antiquity. " In Athenassiadi and Frede, *Pagan Monotheism in Late Antiquity*, 41—69.

———. "On the Stoic Conception of the Good. " In Ierodiakonou, *Topics in Stoic Philosophy*, 71—94.

———. "The Original Notion of Causes. " In Michael Frede, *Essays in Ancient Philosophy*, 125—150. Minneapolis : University of Minnesota Press, 1987.

———. "The Stoic Conception of Reason. " In *Hellenistic Philosophy*, ed. K. J. Boudouris, 2 : 50—61. Athens : International Center for Greek Philosophy and Culture, 1994.

———. "The Stoic Doctrine of the AVections of the Soul. " In Schofied and Striker, *The Norms of Nature*, 93—110.

———. "Stoic Epistemology. " In Algra et al. , *The Cambridge History of Hellenistic Philosophy*, 295—322.

Frede, Michael, and Gisela Striker, eds. *Rationality in Greek Thought*. Oxford : Oxford University Press, 1996.

Gill, Christopher. "The Stoic Theory of Ethical Development : In What Sense Is Nature a Norm?" In *Was ist das für den Menschen Gute? Menschliche Natur und Güterlehre*, ed. Jan Szaif, 101—125. Berlin : deGruyter, 2004.

Goulet-Cazé, Marie-Odile. "La Politeia de Diogène de Sinope et quelques remarques sur sa pensée politique. " In Goulet-Cazé and Goulet, *Le cynisme ancien et ses prolongements*, 57—68.

———. Les "*Kynica*" du stoïcisme. Hermes Einzelschriften, vol. 89. Stuttgart : Franz Steiner Verlag, 2003.

Goulet-Cazé, Marie-Odile, and R. Goulet, eds. *Le cynisme ancien et ses prolongements*. Paris : Presses universitaires de France, 1993.

Henrichs, A. "Die Kritik der stoischen Theologie in PHerc. 1428. " *Cronache Ercolanesi* 4 (1974):5—32,20.

Hirzel, R. *Untersuchungen zu Cicero's philosophischen Schriften*. Vol. 2, pt. 1. *Die Entwicklung der stoischen Philosophie*,271—298. Leipzig,1882.

Ierodiakonou, Katerina, ed. *Topics in Stoic Philosophy*. Oxford: Oxford University Press,2001.

Inwood, Brad, ed. *The Cambridge Companion to the Stoics*. Cambridge: Cambridge University Press,2003.

——. "Comments on Professor Görgemann's Paper: The Two Forms of oikeiôsis in Arius and the Stoa. " In *On Stoic and Peripatetic Ethics: The Work of Arius Didymus*, ed. W. W. Fortenbaugh, 190—201. New Brunswick, N. J. : Rutgers University Press,1983.

——. *Ethics and Human Action in Early Stoicism*. Oxford: Clarendon Press,1985.

——. "Getting to Goodness. " In *Reading Seneca*, 271—301.

——. *Reading Seneca : Stoic Philosophy at Rome*. Oxford: Oxford University Press,2005.

——. Review of *The Stoic Idea of the City* by Malcolm Schofied. *BrynMawr Classical Review*. http://ccat. sas. upenn. edu/bmcr/1992/03. 03. 13. html.

——. Review of *Morality of Happiness* by J. Annas. *Ancient Philosophy* 15 (1995):647—666.

——. "Rules and Reasoning in Stoic Ethics. " In Ierodiakonou, *Topics in Stoic Philosophy*,95—127.

——. "Seneca and Psychological Dualism. " In Brunschwig and Nussbaum, *Passions and Perceptions*,150—183.

——. "The Stoics on the Grammar of Action. " *Southern Journal of Philosophy* 23,supp. (1985):75—86.

——, with Donini, P. L. "Stoic Ethics. " In Algra et al. , *The Cambridge History of Hellenistic Philosophy*,675—738.

Ioppolo, Anna Maria. *Aristone di Chio e lo Stoicismo antico*. Naples: Bibliopolis,1980.

——. "Decreta e praecepta in Seneca. " In *La Filisofia in Eta Imperiale*,ed. Aldo Brancacci,15—36. Naples: Bibliopolis,2000.

——. *Opinione e Scienza : Il dibattito tra Stoizi e Accademici nel III e nel II a. C.* Naples: Bibliopolis, 1986.

Jana ek, Karl. *Prolegomena to Sextus Empiricus.* Olomouc: N. p. , 1948.

——. "Skeptische Zweitropenlehre und Sextus Empiricus." *Eirene* 8 (1970): 47—55.

Kerferd, G. B. "What Does the Wise Man Know?" In Rist, *The Stoics*, 125—136.

Kidd, Ian. "Moral Actions and Rules in Stoicism." In Rist, *The Stoics*, 247—258.

Laks, André "Legislation and Demiurgy: On the Relationship between Plato's Republic and Laws." *Classical Antiquity* 9 (1990): 209—229.

——. Review of *The Stoic Idea of the City* by Malcolm Schofied. *Ancient Philosophy* 14 (1994): 459—460.

Laks, A. , and M. Schofied, eds. *Justice and Generosity.* Cambridge: Cambridge University Press, 1995.

Lesses, Glenn. "Austere Friends: The Stoics and Friendship." *Apeiron* 26. 1 (1993): 57—75.

Lisi, Francisco L. , ed. *Plato's "Laws" and Its Historical Significance. In Selected Papers of the First International Congress on Ancient Thought.* Salamanca: Academia Verlag, 1998.

Long, A. *Problems in Stoicism.* London: Athlone Press, 1971.

——. "Sextus Empiricus on the Criterion of Truth." *Bulletin of the Institute of Classical Studies* 25 (1978): 25—49.

——. "Socrates in Hellenistic Philosophy." *Classical Quarterly* 38 (1988): 150—171.

——. "The Stoic Distinction between Truth and the True." In *Les Stoicienne et leur logique* , ed. J. Brunschwig, 297—316. Paris: Vrin, 1978.

Ludlum, Ivor. "Two Long-Running Myths: A Centralized Orthodox Stoic School and Stoic Scholarchs." *Elenchos* 24 (2003), pt. : 33—55.

Ludwig, Paul W. *Eros and Polis: Desire and Community in Greek Political Theory.* Cambridge: Cambridge University Press, 2002.

Mansfeld, J. "Diogenes Laertius on Stoic Philosophy." *Elenchos* 7 (1986): 297—382.

——. "Theology." In Algra et al. , *The Cambridge History of Hellenistic Philosophy* , 452—478.

Meinwald, Constance. "Ignorance and Opinion in Stoic Epistemology." *Phronesis* 50 (2005):215—231.

Menn, Stephen. "Physics as Virtue." *Proceedings of the Boston Area Colloquium in Ancient Philosophy* 11, ed. John J. Clearly and William C. Wians (1995):1—34.

——. "On Plato's Politeia." In *Proceedings of the Boston Area Colloquium* 21, ed. John J. Cleary and Gary M. Gurtler (2005),1—55.

Mitsis, Phillip. "Moral Rules and the Aims of Stoic Ethics." *Journal of Philosophy* 83 (1986):556—558.

——. "Seneca on Reason, Rules, and Moral Development." In Brunschwig and Nussbaum, *Passions and Perceptions*, 285—312.

——. "The Stoic Origin of Natural Rights." In Ierodiakonou, *Topics in Stoic Philosophy*, 153—177.

Mitsis, Phillip, with J. De Filippo. "Socrates and Stoic Natural Law." In Vander Waerdt, *The Socratic Movement*, 252—271.

Moles, John. "Le cosmopolitisme cynique." In Goulet-Cazé and Goulet, *Le cynisme ancien et ses prolongements*, 259—280.

——. "The Cynics." In Rowe and Schofied, *The Cambridge History of Greek and Roman Political Thought*, 415—434.

——. "The Cynics and Politics." In Laks and Schofied, *Justice and Generosity*, 129—158.

Nussbaum, Martha. " 'All Gods Are True' in Epicurus." In Frede and Laks, *Traditions in Theology*, 183—221.

——. "Commentary on Menn." In *Proceedings of the Boston Area Colloquium in Ancient Philosophy* 11, ed. John J. Clearly and William C. Wians (1995):35—45.

Obbink, Dirk. "The Stoic Sage in the Cosmic City." In Ierodiakonou, *Topics in Stoic Philosophy*, 178—195.

Reed, B. "The Stoics' Account of Cognitive Impression." *Oxford Studies in Ancient Philosophy* 23 (2002):147—180.

Reydams-Schils, Gretchen. "Human Bonding and oikeiôsis in Roman Stoicism." *Oxford Studies in Ancient Philosophy* 22 (2002):221—251.

Rist, John. *Stoic Philosophy*. Cambridge:Cambridge University Press, 1969.

——, ed. *The Stoics*. Berkeley:University of California Press, 1987.

Roloff, D. Gottähnlichkeit, *Vergöttlichung und Erhöhung zu seligem Leben: Untersuchungen zur Herkunft der platonischen Angleichung an Gott.* Berlin: de Gruyter, 1970.

Rowe, Christopher, and Malcolm Schofied, eds. *The Cambridge History of Greek and Roman Political Thought.* Cambridge: Cambridge University Press, 2000.

Salles, Ricardo. "Determinism and Recurrence in Early Stoic Thought." *Oxford Studies in Ancient Philosophy* 24 (2003): 253—272.

Sandbach, F. H. "Aristotle's Legacy to Stoic Ethics." *Bulletin of the London University Institute of Classical Studies* 15 (1968): 72—85.

———. "Ennoia and Prolepsis in the Stoic Theory of Knowledge." In Long, *Problems in Stoicism*, 22—37. London: Athlone Press, 1971.

Schofied, Malcolm. "Epicurean and Stoic Political Thought." In Rowe and Schofied, *The Cambridge History of Greek and Roman Political Thought.* 435—456.

———. *The Stoic Idea of the City.* Cambridge: Cambridge: Press, 1991.

———. *The Stoic Idea of the City.* With a foreword by Martha Nussbaum. Chicago: University of Chicago Press, 1999.

———. "Two Stoic Approaches to Justice." In Laks and Schofied, *Justice and Generosity*, 191—212.

Schofied, Malcolm, and Gisela Striker, eds. *The Norms of Nature: Studies in Hellenistic Ethics. Cambridge:* Cambridge University Press, 1986.

Sedley, David. " 'Becoming Like God' in the Timeaus and Aristotle." *Interpretation the Timaeus-Critias: Proceedings of the Fourth Symposium Platonicum*, ed. T. Calvo and L. Brisson, 327—339. St. Augustin, Germany: Academia Verlag, 1997.

———. "The Stoic-Platonist Debate on kathêkonta." In Ierodiakonou, *Topics in Stoic Philosophy*, 128—152.

———. "The Origins of Stoic God." In Frede and Laks, *Traditions in Theology*, 41—83.

Stephens, William O. "Epictetus on How the Stoic Sage Loves." *Oxford Studies in Ancient Philosophy* 14 (1996): 193—210.

Stevens, John A. "Preliminary Impulse in Stoic Psychology." *Ancient Philosophy* 20 (2000): 139—168.

Striker, Gisela. "Antipater, or the Art of Living." In Schofied and Striker, *The Norms of Nature*, 185—204.

———. "Ataraxia: Happiness as Tranquillity." *Monist* 73 (1990): 97—110.

———. "Following Nature: A Study in Stoic Ethics." *Oxford Studies in Ancient Philosophy* 9 (1991): 1—73.

———. "Origins of the Concept of Natural Law." *Boston Area Colloquium in Ancient Philosophy* 2 (1987): 79—94; reprinted in *Papers in Hellenistic Epistemology and Ethics*, 209—220. Cambridge: Cambridge University Press, 1996.

———. *Papers in Hellenistic Epistemology and Ethics*. Cambridge: Cambridge University Press, 1996.

———. "The Role of oikeiôsis in Stoic Ethics." In *Papers in Hellenistic Epistemology and Ethics*, 281—297.

Vander Waerdt, Paul. "Politics and Philosophy in Stoicism." Review of *The Hellenistic Stoa* by Andrew Erskine. *Oxford Studies in Ancient Philosophy* 9 (1991): 185—211.

———, ed. *The Socratic Movement*. Ithaca, N. Y.: Cornell University Press, 1994.

———. "Zeno's Republic and the Origins of Natural Law." In Vander Waerdt, *The Socratic Movement*, 272—308.

Vogt, Katja. "Anger, Present Injustice and Future Revenge in Seneca's De Ira." In *New Developments in Seneca Studies*, edited by Gareth Williams and Katharina Volk, 57—74. *Columbia Studies in the Classical Tradition*. Leiden: Brill, 2006.

———. "Die frühe stoische Theorie des Werts." In *Abwägende Vernunft*, ed. Ch. Schröer and F. -J. Borman, 61—77. Berlin: de Gruyter, 2004.

———. "Gibt es eine Lebenskunst? Politische Philosophie in der frühen Stoa und skeptische Kritik." *Zeitschrift für Philosophische Forschung* 59. 1 (2005): 1—21.

———. *Skepsis und Lebenspraxis: Das pyrrhonische Leben ohne Meinungen*. Freiburg: Alber Verlag, 1998.

———. "Die stoische Theorie der Emotionen." In *Zur Ethik der älteren Stoa*, ed. Barbara Guckes, 69—93. Göttingen: Vandenhoeck und Ruprecht, 2004.

———. "Plutarch über Zenons Traum: Ist die politische Philosophie der frühen Stoa kosmopolitisch?" In *Antike Philosophie Verstehen*:*Understanding Ancient Philosophy*, ed. Marcel v. Ackeren and Jörn Müller, 196—217. Darmstadt:WBG,2006.

Wachsmuth,C. "Stichometrisches und Bibliothekarisches," *Rheinisches Museum* 34 (1879):38—51.

Watson,G. "The Natural Law and Stoicism. " In Long,*Problems in Stoicism*,ed. 216—238.

West,M. L. "Towards Monotheism. " In Athenassiadi and Frede,*Pagan Monotheism in Late Antiquity*,21—41.

White,Michael. "Stoic Natural Philosophy (Physics and Cosmology). "In Inwood,*The Cambridge Companion to the Stoics*,124—152.

White,N. "Nature and Regularity in Stoic Ethics. " *Oxford Studies in Ancient Philosophy* 3 (1985):289—305.

——. "The Role of Physics in Stoic Ethics. " *Southern Journal of Philosophy* 23,supp. (1985):57—74.

原书引文索引

一般索引

(索引中的页码均为原书页码)

图书在版编目(CIP)数据

法、理性与宇宙城邦:早期廊下派的政治哲学/
(美)沃格特著;朱连增译.--上海:华东师范大学出
版社,2022

ISBN 978-7-5760-3012-9

Ⅰ.①法… Ⅱ.①沃… ②朱… Ⅲ.①政治哲学—研
究 Ⅳ.①D0-02

中国版本图书馆 CIP 数据核字(2022)第 124711 号

华东师范大学出版社六点分社

企划人 倪为国

本书著作权、版式和装帧设计受世界版权公约和中华人民共和国著作权法保护

经典与解释·廊下派集

法、理性与宇宙城邦——早期廊下派的政治哲学

著　　者　[美]沃格特
译　　者　朱连增
责任编辑　彭文曼
责任校对　王寅军
封面设计　吴元瑛

出版发行　华东师范大学出版社
社　　址　上海市中山北路 3663 号　邮编　200062
网　　址　www.ecnupress.com.cn
电　　话　021-60821666　行政传真　021-62572105
客服电话　021-62865537　门市(邮购)电话　021-62869887
地　　址　上海市中山北路 3663 号华东师范大学校内先锋路口
网　　店　http://hdsdcbs.tmall.com
印 刷 者　上海景条印刷有限公司
开　　本　890×1240　1/32
插　　页　2
印　　张　9.25
字　　数　210 千字
版　　次　2022 年 10 月第 1 版
印　　次　2022 年 10 月第 1 次
书　　号　ISBN 978-7-5760-3012-9
定　　价　68.00 元

出 版 人　王　焰

(如发现本版图书有印订质量问题,请寄回本社客服中心调换或电话 021-62865537 联系)